河南省教师招聘考试

公共基础知识真题试卷 I

2022 年河南省郑州市教育局直属学校教师招聘考试公共基础知识真题试卷(一)

2022 年河南省郑州市郑东新区教师招聘考试公共基础知识真题试卷(二)

2022 年河南省信阳市淮滨县公开招聘小学教师招聘考试公共基础知识真题试卷(三)

2021 年河南省信阳市直事业单位招聘考试公共基础知识真题试卷(四)

2021 年河南省信阳市淮滨县教师招聘考试公共基础知识真题试卷(五)

2021 年河南省安阳市龙安区教师招聘考试公共基础知识真题试卷(六)

(本真题试卷由山香教师招聘考试命题研究中心收集、整理)

2022 年河南省郑州市教育局直属学校教师招聘考试真题试卷(一)

公共基础知识

（时间:90 分钟　满分:100 分）

本套试卷共 37 小题,包括单项选择题(25 小题),多项选择题(10 小题),综合题(2 小题)。

一、单项选择题(每小题的选项中只有一项最符合题意,错选、多选或未选均不得分。本题共 25 小题,每小题 1.2 分,共 30 分)

1. 提高劳动生产率会使单位时间内生产的商品数量和个别商品的价值量发生变化,其变化是(　　)

A. 商品数量增加,单位时间内生产的商品的总价值量增大

B. 商品数量增加,个别商品的价值量不变

C. 商品数量增加,个别商品的价值量增大

D. 商品数量增加,单位时间内生产的商品的总价值量不变

2. 1954 年 9 月,第一届全国人民代表大会第一次会议召开,标志着(　　)在我国的建立。(易错)

第 2 题

A. 人民民主专政　　B. 人民代表大会制度

C. 中央人民政府　　D. 社会主义制度

3.《"十四五"现代能源体系规划》明确了"十四五"时期现代能源体系建设的主要目标之一是能源低碳转型成效显著。其中包括到 2025 年,非化石能源占能源消费总量比重达到(　　)左右。

A. 20%　　B. 40%　　C. 10%　　D. 30%

4. 根据自然人宣告死亡制度,下列不符合法律规定的是(　　)

第 4 题

A. 被宣告死亡的人重新出现,经本人或者利害关系人申请,人民法院应当撤销死亡宣告

B. 李某下落不明满 4 年,可以宣告李某死亡

C. 王某因意外事件下落不明满 3 年,可以宣告王某死亡

D. 因意外事件下落不明宣告死亡的,人民法院宣告死亡的判决作出之日视为其死亡的日期

5. 下列行为不构成侵犯著作权罪的是(　　)

A. 丙销售印有唐寅印章的字画

B. 麦克风 KTV 播放盗版歌曲

C. 某视频网站有大量网友粘贴的侵权视频,其他人点播观看视频需要向网站付费

D. 甲将盗版光盘予以出租获利颇丰

6. 19 世纪自然科学的三大发现为马克思主义的产生提供了自然科学前提,这三大发现不包括(　　)

A. 细胞学说　　B. 能量守恒与转化定律

C. 地质渐变论　　D. 达尔文的生物进化论

7. 党的十八大以来,党中央从(　　)破题,坚持从中央政治局做起、从领导干部抓起,以上率下改进工作作风,刹住了一些过去被认为不可能刹住的歪风,纠治了一些多年未除的顽瘴痼疾,党风政风和社会风气为之一新。

A. 开展批评和自我批评　　B. 开展党的群众路线教育实践活动

C. 坚定不移"打虎""拍蝇""猎狐"　　D. 制定和落实中央八项规定

8. 2022 年 4 月 2 日,教育部等八部门印发(　　)。该计划提出,到 2025 年,建成一批国家师范教育基地,形成一批可复制可推广的教师队伍建设改革经验,培养一批硕士层次中小学教师和教育领军人才。

A.《新时代教育计划》　　B.《新时代教育领军人才计划》

C.《新时代基础教育强师计划》　　D.《新时代基础教育计划》

9. 2022 年 3 月,根据联合国教科文组织于当地时间 14 日发布的信息,中国科学家(　　)、美国的米尔金、英国的图马祖 3 人获得第 6 届"联合国教科文组织赤道几内亚国际生命科学研究奖"。该奖项旨在表彰有效改善生活质量的生命科学领域杰出科学研究。

A. 张文宏　　B. 屠呦呦　　C. 钟南山　　D. 李兰娟

10. 党的十九大报告进一步提出了加快建设创新型国家,到(　　)年跻身创新型国家前列的目标。

A. 2030 年　　B. 2020 年　　C. 2050 年　　D. 2035 年

11. 2022 年 3 月 6 日,国家主席习近平在看望参加政协会议的农业界、社会福利和社会保障界委员时强调,实施(　　)战略,必须把确保重要农产品特别是粮食供给作为首要任务。

A. 乡村振兴　　B. 藏粮于地　　C. 藏粮于技　　D. 粮食安全

12. 某县工商局科员李某因旷工被给予降级政务处分。关于李某的处分,下列选项正确的是(　　)

A. 受处分期间为 12 个月

B. 降级处分决定可以口头方式通知李某

C. 李某在受处分期间可以晋升工资档次

D. 应当将政务处分决定书存入李某个人档案

13. 习近平在中国文联十一大、中国作协十大开幕式上的讲话中指出，只有把美的价值注入美的艺术之中，作品才有灵魂，思想和艺术才能相得益彰，作品才能传之久远。要把(　　)作为文艺作品的生命线，内容选材要严、思想开掘要深、艺术创造要精，不断提升作品的精神能量、文化内涵、艺术价值。

A. 守正创新　　B. 坚守人民立场　　C. 提高质量　　D. 向上向善

14. 习近平总书记强调："党面临的形势越复杂、肩负的任务越艰巨，就越要加强(　　)，越要维护党的团结统一，确保全党统一意志、统一行动，步调一致前进。"

A. 政治建设　　B. 纪律建设　　C. 思想建设　　D. 党性建设

15. 下列说法中，符合辩证法思想的有(　　)(常考)

第 15 题

①是亦彼也，彼亦是也

②不登高山，不知天之高也；不临深谷，不知地之厚也

③和谐就是美和善的统一

④在纯粹的光明中，就像在纯粹的黑暗中

⑤万物负阴而抱阳

A. ①②　　B. ③⑤　　C. ②④　　D. ④⑤

16. 习近平总书记强调，全面依法治国必须抓住(　　)这个"关键少数"。党纪国法不能成为"橡皮泥""稻草人"，违纪违法都要受到追究。

A. 领导干部　　B. 立法人员　　C. 执法人员　　D. 纪委干部

17. 邓小平指出："一个党，一个国家，一个民族，如果一切从本本出发，思想僵化，迷信盛行，那它就不能前进，它的生机就停止了，就要亡党亡国。"这句话说明，开创改革开放和社会主义现代化建设新局面，必须以(　　)引领事业发展。

A. 坚持原则　　B. 理论创新

C. 破除迷信　　D. 经济建设

18. 我国现行《宪法》是在(　　)年制定的。(易错)

第 18 题

A. 1954　　B. 1978　　C. 1982　　D. 1975

19. 在中国特色社会主义的建设中，有了"邓小平理论、'三个代表'重要思想、科学发展观、习近平新时代中国特色社会主义思想"这些正确理论的指引，才能带领我们走向富强民主文明和谐美丽的社会主义现代化强国。这一事实说明了(　　)

A. 社会意识的发展同经济发展的水平之间具有不平衡性

B. 社会意识的发展变化与社会存在的发展变化不完全同步

C. 先进的社会意识对社会存在的发展起着巨大的促进作用

D. 社会存在能够决定社会意识的内容和形式

20. 1957 年 2 月,毛泽东在最高国务会议上发表讲话,系统论述了社会主义社会矛盾的理论。毛泽东指出,在我国,由于民族资产阶级有两面性,工人阶级同民族资产阶级的矛盾属于(　　)

A. 敌我矛盾　　B. 人民内部的矛盾

C. 主要矛盾　　D. 对抗性的矛盾

21. 公布行政法规和规章应当使用的文种是(　　)

A. 通知　　B. 通报　　C. 公告　　D. 命令

22. 1939 年 1 月 16 日,根据中共中央六届六中全会的决定,中共中央南方局在(　　)正式成立,周恩来为书记,博古、凯丰、吴克坚、叶剑英、董必武等为常委。

A. 成都　　B. 广州　　C. 杭州　　D. 重庆

23. 2022 年 4 月 8 日,北京冬奥会、冬残奥会总结表彰大会在北京人民大会堂隆重举行。国家主席习近平指出,北京冬奥精神就是(　　)。我们要大力弘扬北京冬奥精神,以更加坚定的自信、更加坚决的勇气,向着实现第二个百年奋斗目标奋勇前进,向着实现中华民族伟大复兴的中国梦奋勇前进。

A. 胸怀大局、自信开放、迎难而上、追求卓越、共创未来

B. 胸怀大局、自信开放、真诚奉献、追求卓越、共创未来

C. 胸怀大局、昂扬振奋、迎难而上、追求卓越、共创未来

D. 胸怀大局、自信开放、迎难而上、志存高远、共创未来

24. 下列不属于民事法律关系的要素的有(　　)

A. 民事法律事实　　B. 民事权利和义务

C. 民事主体　　D. 民事权利和义务指向的对象

25. 2022 年 5 月 8 日,(　　)当选香港特别行政区第六任行政长官人选。

A. 邓炳强　　B. 林定国

C. 陈国基　　D. 李家超

二、多项选择题(每小题的选项中至少有两个选项符合题意,少选、多选或错选均不得分。本题共 10 小题,每小题 2 分,共 20 分)

26. “哲学把无产阶级当作自己的物质武器,同样,无产阶级把哲学当作自己的精神武器。”这个论断的含义是(　　)

A. 哲学必须有物质存在方式

B. 马克思主义哲学为无产阶级运动提供指导

C. 马克思主义哲学理想的实现需要无产阶级的斗争

D. 无产阶级把哲学批判当成主要斗争手段

E. 哲学是科学的世界观

27. 中国共产党自成立以来,制定的三个历史决议都是在重大历史关头作出的,都具有统一全党思想、团结人民奋斗、开创未来的历史意义和时代价值。这三个历史决议是(　　)

第 27 题

A.《中国共产党关于党的百年奋斗重大成就和历史经验的决议》

B.《关于建党以来党的若干历史问题的决议》

C.《关于若干历史问题的决议》

D.《中共中央关于党的百年奋斗重大成就和历史经验的决议》

E.《关于建国以来党的若干历史问题的决议》

28. 习近平总书记在全国教育大会上指出,在实践中,我们就教育改革发展提出一系列新理念新思想新观点。下列属于这些新理念新思想新观点的有(　　)

A. 坚持社会主义办学方向

B. 坚持把服务中华民族伟大复兴作为教育的重要使命

C. 坚持以人民为中心发展教育

D. 坚持扎根中国大地办教育

E. 坚持党对教育事业的全面领导

29.《宪法》第四十八条规定,中华人民共和国妇女在政治的、经济的、文化的、社会的和家庭的生活等各方面享有同男子平等的权利。以下违反该规定的是(　　)

A. 某大学在领导干部选拔中女性优先　　B. 某公司招聘规定男生优先

C. 某公司规定生二胎的女性要奖励 2 万元　　D. 某公司的招聘要求中明确排除女生

E. 某女德班宣传女性应当具有水的柔顺品德

30. 1940 年 2 月 10 日,中共中央和中央军委规定八路军、新四军的战略任务是(　　),将华北、华中连接起来,建设民主的抗日根据地,巩固抗日民族统一战线。

A. 粉碎敌人的“扫荡”　　B. 坚持运动战

C. 打退投降派和顽固派的进攻　　D. 打土豪,分田地

E. 坚持游击战争

31. 2022 年 4 月 16 日,神舟十三号载人飞船返回舱在东风着陆场成功着陆。从与空间站天和核心舱分离到返回地面,全程仅用 9 个多小时,中国载人飞船首次采用快速返回模式“回家”。以下属于神舟十三号航天员的是(　　)

A. 翟志刚　　B. 叶光富　　C. 刘洋　　D. 蔡旭哲

E. 陈冬

32.《中共中央关于坚持和完善中国特色社会主义制度、推进国家治理体系和治理能力现代化若干

重大问题的决定》回答了(　　)这个重大政治问题。

A. 坚持和巩固什么　　B. 坚持和完善什么

C. 巩固什么、完善什么　　D. 坚持什么、发展什么

E. 完善和发展什么

33. 下列属于无效法律行为的有(　　)(易混)

第 33 题

A. 甲与乙订立买卖 10 公斤海洛因的合同

B. 甲以乙母亲的人身安全为要挟,迫使乙将自己的房屋赠与甲

C. 甲将朋友委托自己保管的小狗以市价卖给乙

D. 恶意串通损害国家、集体或第三人利益的法律行为

E. 年满 12 周岁、精神正常的小学生甲到商场购买了一台价值 1 万元的笔记本电脑

34. 在博鳌亚洲论坛 2022 年年会开幕式上,习近平主席强调:“要践行(　　)的全球治理观,弘扬全人类共同价值,倡导不同文明交流互鉴。”(常考)

A. 共治　　B. 共享　　C. 共建　　D. 共商

E. 共赢

35. 以下关于邓小平理论形成过程的表述,正确的是(　　)

A. 党的十五大正式提出“邓小平理论”这一概念,深刻阐述了邓小平理论的历史地位和指导意义

B. 党的十六大正式将邓小平理论载入宪法

C. 党的十三大第一次比较系统地论述了我国社会主义初级阶段理论,标志着邓小平理论轮廓的形成

D. 十四大报告明确指出,邓小平同志是我国社会主义改革开放和现代化建设的总设计师

E. 和平与发展成为时代主题是邓小平理论形成的时代背景

三、综合题(本题共 2 小题,每小题 25 分,共 50 分)

材料 1

2022 年 3 月 17 日,中共中央政治局常务委员会召开会议,习近平总书记主持会议并发表重要讲话。习近平强调,坚持就是胜利。各地区各部门各方面要深刻认识当前国内外疫情防控的复杂性、艰巨性、反复性,进一步动员起来,统一思想,坚定信心,坚持不懈,抓细抓实各项防疫工作。要始终坚持人民至上、生命至上,坚持科学精准、动态清零,尽快遏制疫情扩散蔓延势头。要提高科学精准防控水平,不断优化疫情防控举措,加强疫苗、快速检测试剂和药物研发等科技攻关,使防控工作更有针对性。要保持战略定力,坚持稳中求进,统筹好疫情防控和经济社会发展,采取更加有效措施,努力用最小的代价实现最大的防控效果,最大限度减少疫情对经济社会发展的影响。

2022 年 4 月 29 日,习近平总书记主持召开中共中央政治局会议。会议分析研究当前经济形

势和经济工作，强调“疫情要防住、经济要稳住、发展要安全，这是党中央的明确要求”。会议强调“要根据病毒变异和传播的新特点，高效统筹疫情防控和经济社会发展，坚定不移坚持人民至上、生命至上，坚持外防输入、内防反弹，坚持动态清零，最大程度保护人民生命安全和身体健康，最大限度减少疫情对经济社会发展的影响。”

材料2

人民网北京2022年1月24日电 为进一步健全新冠肺炎疫情社区防控体系，夯实联防联控、群防群控的基层基础，提高基本公共卫生服务水平，切实保障群众身体健康和生命安全，近日，民政部、国家卫生健康委、国家中医药局、国家疾控局印发《关于加强村(居)民委员会公共卫生委员会建设的指导意见》(以下简称《指导意见》)指出，力争用两年左右的时间，实现公共卫生委员会机制全覆盖、能力普遍提升、作用有效发挥，初步建立起常态化管理和应急管理动态衔接的基层公共卫生管理机制。

社区防控是新冠肺炎疫情防控的重要环节，村(居)民委员会公共卫生委员会(以下简称“公共卫生委员会”)是组织群众参与做好社区防控工作的重要力量。

对此，《指导意见》明确，公共卫生委员会是村(居)民委员会下属委员会，在村(社区)党组织统一领导和村(居)民委员会统一管理下开展工作。建立健全村(社区)卫生服务机构和公共卫生委员会协调联动工作机制，协助做好社区老年人、未成年人、残疾人、困难家庭成员等重点人群健康服务。鼓励村(社区)群团组织、社会组织、驻区单位、物业服务企业参与公共卫生委员会相关工作机制。

公共卫生委员会的基本职责包括制定村(社区)公共卫生工作方案和突发公共卫生事件应急预案，组织开展突发公共卫生事件应急演练；在卫生健康部门支持、指导下开展传染病和重大疫情防控处置等工作。在发生突发公共卫生事件时，公共卫生委员会应根据基层党委和政府统一调度做好应急响应，组织动员社会组织、社会慈善资源和社会工作者、社区志愿者参与疫情防控工作。

《指导意见》提出，公共卫生委员会联系服务居民群众的方式包括一方面广泛吸收乡镇卫生院、村卫生室、街道(社区)卫生服务中心(站)、社区养老服务机构内设医疗机构等机构的医务人员以及健康指导员、家庭保健员以及退休医务人员等担任公共卫生委员会成员；另一方面组织居民群众做好村(社区)环境卫生工作、开展爱国卫生等活动；还应组织动员社会组织、社会慈善资源和社会工作者、社区志愿者参与卫生防疫、居民健康知识普及、环境卫生整治、垃圾分类宣传值守等活动。

材料3

1月27日，2022年全国卫生健康工作会议在北京召开。会议强调，要牢记维护人民健康的初心使命，一年接着一年干，一张蓝图绘到底。

一是毫不放松抓好新冠肺炎疫情防控工作。

二是巩固深化医改成果，推动公立医院高质量发展，推广三明医改经验，加强公立医院内部管理，抓好国家医学中心、国家区域医疗中心和临床重点专科建设和规划布局。

三是以基层为重点，巩固健康扶贫成效与乡村振兴相衔接，促进乡村医疗卫生体系健康发展，提升县域综合服务能力。

四是深入推进健康中国行动，完善重大疾病防控策略，加强重大传染病和慢性病防治。

五是推进疾控体系改革，加强基层疾控机构能力建设，筑牢公共卫生安全防护网。

六是积极应对人口老龄化，扎实开展老年健康服务工作，完善积极生育支持措施，全面加强“一老一小”服务供给，提高优生优育服务水平。

……

3 月 4 日，2022 年全国卫生健康财务工作电视电话会议在京召开。

会议指出，要以供给侧结构性改革为主线，以建设强大的公共卫生服务体系、建设完善高效协同的医疗卫生服务体系、推进优质医疗资源扩容并均衡布局为突破点，协调财政、医保等部门，集成相关优势资源，带动服务体系转型升级。

会议指出，下一阶段的主要任务是在实现“基本医疗有保障”的基础上，把农村卫生健康工作提高到新的水平，实现“从有到优”的转变。要调整优化现有政策措施，健全因病返贫风险人群监测预警和精准帮扶机制，防止规模性因病返贫致贫；健全巡诊、派驻机制，完善易地扶贫搬迁集中安置区卫生院、卫生室设置，加强合格医务人员配备，确保乡村医疗卫生服务动态全覆盖。

会议要求，强化农村卫生健康事业可持续发展的政策和措施，持续巩固基本医疗有保障成果，持续提高农村医疗卫生服务能力和质量，持续提升农村群众健康水平，为乡村振兴提供坚实的健康保障。

36. 认真研读给定资料，谈谈“公共卫生服务”与“医疗卫生服务”的异同，并举例说明二者之间的关系。(25 分)

要求：(1)条理清楚，举例贴切，简明扼要；(2)不超过 500 字。

37. 根据你对习近平总书记“努力用最小的代价实现最大的防控效果”这句话的理解，自选角度，自命题，写一篇短文。(25 分)

要求：(1)参考给定资料，但不得大篇幅摘抄给定资料；

(2)联系实际，观点明确，条理清晰，语言简明；

(3)不少于 500 字。

2022年河南省郑州市郑东新区教师招聘考试真题试卷(二)

公共基础知识

(时间:90分钟　满分:100分)

本套试卷共49小题,包括单项选择题(20小题),多项选择题(10小题),判断题(10小题),简述题(5小题),综合分析题(3小题),综合写作题(1小题)。

一、单项选择题(每小题的选项中只有一项最符合题意,错选、多选或未选均不得分。本题共20小题,每小题0.5分,共10分)

1. 中共中央总书记、国家主席、中央军委主席习近平6月28日在湖北省武汉市考察时强调,科技自立自强是国家强盛之基、安全之要。我们必须完整、准确、全面贯彻新发展理念,深入实施创新驱动发展战略,把科技的命脉牢牢掌握在自己手中,在科技自立自强上取得更大进展,不断提升我国发展(　　),催生更多新技术新产业,开辟经济发展的新领域新赛道,形成国际竞争新优势。

A. 创新性、自主性、独立性　　B. 独立性、自主性、安全性

C. 创新性、自主性、安全性　　D. 独立性、自强性、安全性

2. 5月10日,庆祝中国共产主义青年团成立100周年大会在北京人民大会堂隆重举行。中共中央总书记、国家主席、中央军委主席习近平在大会上发表重要讲话。习近平总书记指出,在实现中华民族伟大复兴的征程上,中国共产党是先锋队,共青团是________,少先队是________。入队、入团、入党,是青年追求政治进步的“人生三部曲”。(　　)

A. 先遣队,接班人　　B. 突击队,接班人

C. 突击队,预备队　　D. 先遣队,预备队

3. “十四五”期间的“四个全面”分别是全面建设社会主义现代化国家、全面深化改革、全面依法治国、全面从严治党,其中居于引领地位的是(　　)

A. 全面建设社会主义现代化国家　　B. 全面深化改革

C. 全面依法治国　　D. 全面从严治党

4. 国家治理所依之法，不仅指法律条文，还包括一些法治精神和法治原则。《行政许可法》规定，“行政许可所依据的法律、法规、规章修改或者废止，或者准予行政许可所依据的客观情况发生重大变化的，为了公共利益的需要，行政机关可以依法变更或者撤回已经生效的行政许可。由此给公民、法人或者其他组织造成财产损失的，行政机关应当依法给予补偿。”这主要体现了行政法中的(　　)(易混)

A. 行政合法性原则　　B. 行政合理性原则

C. 正当程序原则　　D. 信赖利益保护原则

第4题

5. 在国务院领导下，制定和执行货币政策，对国民经济进行宏观调控，维护金融稳定的特殊金融银行是(　　)

A. 中国建设银行　　B. 中国人民银行

C. 中国工商银行　　D. 中国银行

6. 习近平同志指出，中国和日本是近邻。保持中日长期和平友好关系，符合两国人民根本利益，符合维护亚洲和世界和平稳定的需要。正确对待和深刻反省日本军国主义的侵略历史，是建立和发展中日关系的重要政治基础。前事不忘，后事之师。我们纪念中国人民抗日战争和世界反法西斯战争的胜利，是要以史为鉴、面向未来，共同珍爱和平、维护和平。其所讲内容中的“前事不忘，后事之师”出自(　　)

A.《史记》　　B.《战国策》　　C.《后汉书》　　D.《三国志》

7. 在“双减”政策出台之后，各地开展的校外培训专项治理工作初见成效，但一些违法违规的校外教育培训机构由“地上”转向“地下”、由“台前”走向“幕后”，出现以“高端家政”“众筹私教”“游学研学”等为名的隐形变异校外培训，给教育部门的执法治理带来挑战。“双减”政策导致的失业属于(　　)

A. 摩擦性失业　　B. 周期性失业　　C. 结构性失业　　D. 隐藏性失业

8. 能不能做到“两个维护”，根本的要求和前提是(　　)

A. 为党尽责　　B. 为党分忧　　C. 听党指挥　　D. 对党忠诚

9. 在社会生活中，人人都是服务对象，人人又都为他人服务。从业人员对待职业服务对象的态度不能有亲疏、贵贱之分，不管是领导还是群众，是熟人还是生人，是强者还是弱者，都应自觉遵守规章制度，一视同仁、周到服务。这符合社会主义职业道德规范中的(　　)

A. 爱岗敬业　　B. 奉献社会　　C. 服务群众　　D. 办事公道

10. 中国人民洗雪了百年国耻，标志着我国在完成统一大业的道路上迈出了重要一步的是(　　)

A. 抗日战争的胜利　　B. 新中国的成立　　C. 香港澳门的回归　　D. 抗美援朝的胜利

11. “鞭打快牛”现象在基层工作中屡见不鲜，越是能力强、积极性高的干部越容易被分配到更多任务，而那些干活慢、成绩平平的干部却总以不会干、干不好为由推脱责任，造成基层忙闲不均的工作氛围。产生上述现象的主要原因是部门管理违背了(　　)

A. 有效控权原则　　B. 相互信赖原则

C. 责权利一致原则　　D. 能级有序原则

12. 在 Excel 表格中，要统计某单元格区域内包含数值的单元格的个数，应使用的函数是(　　)

A. SUM　　B. AVERAGE　　C. COUNT　　D. RANK

13. 中国科学院院士，国际著名核能科学家、教育家，清华大学原校长王大中获国家最高科学技术奖，并将获得的 800 万元奖金全部捐出。800 万元奖金对于王大中院士来说属于(　　)

第 13 题

A. 按生产要素分配　　B. 按劳动力价值分配

C. 按劳分配　　D. 政府补贴

14. 某公文由工作人员小李于 2022 年 1 月 4 日拟稿，1 月 5 日交相关负责人核稿，1 月 6 日由领导签发，1 月 7 日发文，该公文的成文日期应写(　　)

第 14 题

A. 2022 年 1 月 4 日　　B. 2022 年 1 月 5 日

C. 2022 年 1 月 6 日　　D. 2022 年 1 月 7 日

15. 新冠肺炎疫情防控期间，三年级学生小刚的家人因疫情被隔离，小刚处于无人照料状态。应当为小刚安排必要的临时生活照料措施的是(　　)

A. 居委会、村委会或民政部门　　B. 居委会、教育部门或民政部门

C. 教育部门、政府机关或居委会　　D. 居委会、村委会或教育部门

16. 为全面贯彻党中央关于加强未成年人保护工作的决策部署，更好地落实新修订的未成年人保护法和预防未成年人犯罪法，推动未成年人权益司法保护迈向更高水平，全国政协召开双周协商座谈会，聚焦“促进未成年人权益的司法保护”，建言献策，凝聚共识，最高人民检察院副检察长对委员们的建议作出现场回应。对此，以下说法正确的是(　　)(易错)

A. 协商民主是实现中国共产党的领导的重要形式

B. 中国共产党与民主党派是通力合作的亲密友党

C. 最高人民检察院对全国政协负责，接受其民主监督

D. 政协作为广泛爱国者的政治联盟，推动中共中央科学决策

17. 许多原本的奢侈品往往最后会变成生活必需品。比如，20 世纪 90 年代初，一部被称为“大哥大”的无线移动电话要上万元人民币，是实实在在的奢侈品。而现在，一部具有上网、照相、通话等多

种功能的智能手机一般只要几千元,成了人们的生活必需品。以下说法正确的是(　　)

A. 奢侈品和生活必需品是相对的,会随经济条件的变化而变化

B. 一种商品是奢侈品还是生活必需品取决于商品价格的高低

C. 技术进步使奢侈品变为生活必需品,商品的需求弹性变大

D. 从奢侈品到生活必需品,往往是一个行业衰退的开始

18. 习近平总书记强调,全面依法治国必须抓住领导干部这个“关键少数”。领导干部要做尊法学法守法用法的模范,带动全党全国一起努力,在建设中国特色社会主义法治体系、建设社会主义法治国家上不断见到新成效。抓“关键少数”体现的哲学原理是(　　)

A. 矛盾是普遍的,无处不在,无时不有

B. 矛盾双方的对立统一推动事物的运动变化

C. 事物的性质由主要矛盾的主要方面决定,因此要抓重点

D. 次要矛盾和矛盾的次要方面不决定事物的性质,但对事物的发展产生重要影响

19. 下列我国设立的特殊节日,按时间前后顺序排列错误的是(　　)

A. 中国航天日　中国品牌日　中国人口日

B. 全国防灾减灾日　国家扶贫日　国家宪法日

C. 全国科技工作者日　中国人民警察日　中国医师节

D. 中国人民抗日战争胜利纪念日　烈士纪念日　国家公祭日

20. 下列关于生活中的化学常识的表述不正确的是(　　)

第 20 题

A. 日常使用的蔗糖、粮食中的淀粉均属于糖类

B. 食品包装中干燥剂的主要成分是生石灰,极易与氧气发生反应

C. 生活中常见的三大强致癌物质为黄曲霉毒素、苯并芘和亚硝胺

D. 维生素 C 有较强的还原性,高温烹饪青菜会导致其中的维生素 C 流失

二、多项选择题(每小题的选项中至少有两个选项符合题意,少选、多选或错选均不得分。本题共 10 小题,每小题 1 分,共 10 分)

21. 习近平总书记在庆祝中国共产党成立 100 周年“七一勋章”颁授仪式上发表重要讲话指出,“七一勋章”获得者都来自人民、植根人民,是立足本职、默默奉献的平凡英雄。下列获得“七一勋章”的是(　　)

A. 马毛姐　　B. 王书茂　　C. 黄大年　　D. 张桂梅

22. 李克强总理在 2022 年政府工作报告中提出,今年我国发展面临的风险挑战明显增多,必须爬坡过坎。越是困难越要坚定信心,越要真抓实干,并明确提出 2022 年发展主要预期目标。下

列关于2022年发展主要预期目标的表述正确的是(　　)

A. 国内生产总值增长5.5%左右

B. 城镇新增就业1100万人以上

C. 居民消费价格涨幅3%左右

D. 粮食产量保持在1.8万亿斤以上

23. 神舟十四号飞行任务是我国空间站建造阶段第一次载人飞行任务,任务期间将全面完成以(　　)为基本构型的天宫空间站建造,建成国家太空实验室。

A. 天和核心舱　　B. 天舟货物舱

C. 问天实验舱　　D. 梦天实验舱

第23题

24. 下列属于组织正式沟通的优点的是(　　)

A. 约束力强　　B. 保密性强

C. 准确性高　　D. 形式灵活

25. 唐朝是继隋朝之后的大一统中原王朝,共历21帝,享国289年,是当时世界上最强盛的国家之一,声誉远播。下列情形可能发生在唐朝的是(　　)

A. 贵族妇女相聚捣练缝衣

B. 一大批荔枝供品被送往皇宫

C. 私塾教师教学生作八股文

D. 瓷器通过贸易大量输出到国外

26. 网络时代方便快捷的移动支付越来越普遍。微信、支付宝等手机应用程序只需绑定一张银行卡,消费时扫一扫商家二维码,输入密码或者指纹即可完成支付。下列关于移动支付的表述不正确的是(　　)

A. 是金融系统创新服务模式的具体体现

B. 可完全代替货币的流通手段职能

C. 能加快货币流通速度,减少货币供应量

D. 在使用过程中手机和网络是对立关系

第26题

27. 下列关于急救常识的表述正确的是(　　)

A. 发生扭伤早期应该冷敷减少出血和肿胀,48小时之后采用热敷

B. 被猫狗抓伤后,首先用肥皂水和清水反复冲洗伤口处,尽早注射狂犬疫苗

C. 心肺复苏术的胸外按压与人工呼吸是同时进行的,一般比率为30∶1

D. 用指压止血法抢救动脉出血伤员,是要压迫伤口的近心端动脉

28. 共同富裕是社会主义的本质要求，是中国式现代化的重要特征，要坚持以人民为中心的发展思想，在高质量发展中促进共同富裕。下列传导路径正确的是(　　)

A. 发展慈善社会公益事业→调节过高收入→推行共建共富

B. 降低个人所得税起征点→增加中低收入者收入→推进渐进共富

C. 改善薄弱地区办学条件→促进义务教育优质均衡发展→推进全面共富

D. 加大对乡村的专项财政投入→推进基本公共服务均等化→推动全民共富

29. 中国实行的全过程人民民主，是过程民主和成果民主、程序民主和实质民主、直接民主和间接民主、人民民主和国家意志相统一，是全链条、全方位、全覆盖的民主，是最广泛、最真实、最管用的社会主义民主。下列关于我国全过程人民民主的理解，其中正确的是(　　)

A. 我国的人大代表由人民直接选举产生，政协委员由各方协商推荐产生，实现了直接民主与间接民主相统一

B. 全国人大常委会法工委在某地设立基层立法联系点，征集了对法律草案、立法计划的多条建议，经研究，许多意见被吸收采纳，这是全过程人民民主的生动诠释

C. 人民不仅参与投票选举，还参与公共事务商议、国计民生重大决策、经济社会事务管理、公共权力运行监督等各个环节，其中投票选择的权利优于广泛参与的权利

D. 人民群众的意见建议通过人大得到充分反映，又通过人大的立法、决策、监督等行为将人民群众意志转化为国家意志，体现了人民民主和国家意志相统一

30. 关于公文的行文规则，下列表述正确的是(　　)

A. 请示一文一事，报告可一文一事，也可一文多事

B. 一般不得越级行文，特殊情况越级行文的，必须抄送被越过的机关

C. 涉及多个部门职权范围内的事务，部门之间未协商一致的，不得向下行文

D. 上行文原则上主送一个上级机关，根据需要抄送相关上级机关和同级机关，不得抄送下级机关

三、判断题(下列说法中，正确的在相应的括号内填“√”，错误的在相应的括号内填“×”，本题共 10 小题，每小题 0.5 分，共 5 分)

31. 人民是历史的创造者，是决定党和国家前途命运的根本力量。(　　)

32. 中国共产党为什么能，中国特色社会主义为什么好，归根到底是因为马克思行。(　　)

33. “十四五”时期经济社会发展要加快构建以国际大循环为主体，国内国际双循环相互促进的新发展格局。(　　)

34. 国家主席、副主席是中华人民共和国国家机构的重要组成部分，连续任职不得超过两届。(易混)(　　)

35. 中国共产党人的初心和根本使命是全心全意为人民服务。 ( )

36. 中共党员受留党察看处分期间没有表决权、选举权和被选举权。 ( )

37. 要确保“事有人做,人有事做,事得其人,人得其事”需做好管理中的计划工作。 ( )

38. 刘邓大军挺进大别山,被称为解放战争史上的神来之笔。 ( )

39. 制发公文的目的和要求一般是由党政机关负责人确定的。 ( )

40. 在计算机中,操作系统是其最基本、最重要的基础性系统软件。 ( )

四、简述题(本题共 5 小题,每小题 4 分,共 20 分)

41. 简述习近平新时代中国特色社会主义思想的重大意义。

42. 运用管理学理论,论述阻碍有效沟通的因素。

43. 试述中国特色社会主义的优越性。

44. 简述十九届四中全会提出的我国社会主义基本经济制度。

45. 试述落实新发展理念可运用哪些唯物辩证法作指导。

五、综合分析题（本题共3小题，共25分）

材料1

舞蹈诗剧《只此青绿》以古典舞蹈再现山水画之美，令观众惊叹；舞蹈《唐宫夜宴》再现盛唐风采，让观众感叹传统文化的深厚积淀。《国家宝藏》《典籍里的中国》《中国诗词大会》等节目，让文物说话，让历史说话，让文化说话，把历史智慧告诉人们。越来越多的人在欣赏节目的同时，感受到中华优秀传统文化之美，不断增强文化自信；以传统文化标识为设计元素的故宫文创产品火遍全球，销售额节节攀高；文化与科技融合，数字文化新业态已成为文化产业发展的新引擎……党的十八大以来，一系列富有创新、富有成效的政策举措激活了传统文化。近年来，在城市和乡镇的大街小巷，城市书房、文化驿站、乡村文化礼堂等公共文化空间层出不穷，为广大群众提供了优质的公共文化服务，也为加强和创新社会治理探索了新路径。比如，一些地方通过建立村史馆、编辑整理村史村志等，塑造具有乡村特色的文化符号和精神地标；一些地方深入阐发乡土文化中团结友爱、扶危济困等优良品德，发挥其道德教化、凝聚人心的功能；一些地方积极培育和发挥新乡贤的作用，强化新乡贤对家乡的归属感和责任感，并充分发挥新乡贤在乡村治理中的作用；等等。社会主义先进文化是在中国共产党领导全国各族人民进行社会主义建设和改革实践中形成和发展起来的，先后涌现出雷锋精神、大庆精神、红旗渠精神、“两弹一星”精神、载人航天精神、北京奥运精神、抗洪救灾精神等。社会主义先进文化是对中华优秀传统文化和革命文化的继承与升华，为建设中国特色社会主义提供了强大精神动力。有评论指出，要想在现代世界里保持自己的文化自信，就既要对传统文化保持敬畏传承的态度，也要时刻保持清醒反思和净化革新的自觉。

材料 2

党的十九届六中全会指出:“中华优秀传统文化是中华民族的突出优势,是我们在世界文化激荡中站稳脚跟的根基,必须结合新的时代条件传承和弘扬好。”全会还强调“推动中华优秀传统文化创造性转化、创新性发展”。习近平总书记在四川考察时强调:“中华民族有着五千多年的文明史,我们要敬仰中华优秀传统文化,坚定文化自信。要善于从中华优秀传统文化中汲取治国理政的理念和思维”。百年来,中国共产党坚持把马克思主义基本原理同中国具体实际相结合、同中华优秀传统文化相结合,不断开辟马克思主义新境界,完成了中国其他各种政治力量不可能完成的艰巨任务。中共中央办公厅、国务院办公厅印发的《关于实施中华优秀传统文化传承发展工程的意见》提出:“深入挖掘中华优秀传统文化价值内涵,进一步激发中华优秀传统文化的生机与活力”。新征程上,我们要坚持以习近平新时代中国特色社会主义思想为指导,推动中华优秀传统文化创造性转化、创新性发展,为中华民族伟大复兴筑牢深厚文化根基、提供强大精神力量。

46. 结合上述材料,试论文化的社会功能。(7 分)

47. 有评论指出,中华优秀传统文化创造性转化关键在“用”,创新性发展关键在“创”。对此,请谈谈你的理解。(8 分)

48. 你认为推动中华优秀传统文化创造性转化与创新性发展可采取哪些有效措施?(10 分)

六、综合写作题(本题共 1 小题,共 30 分)

49. 青少年社会化是青少年通过自我学习和接受教育获得社会经验来习得自己的文化与生存方式,从而建立社会心理和社会身份的过程。近年来,随着移动端的普及,互联网产品对青少年的社会化,尤其是对青少年的生活、学习和交流方式,产生了十分重要的影响。处于人生发展初期的青少年,如何在接触游戏、短视频、直播等互联网产品中,实现健康成长,成为各界持续关注的议题。有专家指出,互联网产品发展和青少年的关联度,是你中有我,我中有你的。互联网产品,就是青少年成长过程中的空气、土壤、水源,是没有办法回避的社会现实。

请结合实际和对上述材料的理解,以如何发挥互联网对青少年成长的积极影响为主题写一篇 800 ~ 1000字的文章(要求:观点明确,条理清晰,逻辑严密,内容充实)(30 分)

2022年河南省信阳市淮滨县公开招聘小学教师招聘考试真题试卷(三)

公共基础知识

(本套试卷共49小题,已收录46小题)

本套试卷共46小题,包括单项选择题(28小题),多项选择题(18小题)。

一、单项选择题(每小题的选项中只有一项最符合题意,错选、多选或未选均不得分。本题共28小题,每小题0.7分,共19.6分)

1. 党的十九大强调,要全面贯彻党的教育方针,落实(　　)根本任务,发展素质教育,推进教育公平,培养德智体美全面发展的社会主义建设者和接班人。

A. 立德树人　　B. 提高文化水平

C. 培养人才　　D. 为人民服务

2. 2021年8月30日,教育部发布《关于加强义务教育学校考试管理的通知》,提出大幅压减考试次数等要求,明确小学(　　)不进行纸笔考试,义务教育其他年级由学校每学期组织一次期末考试。

A. 一年级　　B. 一二年级

C. 一二三年级　　D. 一二三四年级

3. 2021年,教育部印发规划,将(　　)教育纳入中小学课后服务范围,适当增加法治知识在中考、高考中的内容占比。

A. 爱国　　B. 劳动

C. 法治　　D. 道德

4. 我国义务教育经费的主要来源是(　　)

A. 教育专项　　B. 学生学费

C. 社会集资　　D. 国家财政

5.“民之所忧，我必念之；民之所盼，我必行之。”是习近平主席在（　　）的讲话中提到的。

A. 二〇二二年新年贺词

B. 2021 年 12 月 31 日全国政协新年茶话会

C. 2021 年 7 月 1 日庆祝中国共产党成立 100 周年大会

D. 中国文学艺术界联合会第十一次全国代表大会

6. 中央农村工作会议于 2021 年 12 月 25 日至 26 日在北京召开。会议以习近平新时代中国特色社会主义思想为指导，全面贯彻党的十九大和十九届历次全会精神，贯彻落实中央经济工作会议精神，分析当前________工作面临的形势任务，研究部署 2022 年________工作。（　　）

A. 农村　农村　　B. 农业　农业　　C. 农民　农民　　D. 三农　三农

7. 2021 年 11 月 11 日，中国共产党第十九届中央委员会第（　　）全体会议通过《中共中央关于党的百年奋斗重大成就和历史经验的决议》。

A. 三次　　B. 四次　　C. 五次　　D. 六次

8. 2021 年，中共中央、国务院、中央军委决定，给________颁发“一级航天功勋奖章”，给________颁发“二级航天功勋奖章”，授予________“英雄航天员”荣誉称号并颁发“三级航天功勋奖章”。（　　）

A. 聂海胜　刘伯明　汤洪波　　B. 聂海胜　王亚平　汤洪波

C. 聂海胜　刘伯明　翟志刚　　D. 聂海胜　费俊龙　汤洪波

9. 2021 年 11 月 15 日，2022 年北京冬奥会和冬残奥会主题口号推广歌曲（　　）全新 MV 发布。

A.《共同向未来》　　B.《携手向明天》

C.《一起向未来》　　D.《一起走向美好》

10. 实现马克思主义中国化的第一次飞跃的是毛泽东思想，那么第二次飞跃是（　　）

A. 邓小平理论　　B.“三个代表”重要思想

C. 科学发展观　　D. 中国特色社会主义理论体系

第 10 题

11. 中国共产党的最高理想和最终奋斗目标是（　　）

A. 实现社会主义现代化　　B. 全面建成小康社会

C. 实现共产主义　　D. 实现中华民族伟大复兴

12. 四项基本原则中，最核心的是坚持（　　）

A. 马克思列宁主义、毛泽东思想　　B. 社会主义道路

C. 人民民主专政　　D. 中国共产党的领导

13.《为人民服务》是毛泽东主席在延安为纪念（　　）同志提出的。

A. 雷锋　　B. 张思德　　C. 白求恩　　D. 杨根思

14. 宪法最主要、最核心的价值在于(　　)

A. 组织国家机构　　B. 控制国家权力

C. 维护社会秩序　　D. 保障公民基本权利

15. 我国《宪法》规定,(　　)是我国的根本制度。(易错)

A. 人民民主专政　　B. 生产资料公有制

C. 社会主义制度　　D. 人民代表大会制度

第15题

16. 我国现行《宪法》规定,国家的法律监督机关是(　　)

A. 全国人大　　B. 人民检察院　　C. 监察机关　　D. 纪律检查机关

17. 公共财产和(　　)都是我国法律保护的对象。

A. 个人财产　　B. 集体财产

C. 国有财产　　D. 公民个人合法财产

18. 限制人身自由的行政处罚权,只能由(　　)和法律规定的其他机关行使。

A. 权力机关　　B. 人民政府

C. 司法机关　　D. 公安机关

第18题

19. 我国《未成年人保护法》规定应当对未成年人免费开放的场所不包括(　　)

A. 儿童活动中心　　B. 体育场馆

C. 图书馆　　D. 爱国主义教育基地

20. 在社会主义职业道德规范的主要内容中,可以称之为"做人之本、立事之基、为政之根"的是(　　)

A. 爱岗敬业　　B. 诚实守信　　C. 办事公道　　D. 服务群众

21. 词语"一衣带水"中的"水"指(　　)

A. 长江　　B. 黄河　　C. 淮河　　D. 辽河

22. 中国第一艘航空母舰命名为(　　)(易混)

A. 辽宁舰　　B. 大连舰　　C. 山东舰　　D. 海南舰

23. 世界上所有国家里,只有我们国家的汉字是从古代一直演变过来、没有间断的文字。我国现存的已经释读的最古老的汉字是(　　)

A. 金文　　B. 大篆　　C. 小篆　　D. 甲骨文

24. 第二次世界大战期间,最先明文规定将台湾归还中国的国际公约是(　　)

A.《开罗宣言》　　B.《波茨坦公告》

C.《同盟国宣言》　　D.《联合国宪章》

25. 下列文章不属于鲁迅作品的是(　　)

A.《狂人日记》　B.《骆驼祥子》　C.《孔乙己》　D.《祝福》

26. 被誉为"史家之绝唱,无韵之离骚"的是(　　)

第 26 题

A. 班固《汉书》　B. 司马迁《史记》

C. 陈寿《三国志》　D. 司马光《资治通鉴》

27. 在我国被称为"工业的粮食"的是(　　)

A. 石油　B. 煤　C. 水　D. 天然气

28. 我国南北地理分界线是(　　)

A. 乌蒙山—长江一线

B. 秦岭—淮河一线

C. 大兴安岭—太行山脉—巫山—雪峰山一线

D. 大兴安岭—阴山—贺兰山—巴颜喀拉山—冈底斯山脉一线

二、多项选择题(每小题的选项中至少有两个选项符合题意,少选、多选或错选均不得分。本题共 18 小题,每小题 1 分,共 18 分)

29. 习近平指出,(　　)是五四运动以来我国发生的三大历史性事件,是近代以来实现中华民族伟大复兴的三大里程碑。

第 29 题

A. 建立中国共产党　B. 成立中华人民共和国

C. 进行土地革命　D. 推进改革开放和中国特色社会主义事业

30. 党的十九大报告指出,全党要更加自觉地增强(　　)、文化自信,既不走封闭僵化的老路,也不走改旗易帜的邪路,保持政治定力,坚持实干兴邦,始终坚持和发展中国特色社会主义。

A. 民族　B. 道路　C. 理论　D. 制度

31. "两个维护"是指坚决维护(　　)

A. 中国共产党的领导地位

B. 习近平总书记党中央的核心、全党的核心地位

C. 党中央权威和集中统一领导

D. 中国特色社会主义制度

32. "两个务必"是毛泽东同志在党的七届二中全会上提出的,要求全党在胜利面前保持清醒头脑,在夺取全国政权后要经受住执政的考验。"两个务必"是指(　　)

A. 务必使同志们继续地保持谦虚、谨慎、不骄、不躁的作风

第 32 题

B. 务必使同志们继续地保持艰苦奋斗的作风

C. 务必使同志们继续地保持谦虚、谨慎、戒骄、戒躁的作风

D. 务必使同志们继续地保持艰苦朴素的作风

33. 下列是毛泽东同志的重要论述的有(　　)

A. 星星之火,可以燎原　　B. 枪杆子里面出政权

C. 没有调查就没有发言权　　D. 不管白猫黑猫,会捉老鼠就是好猫

34. 毛泽东在《论联合政府》中提出的党的三大优良作风是(　　)

A. 实事求是的作风　　B. 理论和实践相结合的作风

C. 自我批评作风　　D. 和人民群众紧密地联系在一起的作风

35. 毛泽东思想的科学含义表现为(　　)

A. 是毛泽东同志的思想

B. 是中国共产党集体智慧的结晶

C. 是马克思列宁主义在中国的运用和发展

D. 是被实践证明了的关于中国革命和建设的正确的理论原则和经验总结

36. 毛泽东在《论反对日本帝国主义的策略》的报告中,对红军长征的意义作了高度评价,他指出(　　)

A. 长征是先锋队　　B. 长征是宣言书

C. 长征是宣传队　　D. 长征是播种机

37. 我国《宪法》规定,中华人民共和国的武装力量属于人民。它的任务是(　　),保卫人民的和平劳动,参加国家建设事业,努力为人民服务。

A. 维护稳定　　B. 巩固国防

C. 抵抗侵略　　D. 保卫祖国

38. 我国《宪法》规定,中华人民共和国公民的人格尊严不受侵犯。禁止用任何方法对公民进行(　　)

A. 侮辱　　B. 控告

C. 批评　　D. 诽谤和诬告陷害

39. 解决民事纠纷的方式有(　　)

A. 和解　　B. 调解　　C. 仲裁　　D. 诉讼

40. 甲酒后驾车引发交通事故,导致受害人乙抢救无效身亡,甲因其违法行为要承担(　　)

A. 违宪责任　　B. 民事责任　　C. 行政责任　　D. 刑事责任

41. “天宫课堂”第一课于2021年12月9日15时40分开始，神舟十三号乘组航天员(　　)在中国空间站进行太空授课。

A. 翟志刚　　B. 景海鹏　　C. 王亚平　　D. 叶光富

42. 我国将继续积极推进“一带一路”建设，加强同世界各国的交流合作，让中国改革发展造福人类。“一带一路”是指(　　)

A. 丝绸之路经济带　　B. 环太平洋经济带

C. 古代丝绸之路　　D. 21世纪海上丝绸之路

43. 社会主义核心价值观的基本内容包括(　　)

A. 富强、民主、文明、和谐　　B. 自由、平等、公正、法治

C. 爱国、敬业、诚信、友爱　　D. 守法、明礼、诚实、守信

44. 陇海线所经城市有(　　)

A. 徐州　　B. 洛阳　　C. 西安　　D. 敦煌

45. 亚洲毗邻的大洋有(　　)

A. 太平洋　　B. 大西洋　　C. 印度洋　　D. 北冰洋

46. 下列关于办公节省消耗的措施，切实可行的有(　　)

A. 开展无纸化办公　　B. 减少设备待机能耗

C. 随手关灯关门窗　　D. 夏季空调温度设置于26度以上

2021 年河南省信阳市直事业单位招聘考试真题试卷（四）

公共基础知识

（本套试卷共 90 小题，已收录 83 小题）

本套试卷共 83 小题，包括单项选择题（53 小题），多项选择题（20 小题），判断题（10 小题）。

一、单项选择题（请在每道题列出的四个选项中选择一个符合题目要求的选项，将答案用 2B 铅笔填涂在答题卡上，错选、多选均不得分。本大题共 53 小题，每小题 1.1 分，共 58.3 分）

1. 2021 年 5 月 6 日，李克强主持召开国务院常务会议，指出（　　）事关国家安全和发展大局，是推进农业农村现代化的首要任务。

A. 提高粮食产量　　B. 保障粮食安全　　C. 粮食种类多样化　　D. 科学种植粮食

2. 2021 年 5 月 26 日，李克强主持召开国务院常务会议，指出（　　）是关系每个家庭的最大公共产品，是政府的基本职责。

A. 灵活就业　　B. 产业创新　　C. 政策扶持　　D. 义务教育

3. 2021 年 5 月 29 日，长征七号遥三运载火箭在海南文昌航天发射场顺利升空，搭载的是（　　）货运飞船，飞船将与“天和”核心舱进行交会对接、推进剂补加和组合体飞行。

A. 嫦娥二号　　B. 天舟二号　　C. 天宫二号　　D. 风云二号

4. 2021 年政府工作报告指出，在 2020 年，面对历史罕见的冲击，我国围绕市场主体的急需制定和实施宏观政策，稳住了经济基本盘，明确提出（　　）底线任务。

A. 六稳　　B. 六保　　C. 五稳　　D. 五保

5. 第一个百年奋斗目标是（　　）（常考）

A. 全面实现温饱　　B. 基本建成小康社会

C. 全面建成小康社会　　D. 建成社会主义现代化强国

6. 解决发展中“卡脖子”问题，关键在于（　　）

A. 创新　　B. 共享　　C. 变革　　D. 科技

7. 2021 年 3 月 7 日，习近平总书记在参加十三届全国人大四次会议青海代表团审议时强调，

(　　)是“十四五”乃至更长时期我国经济社会发展的主题,关系我国社会主义现代化建设全局。

A. 高速度　　B. 高效率　　C. 可持续　　D. 高质量发展

8. 民惟邦本,本固邦宁。十九大报告以新的高度强调了坚持(　　)

A. 全面深化改革　　B. 以人民为中心　　C. 全面依法治国　　D. 全面从严治党

9. 习近平总书记在全国教育大会上指出,要深化教育体制改革,健全(　　)落实机制。

A. 教育平等　　B. 立德树人　　C. 育人为本　　D. 文化育人

10. 习近平在气候雄心峰会上倡议,在气候变化挑战面前,人类命运与共,单边主义没有出路。我们只有坚持(　　),讲团结、促合作,才能互利共赢,福泽各国人民。

A. 全球主义　　B. 相对主义　　C. 双边主义　　D. 多边主义

11. “十四五”时期,我国进入新发展阶段,习近平总书记提出要以辩证思维看待新发展阶段的新机遇新挑战,以(　　)为主构建新发展格局。

A. 科技创新　　B. 高水平对外开放

C. 畅通国民经济循环　　D. 共建共治共享原则

12. “十三五”期间,浙江省成为首个国家生态省。浙江省践行了(　　)发展理念。

A. 创新　　B. 协调　　C. 绿色　　D. 开放

13. “十四五”规划是立足于我国国情,符合中国实际的战略目标,这表明我国制定战略目标需要(　　)

A. 坚持两点论和重点论　　B. 实事求是,一切从实际出发

C. 坚持科学发展　　D. 全面思考

14. 习近平指出,当今世界,没有一个国家能实现脱离世界安全的自身安全,也没有建立在其他国家不安全基础上的安全。这句话体现的哲学道理是(　　)

A. 量变和质变　　B. 整体由部分组成,整体离不开部分

C. 事物是相互联系的　　D. 事物的联系表现为联系性、条件性

15. 全面建成小康社会,农村贫困人口脱贫是一个突出短板。短板必须补齐,否则影响全局。其中,“短板”主要体现的哲学道理是(　　)(常考)

A. 矛盾的特殊性　　B. 抓住主要矛盾

C. 矛盾双方相互依存　　D. 事物都包含矛盾

16. (　　)是人生来就有的权利,包括姓名权、肖像权、名誉权。

A. 自由权　　B. 人格权　　C. 生命权　　D. 精神权

17. 某法院审理一起故意杀人案,因该案的唯一目击者行动不便,辩护人向法院出示了一段用数码

相机拍摄的录像,其内容为该目击者对案件情况的描述,该证据的种类属于(　　)

A. 书证　　B. 物证　　C. 证人证言　　D. 电子数据

18. 行政执法机关要按照(　　)原则,明确公示内容的采集、传递、审核、发布职责。

A. 谁执法谁公示　　B. 谁监督谁公示

C. 谁主管谁公示　　D. 谁审核谁公示

19. (　　)就是要在法治的具体实践中,坚持党的基本理论、基本路线、基本纲领、基本经验。

A. 坚持责任至上　　B. 坚持党的事业至上

C. 坚持集体利益至上　　D. 坚持宪法法律至上

20. 某区将进行人大代表换届选举工作,该区某高校在党委统一领导下,成立换届选举工作组,全面负责并具体组织学校师生参加人大选举工作。郑某是该校的一名学生,下列关于郑某行使选举权的说法正确的是(　　)

A. 需年满 18 周岁　　B. 郑某需无犯罪记录

C. 郑某不享有被选举为该区人大代表的权利　　D. 参加投票选举是履行公民政治义务的表现

21. 某火锅店为解决小料浪费问题,专门在店内张贴了告示:浪费小料者处 300 元罚款。下列说法正确的是(　　)

A. 店内张贴的告示合法

B. 店家有权设定罚款机制,但其不属于行政处罚机构

C. 有权设定,无权实施

D. 无权设定,无权实施

22. 简报常常在(　　)上说明报送的单位或领导个人。

A. 报头　　B. 正文第一段　　C. 正文最后一段　　D. 报尾

23. 行政令就是用于宣布施行重大强制性行政措施的命令。下列选项中,不属于行政令的正文内容的是(　　)

A. 发令缘由　　B. 命令事项　　C. 施行要求　　D. 提出希望

24. 拟写公文的过程,实际上是一个语言运用的过程。下列选项中,不属于期请用语的是(　　)

A. 恳请　　B. 敬望　　C. 企盼　　D. 欣悉

25. 在请示写作中,请示理由不但要充分,还要“点到即止”,这是指请示要(　　)

A. 一文一事　　B. 确有必要　　C. 理由充分　　D. 语言表达简洁明了

26. 政府通过各种手段,对环境恶化、自然资源破坏进行控制,这体现了政府在履行(　　)(常考)

A. 政治职能　　B. 经济职能　　C. 文化职能　　D. 社会职能

27. 行政决策是指行政主体为履行行政职能所做的行为设计和抉择过程,行政决策转向科学决策

的标志不包括(　　)

A. 决策主体由集体转向个人　　B. 决策过程由主观随意转向程序化

C. “谋”与“断”的相对分离　　D. 决策手段的量化和技术化

28. (　　)是行政领导的首要责任。

A. 选用人才　　B. 执行政策　　C. 计划决策　　D. 调查研究

29. 行政组织的管理幅度太宽,而管理层次太少,可能会导致的结果是(　　)

A. 浪费人力、物力、财力　　B. 降低行政效率

C. 手续繁杂　　D. 行政事务过分集中于少数领导

30. 领导者在工作中通过启发、劝告、诱导、商量、建议等方式,使被领导者接受并贯彻自己意图的行政领导方式属于(　　)(常考)

A. 说服式　　B. 示范式　　C. 激励式　　D. 强制式

31. 行政执行要求行政执行机关及其工作人员必须做到迅速、果断,在规定的时间内完成规定的动作与任务,以确保决策目标的实现。这体现了行政执行的(　　)

A. 目的性　　B. 强制性　　C. 灵活性　　D. 时限性

32. 我国个人所得税的起征点已调整为每月 5000 元。对此,下列相关说法不正确的是(　　)

A. 税收是收入再分配的一种方式　　B. 起征点调高有利于调节贫富差距

C. 该项政策有利于刺激消费　　D. 该项政策有利于增加政府财政收入

33. 同样的土地既可以种粮食,也可以种棉花,但如果棉花的价格上涨而粮食的价格等因素没有发生变化,正常情况下会导致(　　)

A. 粮食的供给增加　　B. 粮食的供给减少

C. 粮食的需求增加　　D. 粮食的需求减少

34. 当中央银行降低存款准备金率时,金融机构可用于贷款的资金________,社会的贷款总量和货币供应量________。(　　)

A. 增加;增加　　B. 减少;增加　　C. 增加;减少　　D. 减少;减少

35. 市场调节以价格为基本信号,但价格的变动只有在供求出现矛盾时才会发生,因此没有预先调节的功能,这表明市场调节具有(　　)(易混)

A. 微观性　　B. 滞后性　　C. 自发性　　D. 预见性

36. 小亮以货到付款的方式在某平台买了一台国产电脑,原价为 4999 元,通过使用满减优惠券最终支付了 4399 元。货币在这里所履行的职能分别是(　　)(易错)

A. 贮藏手段和支付手段　　B. 贮藏手段和流通手段

C. 价值尺度和支付手段　　D. 价值尺度和流通手段

37. 智能手机一改传统手机的键盘操作,大都采用触屏操作。其中,智能手机电容屏的工作原理是:当用户触摸电容屏时,由于人体电场,用户的手指和工作面形成一个________,因为工作面上接有________,于是手指吸收走一个很小的电流,这个电流分别从屏的四个角上的电极中流出,且理论上流经四个电极的电流与手指头到四角的距离成比例,控制器通过对四个电流比例的精密计算,得出触摸点的位置。(　　)

A. 耦合电容;高频信号　　B. 去耦电容;低频信号

C. 谐振电路;高频信号　　D. 旁路电容;低频信号

38. 被誉为"中国天眼"的500米口径球面射电望远镜(FAST)是国家重大科技基础设施,是观天巨目、国之重器。"中国天眼"位于(　　)

A. 四川省　　B. 甘肃省　　C. 贵州省　　D. 海南省

39. 秦岭—淮河一线是中国地理区分北方地区和南方地区的地理分界线,也是我国南北植被景观分界线,且有"生于淮南则为橘,生于淮北则为枳"之说。淮北的植被类型为(　　)

A. 温带针叶林　　B. 温带落叶阔叶林

C. 亚热带常绿阔叶林　　D. 热带常绿阔叶林

40. 森林作为陆地生态系统的主体,是陆地生态系统中最大的碳库。森林植被通过光合作用可吸收固定大气中的(　　)

A. 一氧化碳　　B. 二氧化碳　　C. 二氧化硫　　D. 三氧化硫

41. 唐代诗人(　　)两次前往边塞,所以写了很多描写边塞风光的诗句,比较有名的有《白雪歌送武判官归京》中的"忽如一夜春风来,千树万树梨花开"。

A. 岑参　　B. 高适　　C. 陆游　　D. 王维

42. (　　)的《兰亭集序》为历代书法家所推崇,被称作"天下第一行书"。

A. 颜真卿　　B. 黄庭坚　　C. 王羲之　　D. 欧阳询

43. 鸦片战争以后,清朝统治者无能,日渐衰败,中国饱受西方侵凌,有识之士为了救亡图存,提出了诸多救国设想。其中,建立"新中国"的设想由维新运动领袖(　　)提出。

A. 康有为　　B. 魏源　　C. 康广仁　　D. 谭嗣同

44. 某革命旧址的讲解员在介绍时说道:"他们趟越滔滔急流,征服皑皑雪山,穿越茫茫草地,突破层层封锁,终于……"这最可能描述的事件是(　　)

A. 八七会议　　B. 红军长征　　C. 秋收起义　　D. 井冈山会师

45. 消费者有权检举、控告侵害消费者权益的行为和国家机关及其工作人员在保护消费者权益工作中的违法失职行为,有权对保护消费者权益工作提出批评、建议,说明消费者具有(　　)

A. 安全权　　B. 知悉真情权　　C. 自主选择权　　D. 监督权

46. 放大镜生火是利用(　　)对光的聚焦原理。(常考)

A. 凸面镜　　B. 平面镜　　C. 凹透镜　　D. 凸透镜

47. 在新冠肺炎疫情攻坚战中,不畏风险奋战在防控一线的勇士们、同志们是英雄,克服困难奋斗在经济社会发展各条战线的人民群众也是英雄。这说明(　　)

A. 英雄需要崇尚,需要爱护,也需要褒奖　　B. 伟大出自平凡,平凡造就伟大

C. 英雄就要不怕艰难困苦,不怕流血牺牲　　D. 打赢疫情防控的人民战争,需要全国性动员

48. 小李是一名事业单位工作人员,由于工作原因受到警告处分,则在作出处分决定的当年,他的年度考核不能确定为(　　)

A. 优秀等次　　B. 合格等次　　C. 基本合格等次　　D. 不合格等次

49. 下列事业单位聘用合同中不符合相关规定的是(　　)(常考)

A. 张先生考进某地第一实验小学,并签订了 3 年的聘用合同

B. 小王在某事业单位连续工作满 5 年,该单位应当与其订立聘用至退休的合同,约定试用期为 12 个月

C. 小王研究生毕业后与某省人民医院签订了 4 年的劳动合同,约定试用期为 12 个月

D. 小陈 1 年内累计旷工超过 30 个工作日,其所属事业单位可以解除聘用合同

50. 与公开招聘工作人员不同,事业单位内部竞聘工作人员无须进行的一个工作环节是(　　)

A. 制定方案　　B. 审查相关人员资格　　C. 体检　　D. 公示拟聘人员名单

51. 要确保事业单位改革始终沿着正确的政治方向推进,确保党的领导得到全面贯彻,就必须发挥党总揽全局、协调各方的领导(　　),以党的政治优势引领和推进改革。

A. 主体作用　　B. 推动作用　　C. 核心作用　　D. 主导作用

52. 全额拨款事业单位也称为全供事业单位,也就是全额预算管理的事业单位。下列不属于全额拨款事业单位的是(　　)

A. 医院　　B. 科研单位　　C. 卫生防疫单位　　D. 公办中学

53. 专业人才是事业单位的主要人员构成,利用科技文化知识为社会各方面提供服务是事业单位的主要手段,体现事业单位的(　　)特点。

A. 实践性　　B. 公益性　　C. 盈利性　　D. 知识密集性

二、多项选择题(请在每道题列出的四个选项中选择两个或两个以上符合题目要求的选项,将答案用 2B 铅笔填涂在答题卡上,错选、多选、漏选均不得分。本大题共 20 小题,每小题 1.3 分,共 26 分)

54. 习近平总书记在全国组织工作会议上的讲话中指出,干部的党性修养、思想觉悟、道德水平不会随着党龄的积累而自然提高,也不会随着职务的升迁而自然提高,而需要终生努力。成为好

干部，要(　　)

A. 时刻自重自省自警自励　　B. 求全责备，尽善尽美

C. 不断改造主观世界、加强品格陶冶　　D. 时刻用党章、用共产党员标准要求自己

55. 习近平总书记强调："在党史学习教育中，要充分运用红色资源。"红色资源有(　　)

A. 遵义会议会址　　B. 邓小平故居

C. 雨花台烈士陵园　　D. 三星堆

56. 1969 年，屠呦呦开始以课题组组长的身份研发抗疟新药，然而青蒿素的首次临床观察出师不利。在第一次青蒿素片剂临床观察中，首批实验的 5 例恶性疟疾只有 1 例有效。面对失败，屠呦呦坦然接受。这个事例反映的认识论道理有(　　)

A. 实践是检验认识真理性的唯一标准

B. 正确的认识往往要经过实践对认识的多次反复验证，才能完成

C. 不成功的实践对认识的发展没有价值

D. 人对客观事物的认识不受主观因素的影响

57. 一个社会能否快速和健康发展，从深层次上来说，主要取决于两个机制。一个是动力机制，一个是平衡机制。社会的长短优劣，根本上都是由这两个机制及其相互之间的平衡决定的，这两个机制(　　)

A. 相互依存　　B. 相互渗透　　C. 相互否定　　D. 相互贯通

58. 陈某每天骑共享单车上下班，去上班时骑车支付了骑行费用，并把该单车放在公司内；下班又骑行该辆单车，支付了相应的骑行费用，并把单车放在自己家里。对此，下列说法中正确的有(　　)

A. 陈某使用单车，支付了相应的费用，且单车还在使用区域范围内，故该行为是正常的交易行为

B. 在共享经济模式下，共享单车的所有权人也就是共享单车的使用者

C. 陈某把共享单车放在自己的控制空间内，使任何他人都无法使用该辆单车，违背了共享单车所有权人的意愿

D. 陈某这种据为己有的行为，降低了单车的使用频率，使得所有权人遭受财产损失，该行为应认定为盗窃行为

59. 公民、法人或者其他组织认为，行政主体的行政行为侵犯其合法权益，可以依法向行政复议机关提出复查该具体行政行为的申请，行政复议机关应对被申请的具体行政行为进行(　　)审查。(易错)

A. 合法性　　B. 适当性　　C. 危害性　　D. 合情性

60. 网购时，在法律规定的期限内可以无理由退货的有（　　）

A. 洗衣机　　B. 电冰箱

C. 新鲜蔬菜　　D. 交付的期刊杂志

61. 联合行文是两个或两个以上的宣传机关联合发文，可联合行文的情况有（　　）

A. 同级政府部门　　B. 上级党委和下级政府

C. 党政机关与其他同级机关之间　　D. 同级党政机关

62. 请示性公文，应重点审核（　　）

A. 内容是否符合党中央、国务院的方针政策　　B. 请示事项是否符合"一文一事"的规定

C. 公文紧急程度和密级确定是否恰当　　D. 公文附件的报送是否及时、齐全

63. 讲话稿的特点有（　　）

A. 语言准确、简洁、通俗、生动　　B. 越长越好

C. 考虑气氛场合　　D. 受主题、讲话者等因素的影响

64. 舆论是社会公众对社会问题所发表的意见的总和。在行政管理中，公众舆论影响着行政治理的实施。为把握舆论动向，促使舆论气氛健康发展，政府有关部门需要做到（　　）

A. 了解舆论　　B. 引导舆论　　C. 镇压舆论　　D. 回应舆论

65. 李克强总理曾强调，所有行政行为都要于法有据，任何政府部门都不得法外设权。法治行政的必要性体现在（　　）

A. 法治行政是法治国家的基本要求　　B. 法治行政是化解一切矛盾的最佳方法

C. 法治行政是市场经济运行的基石　　D. 法治行政是实现公共利益的保障

66. 造成通货膨胀的原因有（　　）

A. 成本推动　　B. 结构性因素　　C. 需求推动　　D. 作为货币现象

67. 拉动 GDP 增长的"三驾马车"是指（　　）（常考）

A. 投资　　B. 消费　　C. 进口　　D. 出口

68. 在一个信息化特征日渐显现并不断扩散的社会，只有善于运用前沿技术推动城市管理手段、管理模式、管理理念创新，才能让城市更聪明、更智慧。下列属于前沿技术的有（　　）

A. 大数据　　B. 云计算　　C. 区块链　　D. 人工智能

69. 习近平总书记在纪念五四运动 100 周年大会上的重要讲话中指出，五四运动，爆发于民族危难之际，是一场中国人民为（　　）而掀起的伟大社会革命运动。

A. 拯救民族危亡　　B. 捍卫民族尊严

C. 凝聚民族力量　　D. 争夺世界霸权

70. 杠杆分为费力杠杆、省力杠杆和等臂杠杆，杠杆原理也称为"杠杆平衡条件"。下列选项中，属于省力杠杆的有（　　）（易混）

A. 筷子　　B. 天平　　C. 开瓶器　　D. 扳手

71. 长城是我国古代重要的军事防御工程,是一道高大、坚固、连绵不断的长垣,用以限隔敌骑的行动。长城上有许多重要关隘,比如(　　)

A. 嘉峪关　　B. 山海关　　C. 剑门关　　D. 居庸关

72. 加快推进事业单位改革是适应我国社会主要矛盾变化、推动公益事业平衡充分发展的迫切需要。通过改革解决好公益事业(　　)的问题,可以更好满足人民群众日益增长的美好生活需要。

A. 布局结构不合理　　B. 质量效率不高　　C. 资源配置不均衡　　D. 政治权力过低

73. 事业单位工作人员奖励工作,应当服务经济社会发展,符合事业单位特点,体现时代性、导向性、实效性,丰富奖励形式,发挥奖励的正向激励作用。奖励工作要遵循的原则包括(　　)

A. 坚持德才兼备,以德为先

B. 坚持事业为上、突出业绩贡献

C. 坚持精神奖励与物质奖励相结合、以物质奖励为主

D. 坚持定期奖励与及时奖励相结合、以定期奖励为主

三、判断题(请判断所给的命题正确与否,正确的请在答题卡的相应位置上涂"A",错误的涂"B"。本大题共 10 小题,每小题 0.8 分,共 8 分)

74. 2021 年 3 月,《中华人民共和国国民经济和社会发展第十四个五年规划和 2035 年远景目标纲要》对外公布。文中明确,"十四五"时期,要推进以煤代电,因地制宜开发利用地热能。(　　)

75. 认识是无止境的,探索和把握规律也没有止境,对于社会发展规律,我们已经认识到的只是其中的一部分,还有很多规律需要我们进一步探索和把握。(　　)

76. 坚持法治为了人民,在全面依法治国中更好满足人民对美好生活的向往,一个重要着力点就是把人民对公平正义的期盼落实到依法保障人民权益上。(　　)

77. 平等不是绝对的,行政行为也不可能绝对地、无条件地对相对人一律平等。(　　)

78. 函一般用于相隶属机关之间商洽工作、询问和答复问题、请求批准和答复审批事项。(常考)(　　)

79. 行政效益是对行政结果的质量规定,主要看行政活动对社会的有益影响的大小和给社会带来福利的多少。(　　)

80. 当电池供电时,其正极端为阳极,负极端为阴极。(　　)

81. 赤壁之战是中国历史上以少胜多、以弱胜强的著名战役之一,发生在隋唐时期。(　　)

82. 古代的"衿"字指代学识高的男性,正如《短歌行》中的"青青子衿,悠悠我心"。(　　)

83. 事业单位人员岗位变动后,从变动的第二天起执行新聘岗位的工资标准。(　　)

2021年河南省信阳市淮滨县教师招聘考试真题试卷(五)

公共基础知识

(本套试卷共55小题,已收录49小题)

本套试卷共49小题,包括单项选择题(28小题),多项选择题(7小题),判断题(14小题)。

一、单项选择题(每小题的选项中只有一项最符合题意,错选、多选或未选均不得分。本题共28小题,每小题0.88分,共24.64分)

1. 2021年5月21日,习近平主席主持召开中央全面深化改革委员会第十九次会议,强调(　　)是国民教育的重中之重,要全面贯彻党的教育方针,落实立德树人根本任务,充分发挥学校教书育人主体功能,强化线上线下校外培训机构规范管理。

A. 义务教育　　B. 职业教育　　C. 学前教育　　D. 家庭教育

2. 国务院办公厅于2021年5月印发《关于全面加强药品监管能力建设的实施意见》。《实施意见》明确,构建全国药品追溯协同平台,实现药品(　　)追溯,逐步实施医疗器械唯一标识。

A. 全销售周期　　B. 全生产周期

C. 全运输周期　　D. 全生命周期

3. 国务院副总理韩正于2021年5月18日在中国环境科学研究院主持召开座谈会。韩正指出,要全面准确贯彻新发展理念,坚持节约资源和保护环境的基本国策,坚持(　　),加强顶层设计,充分认识生态文明建设面临的诸多矛盾和挑战,持之以恒推进生态环境保护重点工作。

A. 规划导向　　B. 创新导向　　C. 修复导向　　D. 问题导向

4. 十三届全国政协第49次双周协商座谈会于2021年5月14日在北京召开。全国政协主席汪洋指出,要深入领会习近平总书记关于科技创新的重要论述,发挥新型举国体制优势,处理好政府与市场在创新(　　)中的关系,完善项目遴选、投资决策、实施监督、成果评价、收益分配、部门协调等机制,打好关键核心技术攻坚战,助力科技自立自强和经济社会高质量发展。

A. 市场配置　　B. 技术配置　　C. 资源配置　　D. 物流配置

5. 2021年5月,中央军委印发的《关于表彰全军战略规划工作先进单位和先进个人的通报》指出,近年来，全军各级以习近平新时代中国特色社会主义思想为指导，深入贯彻习近平强军思想，深入贯彻新时代军事战略方针，坚决贯彻落实习主席和中央军委决策部署，坚持瞄准强敌、聚焦实战，坚持系统谋划、(　　)，坚持质量第一、效益优先，聚力攻坚克难、锐意改革创新。

A. 顶层统筹　　B. 质量统筹　　C. 底层统筹　　D. 效益统筹

6. 中央政法委书记郭声琨于2021年5月24日出席中央信访工作联席会议“治理重复信访、化解信访积案”经验交流暨工作推进会。郭声琨要求，要坚持标本兼治，强化(　　)、落实主体责任，坚持因案施策、推进难案攻坚，加强政策供给、批量解决问题。

A. 任务管理　　B. 属地管理　　C. 部署管理　　D. 案件管理

7. 全国政协于2021年5月24日在北京召开“巩固拓展脱贫攻坚成果，全面实施乡村振兴战略”专题协商会。全国政协主席汪洋强调，要认真学习领会习近平总书记关于全面推进乡村振兴的重要论述，因地制宜、稳中求进，持续推动农业强起来、农村美起来、农民富起来，持续缩小城乡区域发展差距，坚决守住不发生(　　)的底线，让全体人民共享改革发展成果。

A. 短暂性返贫　　B. 区域性返贫

C. 规模性返贫　　D. 阶段性返贫

8. 中国科学院第二十次院士大会于2021年5月28日上午在人民大会堂隆重召开。习近平总书记指出，我国广大科技工作者要以(　　)、革故鼎新的勇气、坚忍不拔的定力，面向世界科技前沿、面向经济主战场、面向国家重大需求、面向人民生命健康，把握大势、抢占先机，直面问题、迎难而上，肩负起时代赋予的重任，努力实现高水平科技自立自强！

A. 敢为人先的精神　　B. 与时俱进的精神

C. 揭榜挂帅的精神　　D. 只争朝夕的精神

9. 中国科协第十次全国代表大会第二次全体会议于2021年5月在人民大会堂举行。李克强强调，要以习近平新时代中国特色社会主义思想为指导，坚持(　　)工作总基调，准确把握新发展阶段。

A. 莫衷一是　　B. 举重若轻　　C. 左右逢源　　D. 稳中求进

10. 国务院联防联控机制于2021年5月31日举行新闻发布会，中国疾控中心研究员冯子健介绍，我们要继续做好(　　)的各项防控工作，确保这些措施都能得到有效的落实。

A. “外防输入、内防反弹”　　B. “外防谣传、内防感染”

C. “外防刺探、内防事故”　　D. “外防病源、内防松懈”

11. 我们党立志于中华民族千秋伟业，(　　)是铸魂育人的重要依据，是落实立德树人根本任务的关键。

A. 教具建设　　B. 教室建设　　C. 教材建设　　D. 教条建设

12. 党的十九届五中全会指出，当前和今后一个时期，我国发展仍然处于重要（　　），但机遇和挑战都有新的发展变化。

A. 信念转换期　　B. 矛盾防范期

C. 战略机遇期　　D. 体制更新期

13. 习近平总书记强调，有了坚定的（　　），站位就高了，眼界就宽了，心胸就开阔了，就能坚持正确政治方向，在胜利和顺境时不骄傲不急躁，在困难和逆境时不消沉不动摇，经受住各种风险和困难考验，自觉抵御各种腐朽思想的侵蚀，永葆共产党人政治本色。

A. 历史变革　　B. 理想信念

C. 国家面貌　　D. 理论基础

14. 在社会主义市场经济条件下，我国的（　　）主体地位可以为促进经济社会发展提供物质支撑。

A. 公有制　　B. 企劳制　　C. 私有制　　D. 注资制

15. 通过（　　）总结党的历史经验，在总结历史经验中增强党的团结，这无论在中国共产党的历史上，还是在国际共产主义运动的历史上，都是党的建设的伟大创举。

A. 自我控制　　B. 自我体验　　C. 自我批评　　D. 自我介绍

16. 2011 年 9 月 2 日，时年 18 周岁的女子小赵以表姐小孙的名义与一男子钱某登记结婚，于 2012 年生一女孩，2014 年 9 月小赵离家出走，并于 2017 年 1 月诉至法院，要求确认其与钱某的婚姻关系无效，该案定为（　　）

A. 婚姻无效纠纷　　B. 撤销婚姻纠纷

C. 解除非法同居关系纠纷　　D. 离婚纠纷

17. 街上闲逛的李某路过小卖部，发现只有一老妇看店，便心生歹念，拿起小卖部的水果刀对老妇说："把抽屉里的钱拿出来，不然我就不客气了。"老妇却没有被吓到，气定神闲地劝年轻人不要不务正业想着抢夺别人的钱，自己挣钱才是正道。李某见老妇没被吓到，便打消了图财的念头，走了。李某的行为属于（　　）（易混）

A. 犯罪既遂　　B. 犯罪未遂　　C. 犯罪中止　　D. 犯罪预备

18. 小周扫码打开了某公司的共享单车，破坏了该车的电子锁和定位装置，将车置于家中，外出骑行时锁上自备私家锁。小周的行为构成了（　　）

A. 抗税罪　　B. 侵占罪　　C. 诈骗罪　　D. 抢劫罪

19. 吴某到一家名牌皮包专卖店闲逛，专卖店老板郑某认为吴某偷了店内的一个名牌钱包，故而双方发生口角，随后双方进行厮打，郑某将吴某打伤。次日，吴某纠结数人手持钢管找郑某理论，郑某事先已有准备，双方互相斗殴。在相互斗殴中，郑某手持西瓜刀砍伤吴某，吴某眼见打不过对方后逃跑，刚逃出店门，被闻讯赶来的郑某朋友王某撞到，王某见吴某欲逃走，将吴某打翻

在地并对其拳打脚踢,吴某起身手持钢管将王某打伤,吴某将王某打伤的行为构成(　　)

A. 防卫过当　　B. 假想防卫　　C. 正当防卫　　D. 故意伤害

20. 陈某与褚某谈恋爱期间,由于褚某生意资金周转困难,陈某通过其子向褚某转款2.8万元。褚某答应生意好转了还给陈某,后双方由于性格不合分手,褚某一直拒绝还款,褚某所得2.8万元属于(　　)

A. 民间借贷　　B. 自愿赠与　　C. 不当得利　　D. 入股资金

21. 为牟取非法利益,韩某伙同他人经预谋在某租车公司网上平台上使用韩某个人信息,以订立租车合同租用车辆后销赃逃逸的方法实施诈骗,骗得李某价值人民币75210元的马自达车一辆,并以55000元的价格变卖给他人。韩某应承担(　　)

A. 刑事责任　　B. 民事责任　　C. 行政责任　　D. 连带责任

22. 杨某因犯贪污罪、挪用公款罪被判处有期徒刑五年。一审判决生效后,杨某向看守所管教民警揭发了在案发前陈某诈骗其一万元的事实,杨某的行为属于(　　)

A. 自首　　B. 隐瞒　　C. 退赃　　D. 立功

23. 秦某为某工厂工人,因家中亲戚亡故,回家帮忙照料丧事,不幸被高压电击中身亡。事后秦某家属与供电局达成赔偿协议,由供电局支付丧葬费、被扶养人生活费、死亡赔偿金共13万元。后秦某的家属在分配赔偿金时产生纠纷,下列无权分配到死亡赔偿金的是(　　)

A. 秦某的表哥　　B. 秦某已成年的大儿子

C. 秦某未成年的小女儿　　D. 秦某的妻子

24. 行政协调是使相关国家机关及其公务人员的行政活动互相一致、密切配合的一种重要手段,以下关于行政协调的说法不正确的是(　　)

A. 行政协调可以看作行政沟通的结果

B. 行政协调是指行政机关与内部环境之间的协调

C. 行政协调的功能就是通过内部调整合理解决各种矛盾

D. 行政协调有助于将分散的力量集中起来,形成整体的合力

25. 行政决策,是指行为主体为履行行政职能所作的行为设计和抉择的过程。行政决策活动的第一个阶段是(　　)

A. 情报活动阶段　　B. 设计活动阶段

C. 抉择活动阶段　　D. 反馈活动阶段

26. 在现代社会中,行政组织是社会各种组织中规模最大的组织,管辖范围涉及社会生活的各个方面。我国行政组织是我国国家权力机关——(　　)的执行机关,即国务院系统。

A. 人民政协　　B. 人民代表大会

C. 中央军事委员会　　　　D. 中共中央办公厅

27. (　　)是指在行政权力的运行过程中,尽管投入了相当多的人力、物力和财力,但仍然没有达到既定的目标。

A. 失灵行为　　B. 失范行为　　C. 失控行为　　D. 失效行为

28. 行政领导者通过启发、教育、商议等方法,使被领导者接受并贯彻组织的意图。这属于行政领导方式中的(　　)

A. 强制方式　　B. 说服方式　　C. 示范方式　　D. 放任方式

二、多项选择题(每小题的选项中至少有两个选项符合题意,少选、多选或错选均不得分。本题共 7 小题,每小题 1.49 分,共 10.43 分)

29. 国家减灾委主任王勇于 2021 年 5 月调研时强调,要深入贯彻习近平总书记关于防灾减灾救灾的重要论述,按照党中央,国务院决策部署,坚持(　　),全力做好各类灾害防范应对,最大限度降低灾害风险损失,为人民群众生命财产安全和经济社会健康发展提供坚实保障。

A. 人民至上　　B. 财产至上　　C. 舆论至上　　D. 生命至上

30. 2021 年 5 月,中共中央办公厅印发《关于在全社会开展党史、新中国史、改革开放史、社会主义发展史宣传教育的通知》。《通知》明确,要以学习宣传贯彻习近平新时代中国特色社会主义思想为主线,准确把握这一重要思想的理论逻辑、历史逻辑、实践逻辑,深入领会这一重要思想的历史地位和重大意义,不断增进政治认同、思想认同、(　　)

A. 理论认同　　B. 实践认同　　C. 情感认同　　D. 逻辑认同

31. 当今的世界是一个变革的世界。国际环境日趋复杂,世界面临的不稳定性不确定性明显增加,新冠肺炎疫情影响广泛深远,世界经济增长动能不足,经济全球化遭遇逆流,世界进入动荡变革期,(　　)对世界和平与发展构成威胁,人类和平与发展面临许多新的挑战。

A. 单边主义　　B. 浪漫主义　　C. 保护主义　　D. 霸权主义

32. 党史研究主要是通过分析和观察历史,系统揭示当代中国社会运动规律。习近平总书记强调的正确党史观展现出坚持(　　)有机统一的鲜明特征。

A. 否定性　　B. 政治性　　C. 重复性　　D. 科学性

33. 人才合理流动是促进区域经济发展与繁荣的重要途径,更是建设社会主义现代化强国、推动经济高质量发展的必然要求。要鼓励引导人才向(　　)流动,推动经济协调发展。

A. 艰苦边远地区　　B. 沿海地区

C. 中西部地区　　D. 东南部地区

34. 尤某经人介绍为某水务有限公司提供劳务,报酬以工程量计算,尤某将工作交由许某等民工完成并支付劳动报酬。完工后尤某与水务公司补签用工协议,尤某一次性领取报酬。许某在工

作中受伤,经鉴定为十级伤残,因赔偿协商未果,将尤某和水务公司诉至法院。下列说法正确的有(　　)

A. 尤某与水务公司之间是雇佣关系

B. 尤某与水务公司之间是承揽关系

C. 许某受伤的损害赔偿应由领取报酬的尤某承担

D. 许某受伤的损害赔偿应根据许某、尤某及水务公司各自的过错责任分别承担

35. 何某发现某公司主办的杂志未经自己许可,发表了自己拍摄的六张照片,并且未支付报酬。该公司侵犯了何某的发表权、(　　)和获得报酬权。

A. 人格权　　B. 署名权　　C. 自由权　　D. 复制权

三、判断题(下列说法中,正确的在相应的括号内填"√",错误的在相应的括号内填"×"。本题共 14 小题,每小题 0.58 分,共 8.12 分)

36. 中国共产党在革命性锻造中坚定走在时代末尾。(　　)

37. 科学社会主义在 21 世纪的中国焕发出强大生机活力。(　　)

38. 习近平总书记是习近平新时代中国特色社会主义思想的唯一创立者。(常考)(　　)

39. 习近平新时代中国特色社会主义思想内涵十分丰富。(　　)

40. 时代的发展有一个从量变到质变的发展过程,在量变中蕴含着质变,质变是量变的必然结果,同时又开启新的量变。(　　)

41. 教唆他人犯罪的,应当按照他在共同犯罪中所起的作用处罚。(　　)

42. 在执行期间,被判处拘役的犯罪分子每周可以回家一至两天。(　　)

43. 我国禁止买卖、包办婚姻和其他干涉婚姻自由的行为。(　　)

44. 人格权可以转让和继承。(　　)

45. 完全民事行为能力人通过醉酒、麻醉药品来使自己暂时无意识或者失去控制,去损害他人的行为,是侵权行为。(　　)

46. 行政命令是让相对人履行一定的义务,而不是行使一定的权利。(　　)

47. 行政检查可以对保护行政管理相对人的合法权益起到很好的促进作用。(　　)

48. 行政立法的效力等级在法律体系中最高。(　　)

49. 行政文化是一种历史现象。(　　)

2021年河南省安阳市龙安区教师招聘考试真题试卷(六)

公共基础知识

(本套试卷共52小题,已收录46小题)

本套试卷共46小题,包括判断题(10小题),单项选择题(24小题),多项选择题(10小题),材料分析题(2小题)。

一、判断题(判断下列各题的正误,并在题后括号内打"√"或"×"。本大题共10小题,每小题0.6分,共6分)

1."十四五"时期是我国全面建成小康社会、实现第一个百年奋斗目标之后,乘势而上开启全面建设社会主义现代化国家新征程、向第二个百年奋斗目标进军的第一个五年。 (　　)

2.文化自信是一个国家、一个民族发展中更基本、更深沉、更持久的力量。 (　　)

3.我国的根本政治制度是社会主义制度。 (　　)

4.根据最新的《刑法修正案(十一)》,我国法定最低刑事责任年龄是14周岁。 (　　)

5.公有制经济包括国有经济,集体经济和混合所有制经济。 (　　)

6."社会发展模式绝不可能完全复制"的观点否认了矛盾普遍性与特殊性的辩证关系。 (　　)

7.遵义会议确定了党在农村领导武装暴动,开展土地革命的斗争方针。 (　　)

8."木桶效应"说明在管理工作中要注意整体性。 (　　)

9.知照性公文,是指机关单位发布的需要周知或遵守,以及各机关单位之间联系工作、通报情况所使用的公文,如公报、报告、通报、函等。(易混) (　　)

10.计算机病毒是影响计算机使用,并且能够自我复制的一组计算机指令或者程序代码。 (　　)

二、单项选择题(每小题的选项中只有一项最符合题意,错选、多选或未选均不得分。本大题共24小题,每小题1.2分,共28.8分)

11.2021年7月1日,习近平总书记在庆祝中国共产党成立100周年大会上指出,中国共产党为什么能,中国特色社会主义为什么好,归根到底是因为(　　)

A.理想信念行　　B.人民群众行　　C.马克思主义行　　D.民族精神行

12. 党的十九届五中全会提出了“十四五”时期经济社会发展指导思想和必须遵循的原则，必须遵循的原则中，排在首位的是(　　)

A. 坚持以人民为中心　　B. 坚持党的全面领导

C. 坚持深化改革开放　　D. 坚持新发展理念

13. 习近平总书记在党史学习教育动员大会上强调，要做到学史明理、学史增信、学史崇德、(　　)，教育引导全党同志学党史、悟思想、办实事、开新局。

A. 学史力行　　B. 学史励志　　C. 学史育人　　D. 学史正身

14. 2021 年 6 月 17 日，执行我国空间站阶段的首次载人飞行任务的________载人飞船由长征二号 F 遥十二运载火箭，在________卫星发射中心点火发射，顺利将聂海胜、刘伯明、汤洪波 3 名航天员送入太空。(　　)

A. 天宫二号；海南文昌　　B. 神舟十二号；海南文昌

C. 天宫二号；甘肃酒泉　　D. 神舟十二号；甘肃酒泉

15. 中国特色社会主义进入了新时代，我国经济发展也进入了新时代，基本特征就是我国经济已由________阶段转向________阶段。(　　)

A. 高速增长；高质量发展　　B. 高速增长；中高速增长

C. 高速增长；高水平发展　　D. 低速增长；高质量发展

16. 扎根贫困地区 40 余年，创办全国第一所全免费女子高中，帮 1800 多名贫困山区女孩圆梦大学，于 2021 年 6 月 29 日被中共中央授予“七一勋章”的人是(　　)

A. 马毛姐　　B. 黄文秀　　C. 王兰花　　D. 张桂梅

17. 2020 年东京奥运会于 2021 年 7 月 23 日开幕。本届奥运会中为我国代表团夺得首枚金牌的是女子十米气步枪选手(　　)

A. 陈芋汐　　B. 杨倩　　C. 孙一文　　D. 王涵

18. 不忘初心，方得始终。中国共产党人的初心和使命是(　　)(常考)

A. 社会和谐、国家富强　　B. 民族独立、人民解放

C. 为人民谋福利、实现中国梦　　D. 为中国人民谋幸福、为中华民族谋复兴

19.《中华人民共和国民法典》的颁布，影响了每个中国人的社会生活，人们在不同的人生阶段都受到它的保护。这说明(　　)

A. 有法可依是加强社会主义法制的根本前提

B. 执法必严是社会主义法制权威的体现

C. 有法可依是加强社会主义法制的中心环节

D. 违法必究是社会主义法制强制力的体现

20. 我国社会主义经济体制改革与政治体制改革的关系表现为(　　)

A. 前者是目的,后者是手段
B. 前者是基础,后者是目标
C. 前者是内容,后者是形式
D. 二者相互依赖,相互配合

21. 以共享单车为代表的共享经济需要"共享文明"来保驾护航,需要我们树立公共精神,维护公共利益,需要在全社会提倡"共享文明"。"共享文明"的缺失必然会阻碍共享经济的健康发展。这是基于"共享文明"(　　)

A. 是实现社会公平的可靠保证
B. 可以促进经济社会健康发展
C. 是正确认识世界的必要条件
D. 影响人们的价值观和人生观

22. 统计表明,关键的事情总是少数,一般的事情常是多数。这意味着管理工作要重视(　　)

A. 突出重点,强调例外
B. 灵活、及时和适度
C. 客观、精确和具体
D. 协调计划和组织工作

23. 某市践行新发展理念,专门成立公园城市建设管理局,整合零碎闲置地块,腾挪植绿空间,规划建设绿道,增加了优质生态资源供给,增强了城市环境承载能力。该市的做法旨在(　　)

A. 重构城市空间格局,下放政府管理权利
B. 推动城市转型发展,塑造地方政府形象
C. 完善政府机构设置,增强城市治理能力
D. 增加政府职能权限,推动政府职能转变

24. 学生小许与朋友在饭店庆祝自己 12 周岁生日时,与邻桌小孙发生冲突,小许殴打了小孙,小孙右手中指骨折。下列说法中正确的是(　　)

A. 小许应承担民事责任
B. 小许侵犯了小孙的健康权
C. 小许是完全民事行为能力人
D. 小许的监护人需承担刑事责任

25. 春秋时,孔子提出"裔不谋夏,夷不乱华"的思想。战国时,孟子则逐渐以"是否行仁义、知礼仪,是否接受华夏文化"来区分华夏与夷狄。这一变化说明(　　)

A. 民族融合趋势日益加强
B. 儒家逐渐放弃夷夏观念
C. 中原文化优于周边文化
D. 孟子背离孔子的民族观

26. 对待中国古代文化遗产和外国文化,要坚持"古为今用""洋为中用",这种对待中外文化态度的根本哲学依据是(　　)(常考)

A. 真理和价值的辩证关系原理
B. 辩证的否定观原理
C. 实践和认识的辩证关系原理
D. 量变和质变的辩证关系原理

27. 中国网络技术将迎来 5G 时代。大众希望的技术进步,既要方便也要实惠,"好用不贵"才应该

是信息服务的关键词。这一关键词表明(　　)

A. 使用价值的大小决定价格的高低　　B. 商品是使用价值与价值的统一体

C. 消费者愿望决定生产和服务水平　　D. 科技含量的高低决定价值量大小

28. 下列通知类公文的标题格式正确的是(　　)

A.《放假通知》　　B.《国务院关于机构设置的通知》

C.《关于做好有关工作的通知》　　D.《国务院批转审计署文件的通知》

29. 请示的结语部分有多种说法,下列表述恰当的是(　　)

A. 以上要求,请予批准　　B. 如同意,请批复

C. 上述意见是否妥当,请指示　　D. 上述意见,请考虑

30. 小李使用 Excel 统计自己一周的支出情况,在单元格 B3 ~ B9 中,依次填入了周一到周日的支出费用,想在单元格 B10 中求出自己一周的平均花费,应选用公式(　　)

A. SUM(B3:B9)　　B. AVERAGE(B3:B9)

C. COUNT(B3:B9)　　D. MAX(B3:B9)

31. 遭遇洪水袭击来不及撤离时,应(　　)(常考)

A. 在身上捆绑重物,防止被洪水冲跑

B. 迅速向屋顶、大树、坚固的高墙等高处转移

C. 及时把财物用防水布包裹起来,随身带走

D. 以静制动,原地等待救援

32. 下列对应关系中正确的是(　　)

A. 地壳中含量最多的元素—碳　　B. 我国境内最大的淡水湖—青海湖

C. 最早发现 X 射线的科学家—伦琴　　D. 用于预防结核病的疫苗—百白破疫苗

33. 近年来我国文旅消费不断提质升级,故宫博物院、上海博物馆"出圈","三星堆上新"带来文博旅游的爆红,刷屏的河南卫视水下舞蹈节目等也启发我们,可将当地文化、旅游资源和地域风貌有机融为一体,在传统文化中融入互联网思维和当下文化潮流因素,以全新的艺术形式激活文化遗存。材料说明(　　)

①文化与经济相互交融,公众对自身文化的归属感和认同感不断加深

②文化推动经济的发展,不断挖掘优秀文化内涵,促进文化传承与保护

③推动文旅产品与当地文化底色"共生",能够促进优秀文化不断"破圈"

④创新文化传播途径,使文旅业发展成为提升国民文化自信、增强中华文化影响力和传播力的着力点

A. ①③　　B. ①④　　C. ②③　　D. ②④

34. 下列关于文化常识的表述,不正确的是(　　)

A.《论语》《孟子》《大学》《中庸》合称"四书",是儒家主要经典著作

B.《窦娥冤》是一出元杂剧,是元代著名戏剧家关汉卿的代表作之一

C. 古代宴席上的四面座位中,以东向为最尊,次为南向,再次为西向,北向是侍座

D. 古人称自己一方的亲属朋友用"家""舍"等谦称,尊称别人的父母则为"尊"

三、多项选择题(每小题的选项中至少有两个选项符合题意,少选、多选或错选均不得分。本大题共 10 小题,每小题 1.5 分,共 15 分)

35. 根据《中华人民共和国国民经济和社会发展第十四个五年规划和 2035 年远景目标纲要》,2035 年,我国将建成(　　)、体育强国、健康中国,国民素质和社会文明程度达到新高度,国家文化软实力显著增强。

A. 平安中国　　B. 文化强国　　C. 教育强国　　D. 人才强国

36. "四个意识"是一个意蕴深厚、相互联系的有机整体,体现了根本的政治方向、政治立场、政治要求,是检验党员干部政治素养的基本标准。"四个意识"指的是政治意识和(　　)

A. 大局意识　　B. 核心意识　　C. 看齐意识　　D. 法律意识

37. 在 Word 文档中使用"字体"对话框可以完成的设置有(　　)

A. 字号　　B. 倾斜　　C. 加下划线　　D. 右对齐

38. 我国已初步建立起全面的行政监督体系,其中外部监督主要包括(　　)(易混)

A. 国家权力机关的监督　　B. 审计机关的监督

C. 司法机关和社会公众的监督　　D. 人民政协的民主监督

39. 新文化运动是 20 世纪初,中国一些先进分子发起的反对封建主义的思想解放运动,其主要内容是(　　)

A. 提倡民主,反对专制　　B. 提倡革命,反对独裁

C. 提倡科学,反对迷信　　D. 提倡新文学,反对旧文学

40. "人就像种子,要做一粒好种子。"袁隆平一生在神州大地播撒了杂交水稻的种子,解决了大半个中国的温饱问题,而他的精神和故事,更在无数人心中洒下了种子,鼓舞着全国人民。由此可见(　　)

A. 科学实验是实现人生价值的必由之路

B. 社会客观条件是实现人生价值的前提

C. 人的价值在于为社会和人民创造价值

D. 实现个人价值需要坚持正确价值观

41. 国家治理效能得到新提升是“十四五”时期我国经济社会发展主要目标之一。党的十八大以来,我们党带领人民在加强和完善国家治理上取得历史性成就。进入新发展阶段,必须进一步坚持和完善中国特色社会主义制度,推进国家治理体系和治理能力现代化,着力提升国家治理效能。推进我国国家治理体系和治理能力现代化意在(　　)

A. 展现战略定力,保持我国国家治理体系稳定发展

B. 充分发挥中国特色社会主义制度的优越性

C. 推进制度创新,大胆引进西方政治制度模式

D. 把我国制度优势更好转化为国家治理效能

42. 哲学家黑格尔认为,凡一切人世间的事物,财富、荣誉、权力甚至快乐和痛苦等,皆有其一定的尺度,超越这尺度就会招致沦陷和毁灭。这句话说明(　　)

A. 认识度才能准确认识事物的质

B. 任何事物都是质和量的统一体

C. 认识事物的度对于实践活动具有重要意义

D. 突破了事物度的界限,就会改变事物的质

43. 下列关于民事诉讼和人民调解的关系表达正确的是(　　)

A. 人民调解不是民事诉讼的必经程序

B. 当事人经调解达成协议后,不能向法院提起诉讼

C. 人民调解委员会制发的调解书不具有强制执行力

D. 调解行为如有违法,当事人可向法院提出诉讼予以纠正

44. 下列关于公文的现实执行效用的说法正确的是(　　)

A. 公文是受文机关进行工作的依据

B. 公文是制发机关传达决策意图的重要手段

C. 公文反映和传达了法定作者的意图和决策

D. 公文是维系国家各类、各层次机关之间、机关与广大人民群众之间正常联系的基本形式

四、材料分析题(本大题共 2 小题,共 27 分)

(一)近些年,随着短视频和直播的兴起,色情、暴力、诱导打赏、充值等问题频发。有女孩儿模仿短视频,用易拉罐制作爆米花严重烧伤离世,有儿童跟风模仿大胃王暴饮暴食,造成胃穿孔,有孩子趁家长睡着,偷偷向某直播平台充值上万元。对此,网信办督促各 APP 上线青少年模式,保护青少年网络安全。但调查发现,当前部分网络平台的青少年模式漏洞百出。一些 APP 上,用户只需输入四位数密码即可自由开启或关闭青少年模式,有的 APP 初次注册并未

要求实名或年龄认证,有的还将模式设置为按用户年龄强制开启。但如果年龄等关键信息不明确,青少年模式将形同虚设。还有部分平台即使切换至青少年模式后,涉黄漫画和话题讨论、恐怖短视频等也可正常浏览、参与,会员钻、充值游戏、群收款、理财通等功能均可正常使用。

(二)“网络不良信息的反复刺激会使未成年人实施犯罪、引发心理疾病的风险大大增加。”甘肃省第二人民医院副院长何蕊芳表示,近年来由于网络不良信息导致青少年心理疾病逐年上升,一些极端事件时有发生。网络平台青少年模式质量攸关青少年身心健康,网络平台不能将打造青少年模式视为应付差事的“公关之举”。北京青少年法律援助与研究中心主任佟丽华、清华大学新闻与传播学院副教授蒋俏蕾建议,重视在青少年模式中做“加法”,推动青少年模式下的网络内容创作、输出,真正以未成年人的视角打造“青少年模式”,以健康、有趣又富有教育性的优质内容来解决“青少年不看青少年模式”的现实难题。北京航空航天大学网络空间安全学院副教授关振宇建议,不能完全指望网络平台自查自纠效果,应用底线思维前置考虑不良信息给未成年人带来的风险,以 AI、大数据等技术手段持续推进青少年模式完善。“要杜绝刮风式、运动式执法,唯有常态化、法制化监管,才能形成长期震慑。”中国人民大学法学院教授刘俊海建议,可考虑出台“青少年网络使用管理条例”,把未成年人保护法的相关惩戒措施进一步具体化,落地落实。

45. 结合上述材料,请分析当前部分网络平台青少年模式效果欠佳的原因。(12 分)

46. 对于材料二中不同专家学者提出的建议你怎么看?你认为推进网络平台青少年模式提质增效最有效的方法是什么?为什么?(15 分)

河南省教师招聘考试

公共基础知识真题试卷Ⅱ

2020年河南省信阳市直事业单位招聘考试公共基础知识真题试卷(七)

2019年河南省信阳市平桥区教师招聘考试公共基础知识真题试卷(八)

2019年河南省安阳市龙安区教师招聘考试公共基础知识真题试卷(九)

2019年河南省平顶山市教师招聘考试公共基础知识真题试卷(十)

(本真题试卷由山香教师招聘考试命题研究中心收集、整理)

2020年河南省信阳市直事业单位招聘考试真题试卷(七)

公共基础知识

(时间:90分钟　满分:100分)

本套试卷共110小题,包括单项选择题(65小题),多项选择题(10小题),判断题(35小题)。

一、单项选择题(请在每道题列出的四个选项中选择一个符合题目要求的选项,将答案用2B铅笔填涂在答题卡上,错选、多选均不得分。共65题,每题0.9分,满分58.5分)

1. 2020年7月29日,第七次全国人口普查电话会议在北京召开。国务院第七次全国人口普查领导小组组长韩正在会议上强调,要进一步提高(　　),切实增强责任感和使命感,扎扎实实做好各项工作,确保高质量完成全国人口普查任务。

A. 生态站位　　B. 政治站位

C. 文化站位　　D. 经济站位

2. 2020年7月6日,中国—阿拉伯国家合作论坛第九届部长级会议以视频连线方式举行,此次会议发表了(　　)

A.《安曼宣言》　　B.《开罗宣言》

C.《北京宣言》　　D.《利雅得宣言》

3. 2020年6月30日,习近平总书记在中央全面深化改革委员会第十四次会议上强调,胜利完成"十三五"规划主要目标任务、决胜脱贫攻坚、全面建成小康社会,乘势而上开启(　　)

A. 全面实现国家完全统一的新征程

B. 全面建设社会主义现代化国家新征程

C. 全面建成社会主义现代化强国新征程

D. 全面实现中华民族伟大复兴的中国梦的新征程

4. 在新冠肺炎疫情防控的关键阶段,党中央要求各级党委政府在抓好疫情防控的基础上,不误农时抓好春耕备耕。对我国绝大多数地区的农民来说,一旦错过了春耕,就很难有好的收成了。

这给我们的启示是(　　)

A. 在工作中,具体问题要具体分析

B. 要用全面的、一分为二的观点看问题

C. 尊重客观规律是发挥主观能动性的前提

D. 要善于把握机遇,不失时机促成事物的质变

5. 城市设计需要从整体平面和立体空间上统筹城市建筑布局,协调城市景观风貌,体现城市地域特征、民族特色和时代风貌,防止片面追求建筑外观形象。这带给我们的启示是(　　)

A. 在实践中要坚持检验真理

B. 要正确认识和处理整体与部分的辩证关系

C. 联系是事物本身所固有的,不以人的意志为转移

D. 要正确处理矛盾的主要方面和次要方面的关系

6. 面对严峻的国际疫情和世界经济形势,习近平总书记指出:“要做好较长时间应对外部环境变化的思想准备和工作准备。”这说明形势越是严峻复杂,越要坚持的思维方法是(　　)(常考)

A. 创新思维　　B. 底线思维

C. 历史思维　　D. 长期思维

7. 成功的背后永远是艰辛努力。大事全是由小事积累起来的,要把小事当作大事干,一步一个脚印往前走。滴水可以穿石,只要坚韧不拔、百折不挠,就一定能够成功。其中体现的哲学关系不包括(　　)

A. 原因和结果　　B. 量变和质变

C. 个性和共性　　D. 物质和意识

8. “千仓万箱,非一耕所得;干天之木,非旬日所长”所反映的哲学原理与下列选项中的(　　)相似。

A. 牵一发而动全身　　B. 忍一时风平浪静,退一步海阔天空

C. 寄言持重者,微物莫全轻　　D. 欲穷千里目,更上一层楼

9.《礼记》有言:“大道之行也,天下为公。”马克思主义的根本价值追求就是(　　),这就是马克思主义的大“道”。

A. 人类解放　　B. 公平正义　　C. 科技进步　　D. 社会体制改革

10. 在庆祝中华人民共和国成立70周年招待会上的讲话中,习近平总书记强调,70年来,中国人民发愤图强、艰苦创业,创造了“当惊世界殊”的发展成就,千百年来困扰中华民族的绝对贫困问

题即将历史性地划上句号。以下有关说法错误的是(　　)(易错)

A. 人民群众是推动事业发展的力量源泉

B. 人民群众是推动社会变革的基础性力量

C. 人民群众在创造历史过程中起决定作用

D. 人民是决定党和国家前途命运的根本力量

11. 近年来,人们开始越来越多地关注大自然,如何正确处理好人与自然的关系成为热议的主题。围绕这一主题,下列相关说法正确的是(　　)

(1)世界的真正统一性就在于它的物质性

(2)自然生态与人类发展的矛盾不可协调

(3)人存在于自然系统之中并给予其重大影响

A. 仅(1)　　B. (1)(2)(3)

C. 仅(3)　　D. 仅(1)(3)

12. 阅读漫画《各有所思》。从哲学的角度看,该漫画体现了(　　)

A. 意识是主体的自由创造　　B. 意识不受认识客体的制约

C. 意识受主体状态的影响　　D. 意识的内容是主观的

13. 坚决打赢脱贫攻坚战,要动员全党全国全社会力量,坚持精准扶贫、精准脱贫,坚持大扶贫格局,注重(　　)相结合,深入实施东西部扶贫协作,重点攻克深度贫困地区脱贫任务,确保到2020年我国现行标准下农村贫困人口实现脱贫,贫困县全部摘帽,解决区域性整体贫困,做到脱真贫,真脱贫。

A. 扶稳、扶智、扶志　　B. 扶贫、扶志、扶智

C. 扶贫、扶稳、扶智　　D. 扶贫、扶志、扶稳

14. 习近平总书记强调,生命重于泰山。各级党委和政府务必把安全生产摆到重要位置,树牢安全发展理念,绝不能只重发展不顾安全,更不能将其视作无关痛痒的事,搞形式主义、官僚主义。这一论述,充分体现了(　　)

A. 以效益为中心的发展思想　　B. 以人民为中心的发展思想

C. 以生产为中心的发展思想　　D. 以安全为中心的发展思想

15. 习近平总书记引用古语"人不率则不从,身不先则不信"是为了说明"不忘初心,牢记使命"主题教育之所以能达到预期目的的一个重要经验,就是坚持(　　)

A. 以上率下,示范带动　　B. 以多率少,示范带动

C. 以先带后,示范带动　　D. 以众带从,示范带动

16. 习近平总书记曾表示,如果第一粒扣子扣错了,剩余的扣子都会扣错,人生的扣子从一开始就要扣好。习近平总书记所说的"扣子",指的是(　　)

A. 青少年家庭教育的重要性　　B. 青少年培养政治立场的重要性

C. 青少年价值观和价值观教育的重要性　　D. 青少年在国家发展中的重要地位

17. 双方当事人签订购销合同,需方按约定给付供方 150 万元的预付款,事后发现供方有欺诈行为,根本没有能力履行合同,而且所付货款有被转移的可能,此时需方可以选择的最佳途径是(　　)

A. 申请诉前财产保全　　B. 提交民事仲裁

C. 与供方解除合同　　D. 提交民事诉讼

18. 甲强奸乙后担心乙事后报警或者报复,便将乙杀害,则甲以(　　)(易混)

A. 强奸罪一罪论处　　B. 故意杀人罪一罪论处

C. 强奸罪和故意杀人罪数罪并罚　　D. 强奸罪和故意杀人罪择一处罚

19. 张某在保险公司为自己购买健康险时,根据合同约定,将自己近两年所患的疾病如实告诉保险公司。张某的做法体现了(　　)

A. 保险利益原则　　B. 最大诚信原则

C. 近因原则　　D. 无因原则

20. 根据我国《民事诉讼法》的规定,下列案件不得公开审理的是(　　)

A. 农民工小米讨要劳务加工费案

B. 小李和小张的离婚财产分配案

C. 16 岁的周某诉某网络公司侵犯隐私权案

D. 小张离婚后子女抚养权归属案

21. 张某长期居住在A省B地，某次自驾到C省D地时，因违章停车被D地公安局罚款200元。张某不服，此时张某应该选择向(　　)人民法院提起诉讼。

A. A省　　B. B地　　C. C省　　D. D地

22. 在钱某故意伤害一案中，目击者刘某因害怕被报复而不愿出庭作证，其向公安机关提供了书面证言，则该证据属于(　　)

A. 书证　　B. 言词证据　　C. 有罪证据　　D. 直接证据

23. 甲将家中一台七成新的电风扇丢弃后被乙捡到，乙遂带回家中继续使用，后电风扇出现较大损坏，下列说法正确的是(　　)

A. 乙享有电风扇的所有权　　B. 乙对电风扇的占有为不当得利

C. 甲享有电风扇的所有权　　D. 甲可以向乙请求赔偿

24. 直系血亲和三代以内的旁系血亲禁止结婚，下列属于旁系血亲的是(　　)

A. 父母与子女　　B. 同父异母的兄弟姐妹

C. 祖父母与孙子女　　D. 外祖父母与外孙子女

25. 互联网时代，人人都有麦克风，见到公权力不作为现象就可以随手拍下，形成舆论，从而促进公权力的合法行使。这是公民在行使自己的(　　)

A. 申诉权　　B. 控告权　　C. 监督权　　D. 获得赔偿权

26. 正确处理惩罚与保护的关系，使无辜的人不受行政处罚，使实施违法行为的人受到公正处理，使遭受违法处罚的人得到及时补救，这属于行政处罚基本原则中的(　　)基本要求。

A. 处罚法定原则　　B. 保障当事人程序权利原则

C. 处罚与教育相结合原则　　D. 公正公开原则

27. 下列情形符合法律规定的是(　　)

A. 某药店规定：出店前请选好药物，出店后不予退换

B. 某大型超市告示：背包和手提包请到专门柜台寄存

C. 某服装店表示：本店服装一经售出，拒绝退货

D. 某洗浴中心提示：地滑请小心行走，否则浴场不负责

阅读下面材料，回答28—30题。

为全面贯彻党的十九大和十九届二中，三中，四中全会精神，深入落实中央经济工作会议精神和十三届全国人大三次会议通过的《政府工作报告》部署，做好今年政府工作，实现经济社会发展目标任务，现就《政府工作报告》确定的重点工作提出部门分工如下……

28. 上述文段为一篇公文的开头部分，由此可知该公文文种为(　　)

A. 请示　　B. 意见　　C. 批复　　D. 议案

29. 下列不属于该公文所属文种特点的是(　　)

A. 内容具有指示性和参考性　　B. 行文机关具有广泛性

C. 行文方向具有灵活性　　D. 公文时效具有长期性

30. 下列有关本篇公文的说法，错误的是(　　)

A. 本篇公文的开头方式为目的式

B. 本篇公文的主送机关可能为国务院办公厅

C. 若本篇公文采用完全式标题，则需写明发文机关、事由和文种

D. 本篇公文的成文时间不可能早于政府工作报告的成文时间

31. 下列选项中除(　　)外均可采用越级行文。(常考)

A. 处于同等地位的两个或两个以上机关共同发布公文

B. 经多次请示直接上级，问题长期未得到解决的

C. 上级交办并指定越级上报某些事项的

D. 检举、控告直接上级的

32. 小李在某单位文秘部门做公文处理工作，现欲离职，则小李对手上工作的正确处理方式为(　　)

A. 将暂存的公文以个人名义全部退回

B. 将手上已处理完毕的公文直接销毁

C. 将暂存、借用的公文按照有关规定移交、清退

D. 将暂存、借用的公文按照密级直接带离原单位

33. 纪要是指用于记载、传达会议情况和议定事项的法定公文。以下不属于纪要的特点的是(　　)

A. 文字的抒情性　　B. 内容的纪实性

C. 表达的提要性　　D. 称谓的特殊性

34. 某篇公文对厘清政务服务事项提出如下要求：要明确受理单位、办理渠道、申请条件、申请材料、办理程序、办理时限、收费依据及标准、评价渠道等要素，逐项编制、完善办事指南，推进同一事项无差别受理、同标准办理。其中存在的语言问题是(　　)

A. 错别字　　B. 重复表达　　C. 语序不当　　D. 成分残缺

35.（　　）是公文发文办理的最后一个环节，也是杜绝差错、规范印制格式、确保公文质量的重要环节。

A. 传阅　　B. 核发　　C. 登记　　D. 复核

36. 某机关近期撰文向上级反映本机关的某项工作，让上级对此项工作有所了解，则最宜采用的报告类型为（　　）

A. 例行报告　　B. 综合报告　　C. 专题报告　　D. 研究报告

37. 事业单位管理制度既具有一般管理制度的共性，也具有其特殊性。（　　）是指事业单位管理制度一经公示并实施，就成为单位职工开展工作必须依据的准则，全体职工必须无条件遵守。

A. 权限分级　　B. 无差别性　　C. 垂直管理　　D. 权威性

38. 某事业单位工作人员在招标投标和物资采购工作中违反有关规定，给单位和国家造成不良影响和财产损失，情节严重，则应对其进行的处分是（　　）（常考）

A. 警告　　B. 记过　　C. 开除　　D. 降低岗位等级

39. 对下列事业单位工作人员，应当给予奖励的不包括（　　）

A. 小王在应对重大突发事件中表现突出

B. 老王在扶贫工作中成绩突出

C. 老马10年来准时上下班，风雨无阻

D. 小明的某项发明获得国家科技进步二等奖

40. 行政协调是对行政管理工作加以调节，引导各行政组织之间、人员之间互相协作、互相配合，以便齐心协力共同实现行政决策目标的活动，其目标是达到（　　）的效果。

A. 异中求同　　B. 完全一致　　C. 消除矛盾　　D. 回避隔阂

41. 把握公众舆论、为政府决策提供依据是政府公共关系的任务，其中，当政府的政策和行为受到质疑、形象受到损害时，迅速查清原因是（　　）的具体要求。

A. 了解舆论　　B. 引导舆论　　C. 回应舆论　　D. 完善舆论

42. 公共危机管理是解决政府对外交往和对内管理中处于危险和困难境地的问题而直接采取的对策及管理活动，其特征不包括（　　）

A. 手段的自发性　　B. 过程的阶段性

C. 处置的时效性　　D. 主体的整合性

43. 某单位拟对一项目进行预测，他们采用背对背的通信方式征询多位专家的预测意见。经过几轮征询后，该单位最终作出了符合市场未来趋势的预测结论。该单位采取的决策分析方法

是(　　)

A. 可行性分析　　B. 德尔菲法　　C. 投入产出分析　　D. 主观概率法

44. 在行政监督过程中,监管机构应避免做“马后炮”,所谓“聪明的人解决问题,有智慧的人避免问题”。从行政监督的实施时间来看,这强调的是在行政活动中要做好(　　)工作。(常考)

A. 事后监督　　B. 事中监督　　C. 事前监督　　D. 过程监督

45. 上级领导者将自己不愿意处理的烦琐事务交给下属处理,其中也可能包括领导者本身也弄不清楚该如何处理的事务。这种授权被称为(　　)

A. 刚性授权　　B. 柔性授权　　C. 惰性授权　　D. 模糊授权

46. 人民日报发文指出,完善行政组织和行政程序法律法规,推进机构、职能、权限、程序、责任法定化,是依法全面履行政府职能的坚实制度支撑和有力法治保障。推进机构法定化,体现了行政组织的(　　)

A. 政治性与社会性　　B. 法制性与权威性

C. 系统性与动态性　　D. 规范性与稳定性

47. 中国古代成语故事中包含了丰富的管理学道理。下列各成语故事中,揭示了激励式领导方式的是(　　)

A. 焚书坑儒　　B. 破釜沉舟　　C. 卧薪尝胆　　D. 七擒七纵

48. 民以食为天,食品安全事关百姓身体健康和生命安全。某市探索在食品监管领域运用电子监察信息平台进行执法,给食品监管权力装上“GPS”监控,通过建设电子监察信息平台,实现对餐饮服务环节的实时监控,确保百姓饮食安全,这主要体现了行政权力运作的(　　)

A. 反复性和公开性　　B. 反复性和透明性

C. 公开性和透明性　　D. 无限性和服务性

49. 公共政策实施偏差的表现形式多种多样,阳奉阴违、前紧后松、敷衍塞责属于(　　)的表现。(易混)

A. 替代式实施偏差　　B. 黏附式实施偏差

C. 选择式实施偏差　　D. 象征式实施偏差

50. 据报道,马克龙总统于 2020 年 3 月 3 日宣布法国国家当局征用“法国所有库存的防护口罩和口罩生产单位”,以便把口罩分配给医疗人员和确诊感染新型冠状病毒的人。疫情期间,国家征用口罩体现了资源配置方式中的(　　)

A. 市场配置方式　　B. 计划配置方式　　C. 间接配置方式　　D. 直接配置方式

51. 有句谚语说:“不要为打翻的牛奶哭泣。”从经济学角度看,这启示我们当前决策应该忽略(　　)

A. 边际成本　　B. 边际收益

C. 沉没成本　　D. 规模经济

52. 长白山从山麓到山顶存在温带落叶阔叶林、寒温带针阔叶混交林、亚寒带针叶林、极地高山冻原等植物带。造成这种差别的主要因素是(　　)

A. 纬度　　B. 土壤密度　　C. 温度　　D. 空气密度

53. 民间有这样一句谚语:“日晕三更雨,月晕午时风。”晕,实际是一种自然界的(　　)

A. 电磁现象　　B. 光学现象

C. 地质现象　　D. 共振现象

54. 下列做法无法增加汽车轮胎与地面之间摩擦力的是(　　)

A. 向地面撒一层沙土　　B. 向地面泼水

C. 在汽车上放重物　　D. 将轮胎的表面做得凹凸不平

55. 在一座高山山顶,李某对水进行加热,发现水比在山脚时更容易沸腾,出现这种现象最可能的原因是(　　)

A. 山顶湿度比山脚高　　B. 山顶湿度比山脚低

C. 山顶大气压比山脚高　　D. 山顶大气压比山脚低

56. AR(增强现实技术)是一种实时地计算摄影机影像的位置及角度并加上相应图像的技术。AR系统所具备的特点不包括(　　)

A. 是真实世界和虚拟世界的信息集成

B. 用户能感到作为主角存在于模拟环境中

C. 具有实时交互性

D. 是在三维尺度空间中增添定位虚拟物体

57. 4D 打印技术是指由 3D 技术打印出来的结构能够发生形状或者结构的改变,是在 3D 打印技术上多了(　　)的打印技术。

A. 时间维度　　B. 空间维度　　C. 质量维度　　D. 速度维度

58. 第一次工业革命是指 18 世纪 60 年代从(　　)发起的技术革命,是技术发展史上的一次巨大革命,它开创了以机器代替手工劳动的时代。

A. 英国　　B. 法国　　C. 德国　　D. 美国

59.(　　)确立了以毛泽东为核心的党中央的正确领导,挽救了党、红军和革命,是党的历史上生死攸关的转折点。(易错)

A. 八七会议　　B. 洛川会议

C. 古田会议　　D. 遵义会议

60. 鲁迅是我国著名作家,他有着强烈的爱国主义热情,其多部作品被奉为经典。其中,鲁迅在作品(　　)中讲述了自己童年时的生活。

A.《狂人日记》　B.《阿Q正传》　C.《朝花夕拾》　D.《野草》

61. 拥有高贵品质的人一直是世人推崇和学习的对象,在我国古代,常用梅、兰、竹、菊四种植物来隐喻四种颇具风骨的君子,其中菊所代表的是(　　)

A. 正人君子　B. 世外隐士　C. 当世大儒　D. 少年天才

62.《富春山居图》是元朝书画,由画家黄公望为郑樗所绘,以(　　)的富春江为背景。

A. 江苏　B. 浙江　C. 江西　D. 湖南

63. 二十四节气,于中国先秦时期就已经订立、到汉代完全确立的用来指导农事的补充历法,始于________,终于________,周而复始。(　　)

A. 春分　冬至　　B. 立春　冬至

C. 立春　大寒　　D. 春分　大寒

64. “醍醐灌顶”是一个汉语成语,比喻听了高明的意见使人受到很大启发,也形容清凉舒适。其中,“醍醐”指的是(　　)

A. 凉水　B. 酥油　C. 酒　D. 清凉油

65. 在实现中华民族伟大复兴之梦的征途上,无数共产党人披荆斩棘、流血牺牲、艰苦奋斗,成就了光辉的历史伟绩。从实现人生价值的角度来看,这说明(　　)

A. 社会价值的实现必须以牺牲自我价值为前提

B. 实现自我价值是创造社会价值的目的

C. 自我价值与社会价值是统一的

D. 社会价值可以代替自我价值

二、多项选择题(请在每道题列出的四个选项中选择两个或以上符合题目要求的选项,将答案用2B铅笔填涂在答题卡上,错选、多选、漏选均不得分。共10题,每题1.7分,满分17分)

66. 随着现代信息技术的发展,许多以往在现实世界中难以进行的实验都可以在虚拟空间中进行。通过虚拟军事对抗过程,既不会对现实中的军队造成伤害,又可以得到关键的实验数据,大大

拓展了实践活动的可能性空间。以下相关说法正确的有(　　)

A. 虚拟实践的主体与现实中实践活动的主体相同

B. 虚拟实践活动突出地表明了人类实践活动的创造性

C. 虚拟实践不具有直接现实性,是一种完全独立于社会物质实践的新的实践形式

D. 虚拟实践的客体与现实中实践活动的客体不同

67. 近年来,中国在全球治理中不断贡献中国智慧和中国方案,为全球治理不断提供引领性的新理念和新思想,这些新理念和新思想包括(　　)

A. “善、和、惠、容”的周边外交理念

B. 面向未来的人类命运共同体思想

C. 结盟而不结伴的国家间伙伴关系

D. 以义为先的正确义利观

68. 中国共产党紧密结合新的时代条件和实践要求,进行理论探索,取得重大理论创新成果,形成了习近平新时代中国特色社会主义思想。习近平新时代中国特色社会主义思想,明确坚持和发展中国特色社会主义,总任务是实现(　　)

A. 全国人民同步富裕　　B. 社会主义现代化

C. 生产力的解放　　D. 中华民族伟大复兴

69. 甲乙素来不和,甲意图杀死乙。某天半夜甲潜入乙的房屋,看见乙的床上躺了一个人,甲以为是乙,遂用刀杀之。结果,是乙的朋友丙住在乙的房间,被甲误杀。对于甲的行为,下列说法正确的有(　　)(易错)

A. 甲对乙的行为成立故意杀人罪未遂

B. 甲对乙的行为不成立犯罪

C. 甲对丙的行为成立故意杀人罪既遂

D. 甲对丙的行为成立过失致人死亡罪

70. 小张作为文件管理人员,经常需要负责传阅公文。公文在传阅过程中需要注意的事项有(　　)

A. 分轻重缓急及时处理　　B. 随时登记掌握公文去向

C. 完全领悟文件的精神　　D. 控制传阅周期

71. 竞聘上岗是事业单位内部人员选拔,尤其是岗位晋升和重点岗位人员选拔的主要方式。事业单位竞聘上岗过程应该坚持(　　)原则。

A. 公平　　B. 公正　　C. 公开　　D. 半透明

72. 行政责任是一种不能以其他法律责任或纪律责任替代的独立的责任。行政主体承担行政责任的具体方式包括(　　)等。

A. 通报批评　　B. 赔礼道歉,承认错误

C. 恢复名誉,消除影响　　D. 返还权益

73. 选择合理的沟通模式,有利于有效沟通的实现。链式沟通模式是信息链条似的逐级传递模式,这种沟通的特点有(　　)

A. 速度快　　B. 准确性高

C. 有明确领导人　　D. 十分复杂

74. 机会成本是指为了得到某种东西而所要放弃的一些东西的最大价值。下列谚语描述的现象涉及机会成本的有(　　)

A. 三个和尚没水喝　　B. 不入虎穴,焉得虎子

C. 棋错一着,满盘皆输　　D. 鱼与熊掌不可兼得

75. 当遇到火灾时,选择合适的灭火器灭火,会事半功倍。泡沫灭火器适宜扑灭的火灾有(　　)

A. 木材燃烧引起的火灾　　B. 纸张燃烧引起的火灾

C. 汽油燃烧引起的火灾　　D. 电器燃烧引起的火灾

三、判断题(请判断所给的命题正确与否,正确的请在答题卡的相应位置上涂“A”,错误的涂“B”。共 35 题,每题 0.7 分,满分 24.5 分)

76. 2020 年 6 月 5 日是第 49 个世界环境日。我国六五环境日确定的主题是“美丽中国,我是行动者”。(　　)

77. 2020 年 7 月,人社部印发《关于举办中华人民共和国第一届职业技能大赛的通知》。职业技能大赛的举办有利于促进技能人才的培养与发展。(　　)

78. “参天之木,必有其根;怀山之水,必有其源”属于形而上学的观点。(　　)

79. 马克思主义强调的人民,不是抽象的、超阶级的“人”,是以工人阶级为主的包括广大人民群众的具体的人。(　　)

80. 核能给人类提供了安全、洁净、廉价的能源,但是一旦核能泄漏就会危及周边的生物。这说明科技革命是一把“双刃剑”。(　　)

81. 在 5G 还未全面普及的时代,6G 已进入开发阶段,这说明科学技术的发展超过了社会实践的发展速度。(　　)

82. 文化作为一种精神现象,从根本上说,源于社会生活,尤其源于一定社会的物质生产活动,文化

是社会生活、社会存在的反映。 (   )

83. 党的十九届四中全会提出,要鼓励勤劳致富,保护合法收入,增加低收入者收入,缩小中等收入群体,调节过高收入,清理规范隐性收入,取缔非法收入。 (   )

84. 在“四个全面”中,全面从严治党既是重要内容,又是重要保障,具有基础性、保障性的作用。(常考) (   )

85. 我国高度重视制造业发展,坚持创新驱动发展战略,把推动制造业高效率发展作为构建现代化经济体系的重要一环。 (   )

86. 行政强制执行是指特定的行政主体为预防、控制违法行为或危险状态(不利后果)以及调查取证和执行的便利,而依法对相对人的人身或财产限制其保持一定状态的程序上的处置行为。(易错) (   )

87. 假冒注册商标罪要求行为人主观方面为故意,且以营利为目的,过失不构成该罪。 (   )

88. 如果某行为虽具有一定的社会危害性,但情节显著轻微危害不大的,不能认为是犯罪。(   )

89. 衡量任何一种思想观点、活动以及制度、事业是否合乎正义的最终标准就是看它们是否促进社会进步,是否符合所有人的最大利益。 (   )

90. 李某为外国居民,现因政治原因向我国申请避难,我国可以给予其受庇护的权利。 (   )

91. 每份公文都有附件,它一般作为正文的补充说明或参考材料,公文规范要求附件应当置于正文之后、发文机关之前,并注明附件的名称和件数。 (   )

92. 公函与便函只有内容重要程度以及公文格式上的区别,写法实质上几乎没有差异。 (   )

93. 公文是组织管理的工具,具有管理性、规范性、指导性和制约力,因而公文修辞要讲求实用有效,多用积极修辞手法,慎用消极修辞手法。 (   )

94. 请示应该送交办公厅(室),但若是领导直接交办的事项,则可直接送交领导个人。 (   )

95. 实现政府职能的主要手段中,法律手段具有严肃性、权威性、规范性的特点,使行政管理统一化和稳定化,但其只能在有限范围内发生作用。 (   )

96. 管理幅度与管理层次之间存在相互制约的关系,其中起主导作用的是管理层次。 (   )

97. 电子政务有利于整合政务信息资源,推动政府信息资源对社会开放,发挥其巨大的社会效益和经济效益。 (   )

98. 自然环境为公共行政提供智力支持和精神动力,提供行政价值观和行为规范。 (   )

99. 外激励是与工作本身和完成工作任务无内在联系的各种外在奖酬所引起的激励作用之和,如提高工资、增加奖金、获得工作满足感等。(常考) (   )

100. 虚拟经济是市场经济高度发达的产物，其特征主要表现为高度流动性、高度稳定性、低风险性、低投机性四个方面。 （　　）

101. 泡沫经济发展到一定的程度，通常会由于支撑投机活动的市场预期或者神话的破灭，而导致资产价值迅速下跌，这在经济学上被称为泡沫破裂。 （　　）

102. 局域网是一种私有网络，一般在一座建筑物内或建筑物附近，比如家庭、办公室或工厂。 （　　）

103. 燕子会释放出一种超声波，这种声波遇见物体时就会反弹回来，而人类听不见。雷达就是根据燕子的这种特性发明出来的。 （　　）

104. 抗美援朝是新中国成立后中国人民同世界上最强大的敌人进行军事较量并取得胜利的一次保家卫国战争。 （　　）

105. 在中国历史上，孙中山首次倡导了政治体制上的中西结合，最早在中国提出了立宪政体。 （　　）

106. 偷袭珍珠港是指由日本政府策划的一起偷袭美国太平洋海军舰队基地——珍珠港的军事事件，它成为第二次世界大战中太平洋战争爆发的导火索。 （　　）

107. 长篇历史小说《双城记》是法国作家查尔斯·狄更斯以法国大革命为背景所著的作品。 （　　）

108. “咬定青山不放松，立根原在破岩中”是明代文人画家郑燮描写松柏刚毅品格的一句诗。 （　　）

109. 蒙古包看起来虽小，但包内使用面积却很大，而且室内空气流通，采光条件好，冬暖夏凉，不怕风吹雨打。 （　　）

110. 拨打电话应选择对方方便的时间，休息、用餐时间和节假日一般不宜打电话，但可打与公务有关的电话。 （　　）

2019年河南省信阳市平桥区教师招聘考试真题试卷(八)

公共基础知识

(时间:60分钟　满分:43.3分)

本套试卷共60小题,包括单项选择题(30小题),多项选择题(20小题),判断题(10小题)。

一、单项选择题(下列每小题列出的四个选项中只有一个是最符合题意的,请将其代码填在括号内。错选、多选或未选均不得分。本大题共30小题,每小题0.64分,共19.2分)

1. 2019年7月6日,中国(　　)在阿塞拜疆巴库举行的世界遗产大会上获准列入世界遗产名录。至此,中国世界遗产总数已达55处,位居世界第一。

A. 扶阳古城遗址　　B. 双城子古城遗址

C. 良渚古城遗址　　D. 公主陵古城遗址

2. 2019年7月7日,从中国最高人民检察院获悉,检察机关将坚决抓好(　　),把未成年人综合保护落实到位。

A. "一号监察建议"　　B. "一号检察建议"

C. "一号督查建议"　　D. "一号司法建议"

3. 2019年6月29日,国家主席习近平同美国总统特朗普在日本(　　)举行会晤。

A. 大阪　　B. 东京

C. 京都　　D. 横滨

4. 当地时间2019年6月4日,在法国巴黎举行的2019年亚足联特别代表大会上,经全体会议代表一致鼓掌通过,中国获得了(　　)亚洲杯主办权。

A. 2020年　　B. 2021年

C. 2023年　　D. 2024年

5. 2019 年 6 月 14 日,我国新建的(　　)大通道蒙华铁路最长隧道——崤山隧道主体竣工,项目全面进入静态验收阶段。

A.“南水北调”　　B.“北煤南运”

C.“西电东送”　　D.“西气东输”

6. 2019 年 5 月 11 日—13 日,由中国作家协会、中共浙江省委宣传部和中共杭州市委宣传部主办的第二届(　　)在杭州举行。

A. 中国网络文学月　　B. 中国网络文学周

C. 中国数字文学周　　D. 中国数字文学月

7. 人民民主专政是我国的国体,人民民主专政的本质是(　　)(常考)

A. 人民当家做主　　B. 对极少数敌对分子实行专政

C. 以工农联盟为基础　　D. 坚持四项基本原则

8. 随着我国经济社会的发展,2019 年城乡居民医保人均财政补助标准新增 30 元,达到每人每年不低于 520 元,报销比例不断提升。这表明,人民民主具有(　　)

A. 广泛性　　B. 全民性　　C. 真实性　　D. 平等性

9. 2019 年 3 月 15 日,第十三届全国人大二次会议表决通过了关于政府工作报告的决议、《中华人民共和国外商投资法》等。这表明(　　)

A. 全国人大行使最高立法权、表决权

B. 人民代表大会制度实行民主集中制

C. 我国政府接受全国人大的统一领导

D. 人民代表大会是我国的根本政治制度

10. 在我国,政府依法行政就是依据(　　)行使权力。(易错)

A. 民主和法制的要求　　B. 宪法和法律的规定

C. 国家和公民的意志　　D. 权力和责任的大小

11. 我国人口众多,幅员辽阔,经济文化发展不平衡,这决定了我国现阶段的选举方式是(　　)

A. 领导提名,公民选举　　B. 普遍的差额、间接选举

C. 直接选举与间接选举相结合　　D. 普遍的差额、直接选举

12. 区别政府有无权威的标志是(　　)

A. 政府是否维护公民的一切利益

B. 政府是否做到了依法执政

C. 政府的权力是否关进制度的笼子里

D. 政府的管理和服务是否被人民认可和接受

13. 关于法律与政治的一般关系，下列说法错误的是（　　）

A. 法律与政治都受制约和反作用于一定的经济关系

B. 政治对法律具有影响和制约作用

C. 法律对政治具有确认、调整和影响作用

D. 在政治和法律的关系中，法律处于主导地位

14. 下列不属于身份权的是（　　）

A. 亲属权　　B. 配偶权　　C. 亲权　　D. 肖像权

15. 我国《劳动合同法》在规定劳动合同要包含劳动时间、劳动合同内容等常规条款外的同时，还强调要把以下哪一项纳入条款（　　）

A. 保密义务　　B. 福利待遇　　C. 职业危害防护　　D. 试用期和工作培训

16. 甲与乙签了一项买卖合同，约定：甲向乙支付定金 5 万元，如果任何一方不履行合同应支付违约金 8 万元，后来乙违约，甲打算向法院提起诉讼。下列哪种诉讼请求既能最大限度地保护甲的利益，又能获得法院的支持（　　）

A. 请求乙支付违约金 8 万元

B. 请求乙双倍返还定金 10 万元

C. 请求乙支付违约金 8 万元，同时请求返还定金 5 万元

D. 请求乙双倍返还定金 10 万元，同时请求支付违约金 8 万元

17. 因产品存在缺陷造成损害要求赔偿的诉讼时效期间为（　　），自当事人知道或者应当知道其权益受到损害时起计算。

A. 4 年　　B. 3 年　　C. 2 年　　D. 1 年

18. 陈某趁珠宝柜台的售货员接待其他客人时，伸手从柜台内拿出一个价值 2300 元的戒指，握在手中。然后继续在柜台边假装观看。几分钟后售货员发现少了一个戒指并怀疑陈某，便立即报告保安人员。陈某见状，把戒指扔回柜台内后逃离。关于本案，下列说法正确的是（　　）

A. 陈某的盗窃行为已经既遂

B. 陈某的盗窃行为属于未遂

C. 陈某将戒指扔回柜台内属于预备行为

D. 陈某将戒指扔回柜台内属于中止行为

19. 创造性思维适合于(　　)

A. 程序性政策　　B. 非程序性政策

C. 追踪决策　　D. 开关式决策

20. 可行性分析包括(　　)

A. 政治可行性和经济可行性　　B. 法律可行性和政治可行性

C. 行政可行性和经济可行性　　D. 以上均是

21. “一票否决”这一择案规则又称为(　　)

A. 全体一致原则　　B. 赞成投票制

C. 多数原则　　D. 少数服从多数

22. 下列对于决策目标确定要求的说法有误的是(　　)

A. 目标的确定要具体,不能含混不清

B. 目标的确定要力求恰当,防止目标偏高或偏低

C. 越是近期的目标,越要求明确具体,远期目标也不能带有模糊性

D. 目标的确定应该具有可检验性

23. 现代许多领导者认为,领导者必须善于梦想、提出远景、确定目标、制定战略、动员群众,而梦想和远景来自领导者和下属的心声。因此优秀的领导者必须富有(　　)

A. 想象能力　　B. 激励能力

C. 宣传能力　　D. 沟通能力

24. 以下不属于问题界定的主要方法的是(　　)

A. 类别分析法　　B. 类比分析法

C. 实验分析法　　D. 层次分析法

25. 负责人就来文如何办理对有关承办部门和承办人员提出批示性意见的活动是收文处理中的(　　)

A. 拟办　　B. 批办　　C. 催办　　D. 审核

26. 对重要问题提出见解和处理办法用(　　)

A. 指示　　B. 决定　　C. 意见　　D. 通知

27. 联合行文标注发文机关时,标在前面的机关是(　　)

A. 主办机关　　B. 组织序列表中靠前的机关

C. 上级机关　　D. 协办机关

28. 从报告内容涉及的范围看,《政府工作报告》属于(　　)

A. 综合报告　　B. 专题报告

C. 调查报告　　D. 情况报告

29. 公文最基本的作用和功能是(　　)作用。

A. 领导和指导　　B. 联系和关照

C. 依据和凭证　　D. 宣传和教育

30. 公文的语言应该是(　　)

A. 庄重严谨　　B. 华丽流畅

C. 威严有力　　D. 古朴典雅

二、多项选择题(在下列每小题列出的选项中至少有两个是正确的,请将其代码填在括号内。错选、多选或未选均不得分。本大题共 20 小题,每小题 1.01 分,共 20.2 分)

31. 2019 年 5 月 7 日至 8 日,全国公安工作会议在北京召开,国家主席习近平出席会议并发表重要讲话。他强调,新的历史条件下,公安机关要坚持以新时代中国特色社会主义思想为指导,坚持总体国家安全观,坚持以人民为中心的发展思想,坚持稳中求进工作总基调,坚持(　　),履行好党和人民赋予的新时代职责使命。

A. 政治建警　　B. 改革强警

C. 科技兴警　　D. 从严治警

32. 2019 年 5 月 10 日,正值第三个中国品牌日,中国品牌发展国际论坛在上海举行。近千名海内外嘉宾汇聚一堂,围绕持续推动(　　)转变的话题展开对话。

A. “中国生产”向“中国设计”　　B. “中国制造”向“中国创造”

C. “中国速度”向“中国质量”　　D. “中国产品”向“中国品牌”

33. 从国家顶层设计到地方务实举措,各级政府的“放管服”改革措施初见成效,在一定程度上激发了市场主体的活力。政府为简政便民、放权兴国,甘当“店小二”,应进一步(　　)

A. 优化机构职能设置,全面提高效能

B. 增强公共服务能力,推进职能市场化

C. 激发社会创新活力,理顺政商关系

D. 减少行政管理职权,提高行政效率

34. 中央环保督察是中央加强生态文明建设的一项重大举措,也是一项重要的制度性安排。但媒体发现在一些地方,督察组前脚刚走,这些地方的污染企业马上就死灰复燃,继续肆意违法排污,气焰嚣张。下列有助于解决好这一问题的举措有(　　)

A. 构建中央环境保护专项和督查“回头看”相结合的督察工作体系

B. 地方政府求真务实,依法履职,加大对环境保护工作的监管力度

C. 地方立法机关依法行使国家立法权,完善环境保护相关法律法规

D. 地方政府加强对司法机关执法工作的监督,避免环境污染企业死灰复燃

35. 加强依法行政和制度建设,离不开对行政权力的监督。在国家机关中,对行政权力具有外部监督功能的国家机关有(　　)(常考)

A. 全国政协和各级人民政协　　B. 人民代表大会及其常委会

C. 审计部门和法制部门　　D. 各级人民法院和人民检察院

36. 纵观习近平治国理政思想,可谓立意高远、博大精深、有效管用。他强调国家治理要强调一个“法”字,要“依法治国、依法执政、依法行政”。之所以要依法行政,是因为(　　)

A. 依法行政体现了政府对人民负责的原则

B. 依法行政是我国顺利进行社会主义现代化建设的根本保证

C. 依法行政是贯彻依法治国方略的要求

D. 我国的法律法规是由政府制定并实施的

37. 越来越多的政府部门开设“官方微博”。微博正以其“秒互动”的传播优势,开启“人人都是参政者”的新阶段,成为政府部门政务公开、反腐倡廉、倾听呼声、化解矛盾的新阵地。“政务微博”的方兴未艾(　　)

A. 彰显了社会主义民主政治建设的进步

B. 保障了公民基本政治权利的有效行使

C. 增强了公民主人翁意识和社会责任感

D. 维护了公民知情权、质询权和监督权

38. 党的十九大提出的乡村振兴战略,是党中央顺应亿万农民对美好生活的向往,对新时代“三农”工作做出的重大战略决策。这一战略决策体现了中国共产党(　　)

A. 始终不渝的奋斗目标

B. 践行立党为公、执政为民的执政理念

C. 坚持把人民利益作为指导思想

D. 坚持把中华民族伟大复兴作为最终目标

39. 关于法的分类,下列说法正确的有(　　)

A. 根据法的创制方式和表达形式的不同,可以把法分为成文法和不成文法

B. 根据法的内容的不同,可以把法分为实体法和程序法

C. 根据法的地位、效力、内容和制定主体、程序不同,可以把法分为根本法和普通法

D. 根据法的适用范围的不同,可以把法分为一般法和特别法

40. 经营者与消费者进行交易,应当遵循的原则有(　　)

A. 自愿　　B. 平等

C. 公平　　D. 诚实信用

41. 下列有关劳动试用期的说法,正确的有(　　)

A. 劳动合同期限 3 个月以上不满 1 年的,试用期不得超过 1 个月

B. 劳动合同期限 1 年以上不满 3 年的,试用期不得超过 2 个月

C. 3 年以上固定期限和无固定期限的劳动合同,试用期不得超过 3 个月

D. 必要时,同一用人单位与同一劳动者可以约定两次试用期

42. 下列有关犯罪认定的表述错误的有(　　)

A. 生产假药,足以严重危害人体健康的才构成犯罪

B. 故意杀人,造成严重后果的才构成犯罪

C. 组织他人出卖人体器官,从中牟利的,才构成犯罪

D. 故意伤害他人身体,造成严重后果的才构成犯罪

43. 下列第一审刑事案件应由中级人民法院管辖的有(　　)

A. 危害国家安全的案件

B. 恐怖活动案件

C. 可能判处 10 年以上有期徒刑的案件

D. 可能判处死刑的案件

44. 以下属于决策基本特征的有(　　)

A. 客观性　　B. 主观性

C. 选择性　　D. 预见性

45. 在起草法律、法规或者规章草案过程中，拟设定行政许可的，起草单位应当向制定机关说明(　　)

A. 设定该行政许可的必要性

B. 对经济、社会可能产生的影响

C. 听取和采纳意见的情况

D. 拟设定的行政许可的条件和期限

46. 现代公共行政在对社会公共事务的管理中履行的功能主要包括(　　)

A. 提供公共产品　　B. 实现社会公平

C. 实施管制　　D. 宏观调控

47. 在公文办理中，以下哪些情况下可以使用“通知”(　　)(常考)

A. 批转下级机关的公文

B. 转发上级和不相隶属机关的公文

C. 要求下级机关周知的事项

D. 给下级机关布置工作

48. 下列各项中反映通报特点和作用的是(　　)

A. 内容具有较强的典型性

B. 让事实和数据说话，无需阐发和论证道理

C. 主要起感召、宣传和教育作用

D. 均通过新闻媒体向社会公布

49. 确定公文成文日期的依据有(　　)(易错)

A. 领导人签发日期　　B. 印发日期

C. 会议通过日期　　D. 审稿日期

50. 下列使用通报行文的有(　　)

A. 公布社会各有关方面应当遵守或者周知的事项

B. 变更或者撤销下级机关不适当的决定事项

C. 表彰先进，批评错误

D. 传达重要精神或者情况

三、判断题（判断下列各题的正误，并在题后括号内打"√"或"×"。本大题共10小题，每小题0.39分，共3.9分）

51. 2019年5月6日至8日，第二届数字中国建设峰会在福州海峡国际会展中心举行。（　　）

52. 2019年6月10日，博鳌亚洲论坛全球健康论坛大会在三亚世博城开幕。（　　）

53. 2019年7月1日，中国首家以"国门党建"命名的党员干部教育培训学院——满洲里国门党建学院在内蒙古自治区满洲里市揭牌。（　　）

54. 制定村民自治章程或村规民约旨在规范村干部的行为。（　　）

55. 我国在各少数民族居住的地方实行区域自治，以人民代表大会和人民法院为自治机关。（　　）

56. 消除贫困、改善民生、逐步实现共同富裕，是我们党的重要使命。（　　）

57. 公民在法律面前一律平等，所以对于享受宪法权利，承担宪法义务，所有公民都是相同的。（　　）

58. 对犯罪分子短期剥夺自由，就近实行劳动改造的刑罚方法是刑事拘留。（　　）

59. 过程控制是在管理活动中出现最早，历史最久的控制类型。（　　）

60. 归档文件整理的第一个步骤是装订。（　　）

2019年河南省安阳市龙安区教师招聘考试真题试卷(九)

公共基础知识

(时间:90分钟　满分:100分)

本套试卷共58小题,包括单项选择题(40小题),多项选择题(15小题),材料分析题(3小题)。

一、单项选择题(在下列每小题列出的四个选项中只有一个是最符合题意的,请将其代码填在括号内。错选、多选或未选均不得分。本大题共40小题,每小题1.1分,共44分)

1. 经过长期努力,中国特色社会主义进入了新时代,新时代我国社会主要矛盾已经转化为人民日益增长的美好生活需要和不平衡不充分的发展之间的矛盾。下列有利于解决这个主要矛盾的是(　　)

①发展战略性新兴产业,全面替代传统产业

②实现经济发展模式从依靠劳动生产率提高向依靠生产要素投入转变

③坚持创新、协调、绿色、开放、共享的新发展理念

④推进生态文明建设,建设美丽中国

A. ①②　　B. ①③　　C. ②④　　D. ③④

2. 党的第十九次全国代表大会通过了关于《中国共产党章程(修正案)》的决议,把推进国家治理体系和治理能力现代化,更加注重改革的系统性、整体性、协同性等内容写入党章。下列表述符合推进国家治理体系和治理能力现代化的是(　　)

A. 政府依法执政、规范管理和服务

B. 党领导人民坚持依法治国和以德治国相结合

C. 支持人民依法直接行使国家权力

D. 民主党派积极参与执政、激发社会活力

3. 中国已经走上改革开放道路40年,经济持续快速健康发展,科技教育快速发展,国际地位不断提高,人民生活水平不断提高……我们每个中国人都切实感受到了改革开放带来的好处。可见,改革开放是(　　)

A. 富民之路,是建设中国特色社会主义的总任务

B. 党和国家的生命线,是解决我国所有问题的关键

C. 强国之路,是我国社会主义事业发展的强大动力

D. 立国之本,是中国特色社会主义事业发展的政治保证

4. 党的十九大提出实施乡村振兴战略,是以习近平同志为核心的党中央着眼党和国家事业全局,深刻把握现代化建设规律和城乡关系变化特征,顺应亿万农民对美好生活的向往,对"三农"工作作出的重大决策部署,是新时代做好"三农"工作的总抓手。实施乡村振兴战略的根本目的是(　　)

A. 转移农村剩余劳动力　　B. 推进城乡一体化发展

C. 确保精准脱贫　　D. 推进农业农村现代化

5. 习近平在十九大报告中说:"有事好商量,众人的事情由众人商量,是人民民主的真谛。"这反映在民主政治建设方面(　　)

A. 积极推进全民民主　　B. 全面推进基层的全民参与的基层民主政治

C. 积极推进协商民主制度　　D. 倡导代议制民主

6. 要强化党性教育,坚持严以治校、严以治教、严以治学,敢抓敢管、严抓严管,使教育培训过程成为干部增强党性修养、提升品行作风的过程。对党员干部进行教育培训,加强思想道德修养,有利于(　　)

①树立正确的世界观、人生观、价值观

②巩固自然科学知识和社会科学知识

③正确处理思想道德修养和科学文化修养的关系

④不断改造自己的主观世界

A. ①③　　B. ①④　　C. ②④　　D. ③④

7. 坚持推动构建人类命运共同体,是新时代中国特色社会主义基本方略,对于统筹国内国际两个大局,始终不渝走和平发展道路、奉行互利共赢的开放战略,坚持正确义利观,始终做世界和平的建设者、全球发展的贡献者、国际秩序的维护者,具有十分重要的指导意义。材料表明(　　)(易错)

①事物之间的联系具有普遍性,也具有客观性

②人为事物的联系因人的参与而丧失客观性

③人们可以根据自己的主观愿望创造事物之间的联系

④根据事物固有联系建立新的联系能够造福人类

A. ①② B. ①④ C. ②③ D. ③④

8. 习近平总书记在《告台湾同胞书》发表40周年纪念会上指出,70年来,我们顺应两岸同胞共同愿望,推动打破两岸隔绝状态,实现全面直接双向“三通”,开启两岸同胞大交流大交往大合作局面,两岸交流合作日益广泛,相互往来日益密切,彼此心灵日益契合。台湾同胞为祖国大陆改革开放作出重大贡献,也分享了大陆发展机遇。这段话蕴含的哲学道理有( )

①矛盾同一性寓于斗争性之中,为斗争性所制约

②人类社会历史发展的总趋势是前进的、上升的

③人民群众是社会历史的主体,是历史的创造者

④实行两岸交流交往合作是两岸人民的共同愿望

A. ①② B. ①④ C. ③④ D. ②③

9. 2019年政府工作报告提出,发展更加公平更有质量的教育。推进城乡义务教育一体化发展,加快改善乡村学校办学条件,抓紧解决城镇学校“大班额”问题,保障进城务工人员随迁子女教育,发展“互联网+教育”,促进优质资源共享。多渠道扩大学前教育供给,无论是公办还是民办幼儿园,只要符合安全标准、收费合理、家长放心,政府都要支持。上述要求表明,我国政府( )

①加强社会建设,推进基本公共服务均等化

②保障人民民主,维护公民的各项民主权利

③组织经济建设,大幅度提高人民生活水平

④发展教育事业,保障公民平等享受教育权利

A. ①③ B. ②③ C. ③④ D. ①④

10. 为中国人民谋幸福,为中华民族谋复兴,是中国共产党人的初心和使命,也是改革开放的初心和使命。中国共产党坚持这样的初心和使命是因为( )(常考)

①人民是社会存在和发展的基础

②人民是决定党和国家前途命运的根本力量

③人民群众是社会历史的创造者

④人民群众是推动社会历史发展的根本动力

A. ①② B. ①④ C. ②③ D. ③④

11. 改革开放40年来,我们始终坚持加强和改善党的领导,积极应对在长期执政和改革开放条件

下党面临的各种风险考验,我们党以巨大的政治勇气,锐意推进经济、政治、文化、社会、生态文明体制和党的建设体制改革,不断扩大开放,成就举世瞩目。这说明(　　)

①中国共产党的执政地位是法律赋予的

②经济改革是中国特色社会主义的根本保障

③中国共产党具有与时俱进的执政能力

④改革开放是中国发展的根本之策

A. ①④　　B. ①②　　C. ②③　　D. ③④

12. 十三届全国人大一次会议表决通过了《中华人民共和国监察法》。该法在总则部分开宗明义规定,坚持中国共产党对国家监察工作的领导,构建集中统一、权威高效的中国特色国家监察体制。各级监察委员会是行使国家监察职能的专责机关,是反腐败工作机构。这表明(　　)

①国家机构的设置要适应国家职能需要

②政府对公职人员的监督具有威慑作用

③党是中国特色社会主义事业领导核心

④党的政治建设要摆在党的建设首位

A. ①②　　B. ②④　　C. ①③　　D. ③④

13. 习近平在全国教育大会上强调,要在厚植爱国主义情怀上下功夫,让爱国主义精神在学生心中牢牢扎根,教育引导学生热爱和拥护中国共产党,立志听党话、跟党走,立志扎根人民、奉献国家。从文化生活角度看,提出这一要求是基于(　　)

①学校教育是培育爱国主义精神的根本途径

②国家文化软实力取决于爱国主义的感召力

③教育在人的教化和培育上扮演着重要角色

④培育践行核心价值观离不开人们的情感认同

A. ①②　　B. ①③　　C. ②④　　D. ③④

14. "学习强国"学习平台于 2019 年 1 月 1 日正式上线运行,此平台由 PC 端、手机客户端组成。设有"学习新思想""习近平文汇"等多个板块和栏目。它不仅有效整合了各种学习资源,扩展了我们的视野,也为党员干部的学习提供了新的平台。这说明(　　)

①文化发展与社会发展是亦步亦趋的

②推进教育信息化是建设学习型社会的内在要求

③党员干部是推动文化发展的新主体

④体现时代精神是文化创新的重要追求

A. ①②　　B. ①③　　C. ②④　　D. ③④

15. 国家最高科学技术奖得主王泽山说:“专业无所谓冷热,任何专业只要肯钻研都会大有作为。国家需要就是我研究的方向,火炸药是有国家战略意义的领域。”这启示我们,实现人生价值要(　　)

①充分发挥主观能动性　　②善于利用社会客观条件

③促进自身的全面发展　　④坚持个人与社会的统一

A. ①③　　B. ②③　　C. ①④　　D. ②④

16. 2019 年 1 月 3 日,嫦娥四号探测器成功自主着陆在月球背面。1 月 11 日,嫦娥四号着陆器与玉兔二号巡视器在“鹊桥”中继星支持下顺利完成互拍,地面接收图像清晰完好。从嫦娥一号到嫦娥四号,中国航天人大胆创新、努力探索,使中国航天逐梦之旅越来越辉煌。材料体现了(　　)

①人类实践的社会历史性推动着科学技术日益进步

②科学态度和革命热情是人类实践成功的必要条件

③事物从量变到质变离不开人的主观能动性的发挥

④人们建立恰当的具体联系方式能够推动事物发展

A. ①③　　B. ①④　　C. ②③　　D. ②④

17. “枫桥经验”的核心内容,就是通过发动和依靠群众,做到矛盾不上交,就地解决。实现了捕人少、治安好。推动“枫桥经验”从地方精致的“盆景”上升为全国精彩的“风景”,需要各地积极探索社会治理新思路新举措,从治安领域扩展到经济、政治、文化、社会、生态等领域。学习“枫桥经验”应该(　　)

①坚持客观与主观的具体的历史的统一,把“枫桥经验”与当地实际结合起来

②以“枫桥经验”为指导,坚持“普遍—特殊—普遍”的工作方法

③在辩证否定中不断发展“枫桥经验”,创新社会治理方式

④坚持真理的具体性条件性,一切以时间地点条件为转移

A. ①②　　B. ①③　　C. ②④　　D. ③④

18. 为保证国民经济平稳运行,近年来国家进行了一系列税制改革。下列关于税制改革及其作用对应正确的是(　　)

A. 资源税改革——避免重复征税,防止相关经营环节偷漏税行为

B. 继续完善结构性减税政策——能调节企业生产,增加财政收入

C. 个人所得税起征点提高——减轻纳税人负担,促进社会分工

D. 营业税改征增值税——有利于减轻相关企业税负,促进服务业发展

19. 对我国而言,确保粮食安全始终是国家经济发展的底线。在城市化和工业化不断深化的背景下,我国的粮食供需矛盾日益凸显。2018 年全国粮食总产量 65789 万吨,比 2017 年减产 371 万吨,下降 0.6%。为了解决粮食供需矛盾,确保国家粮食安全,需要(　　)

①推进农村土地“三权分置”改革,发展规模化农业

②创新土地资源调控手段,确保耕地红线不动摇

③积极拓展国际市场,取消粮食进出口关税

④优化农业种植结构,扩大经济作物种植面积

A. ①②　　B. ①④　　C. ②③　　D. ③④

20. 深化供给侧结构性改革,建设现代化经济体系,必须把发展经济的着力点放在实体经济上,把提高供给体系质量作为主攻方向。下列措施符合这一要求的有(　　)

①刺激消费,扩大内需

②推动互联网、大数据与实体经济的融合

③去库存,淘汰落后产能

④限制传统产业的发展,加快发展现代服务业

A. ①②　　B. ①④　　C. ②③　　D. ③④

21. 就业是民生之本、财富之源。当前,总量压力大、结构性矛盾突出依然是我国就业问题的基本面。为此,2018 年中央经济工作会议把稳就业摆在了“六稳”的首位,2019 年政府工作报告首次将就业优先政策置于宏观政策层面。党和国家的这一重要安排(　　)

①旨在强化全社会重视就业、支持就业的导向

②有利于增强消费对经济发展的基础性作用

③是有效解决我国就业问题的根本途径

④是劳动者实现就业的内在要求和前提

A. ①②　　B. ①③　　C. ②④　　D. ③④

22. 2018 年 11 月 5 日至 10 日,首届中国国际进口博览会在国家会展中心(上海)举办。172 个国家和地区及有关国际组织的代表应邀与会,3600 多家企业参展,累计意向成交 578.3 亿美元。进博会的举办(　　)

①将使国内相关产业面临挑战,推动供给侧结构性改革

②丰富国内消费选择,引导境外消费回流

③推动贸易和投资便利化,维护多边自由贸易

④激发进口潜力,立足国内外市场满足人民日益增长的美好生活需要

A. ①②　　B. ①③　　C. ②④　　D. ③④

23. 2019 年政府工作报告提出，防范化解重大风险要强化底线思维，坚持结构性去杠杆。杠杆化是指通过借债进行投资运营，以较少的本金获取高收益。适度的杠杆对经济有益，但如果杠杆率过高，债务增长过快反而会拖累经济发展。去杠杆政策是防范化解金融风险的一个重要的途径。下列有助于“去杠杆”的传导措施是(　　)

①实施企业破产结算—取消企业债务—降低资产负债率—企业依法破产

②债权转为股权—减轻企业债务负担—降低企业经营成本—提高经济效益

③推动兼并重组—扩大优势企业规模—提高资源利用率—有效化解过剩产能

④发展股权融资—完善股权资本市场—拓宽融资渠道—引导储蓄转为股本投资

A. ①③　　B. ①④　　C. ②③　　D. ②④

24. 李克强总理强调，要更多运用市场化手段促进企业创新，要使市场在资源配置中起决定性作用。下列属于市场优势的是(　　)

①市场能够通过利益引导促进共同富裕

②市场经济是我国社会主义经济制度的基础

③市场对资源的配置及时、准确、有效

④市场能够灵敏地反映供求关系变化

A. ②③　　B. ①④　　C. ①②　　D. ③④

25. 甲将一套房屋转让给乙，乙再转让给丙，相继办理了房屋过户登记。丙翻建房屋时在地底下挖出一瓷瓶，经查为甲的祖父埋藏，甲是其唯一继承人。丙将该瓷瓶以市场价卖给不知情的丁，双方钱物交割完毕。现甲、乙均向丙和丁主张权利。下列选项正确的是(　　)

A. 甲有权向丙请求损害赔偿　　B. 乙有权向丙请求损害赔偿

C. 甲、乙有权主张丙、丁买卖无效　　D. 丁善意取得瓷瓶的所有权

26. 下列对选举权和被选举权的认识中，正确的是(　　)(易混)

A. 中华人民共和国年满 18 周岁的公民都是选民

B. 我国各级人民代表都由直接选举产生

C. 选举权和被选举权是公民的基本民主权利

D. 依法被判刑的人不享有选举权和被选举权

27. 我国将逐步对家庭经济困难学生实施高中免除学杂费，这有力地保障了公民的(　　)

A. 受教育权　　B. 人格尊严权

C. 名誉权　　D. 隐私权

28. 下列不属于侵犯他人人格尊严权的是(　　)

A. 小李故意给小张起不雅的绰号

B. 商场保安强行检查小王的背包

C. 抢劫犯的照片被印在通缉令上

D. 医院未经患者同意将其姓名和病情发布在报纸上

29.《孟子·离娄上》说:“人有恒言,皆曰‘天下国家’。天下之本在国,国之本在家,家之本在身。”《礼记·大学》说:“一家仁,一国兴仁;一家让,一国兴让。”材料反映的理念是(　　)

A. 仁政民本　　B. 官僚政治　　C. 君主专制　　D. 家国一体

30. 据有关资料统计,从 1978 年改革开放开始到 1992 年提出建立社会主义市场经济体制的目标,十多年间国家定价的比重从 95% 逐步下降到 10%,市场调节价由不到 10% 逐步上升到 80%。此材料表明(　　)

A. 改革开放深入内地,使国家定价比重大幅度下降

B. 改革开放后,市场调节开始发挥主导作用

C. 经济体制改革后,国家定价逐步消失

D. 十一届三中全会后计划经济开始向市场经济转变

31. 某学者指出,五四运动在思想上“还没有能够科学地分析批判以前历次革命运动失败的经验教训,还没有能够从批判旧世界中找出新世界”,但在“实际行动上,已经对于中国近代革命历史做了惩前毖后与承先启后的表示。”该学者认为五四运动是(　　)

A. 近代空前的人民思想觉醒运动

B. 划时代的人民群众救国运动

C. 无产阶级登上历史舞台的起点

D. 对新文化运动的继承和发展

32. 关公形象早为中国人所熟知,元朝政权逐渐认可对关公的敬奉,关公成为“忠义”的化身,《三国演义》问世后,关羽更是成为妇孺皆知的英雄人物。据材料可知(　　)

A. 儒家思想影响关公形象的塑造

B. 统治思想与民众认识趋于一致

C. 关公崇拜成为了社会思想主流

D. 小说的影响力决定了价值观念

33. 下列各组词语中,没有错别字的一组是(　　)

A. 突如其来　接踵而至　精妙绝伦　浑然一体

B. 漫不经心　和颜悦色　见微知著　推心至腹

C. 以逸待劳　分庭抗理　信口雌黄　哄堂大笑

D. 张灯结彩　休戚与共　不知所终　估名钓誉

34. 温暖湿润的气候让南方多流水,正像寒冷干旱让北方多风沙一样,清清流水让南方像桃花般妩媚多情,苏州、杭州、桂林,__________,黄梅锡剧越剧和那多如芝麻绿豆的采茶调秧歌调,都像南方甘蔗一样甜。

填入画横线部分最恰当的一句是(　　)

A. 荷叶一样精致的城郭在南方的流水之间

B. 在南方的流水之间浮着荷叶一样精致的城郭

C. 精致的城郭浮在南方的流水之间像荷叶一样

D. 精致的城郭荷叶一样浮在南方的流水之间

35. 下列四种不同的表达语,使用得体的一项是(　　)

A. 分别总是在六月,回忆是思念的愁。同窗数载的无数美好瞬间,将永远铭刻在我的记忆之中……(毕业赠言)

B. 工会提议用探望一线劳动者的方式过"五一",这很有意义,群众积极响应,没有一点异议。(广播稿)

C. 本人昨日不慎于学校阅览室丢失阿伦特《反抗平庸之恶》一书,期盼拾得者璧还原物,不胜感激!(寻物启事)

D. 特邀您作为嘉宾莅临我校校园戏剧节,相信您会有幸观赏到最具特色的演出,敬候您的光临。(邀请函)

36. 下列对联与名楼对应正确的是(　　)

①祢衡洲上千年恨,崔颢楼头一首诗——鹳雀楼

②高楼出云千里目,黄河入海一蓑翁——黄鹤楼

③放不开眼底乾坤,何必登斯楼把酒;吞得尽胸中云梦,方可对仙人吟诗——岳阳楼

④我辈复登临,目极湖山千里而外;奇文共欣赏,人在水天一色之中——滕王阁

A. ①②　　B. ③④　　C. ①③　　D. ②④

37. 下列关于文化常识的解说,不正确的一项是(　　)

A. 科举制,我国古代通过考试选拔官吏的制度。由于采用分科取士的办法,所以叫做科举

B. 丧服,指为哀悼死者而穿的服装;服除,指穿上丧服,意为开始守孝

C. 顿首,以头叩地而拜,在古代书信中,也用于表示对对方尊崇的敬语

D. 讣闻,又叫"讣告",是向亲友报丧的通知,多附有死者的事略。讣闻是一种应用文体

38. 某中学转发其所在地市人民政府《关于开展整顿行人交通秩序活动的意见》,应用(　　)(常考)

A. 通告　　B. 通知　　C. 决定　　D. 函

39. 下列有关非金属元素的说法正确的是(　　)

A. 二氧化氯具有还原性,可用于自来水的杀菌消毒

B. SO_2具有氧化性,可用于漂白纸浆

C. 液氨汽化时要吸收大量的热,可用作制冷剂

D. 硅是重要的半导体材料,常用于制作光导纤维

40. 许多优美的诗词是对生活和自然现象的生动描述。下列诗词所对应的物理知识不正确的是(　　)

A. “牧童归去横牛背,短笛无腔信口吹”——“短笛”发出的声音是由笛子本身振动产生的

B. “姑苏城外寒山寺,夜半钟声到客船”——“钟声到客船”说明空气可以传播声音

C. “大弦嘈嘈如急雨,小弦切切如私语”——“嘈嘈”和“切切”形容的是大弦和小弦发出声音的音调不同

D. “不敢高声语,恐惊天上人”——“不敢高声语”是从声源处减弱噪声

二、多项选择题(下列每小题列出的选项中至少有两个是正确的,请将其代码填在括号内。错选、多选或未选均不得分。本大题共 15 个小题,每小题 1.6 分,共 24 分)

41. 党的十九大报告把十八大以来党的理论创新成果概括为习近平新时代中国特色社会主义思想,实现了党的指导思想的又一次与时俱进。关于习近平新时代中国特色社会主义思想,下列表述正确的有(　　)

A. 是马克思主义中国化的最新成果

B. 是全党全国人民为实现中华民族伟大复兴而奋斗的行动指南

C. 是中国特色社会主义理论体系的重要组成部分

D. 是党和人民的实践经验和集体智慧的结晶

42. 2019 年,脱贫攻坚仍是三农工作重中之重的硬任务,要切实重点解决好实现“两不愁三保障”面临的突出问题,加大“三区三州”等深度贫困地区和特殊贫困群体脱贫攻坚力度。在不折不扣完成脱贫攻坚任务的同时,脱贫的质量也同样需要保障,如何防止脱贫之后再返贫,同样是要解决的硬任务。脱贫攻坚体现了政府(　　)

A. 在履行组织社会主义经济建设职能

B. 是人民意志的执行者和人民利益的捍卫者

C. 以科学的思想、制度和方法领导中国特色社会主义事业

D. 坚持对人民负责的原则

43. 在我国,人民与人民代表大会之间、人民代表大会与其他国家机关之间都存在着监督与被监督

的关系,这种关系(　　)

A. 突出反映了我国一切权力属于人民　　B. 决定了我国的国家性质

C. 体现了民主集中制　　D. 有效印证了人民当家作主的地位

44. 党的十九大强调要“推动互联网、大数据、人工智能和实体经济的深度融合,在中高端消费、创新引领、绿色低碳、共享经济、现代供应链、人力资本服务等领域培育新增长点,形成新动能。”下列做法符合上述要求的有(　　)

A. 完善促进消费的体制机制

B. 增强消费对生产发展的基础性作用

C. 建立绿色生产和消费的法律制度和政策导向

D. 引导发展适度的奢侈消费和超前消费

45. “12340”是国家统计局为强化民情民意调查的公益性和公信度而申请的全国统一号码。当您看到12340的来电,请不要拒绝。因为公民的每一个回答,都是党和政府决策的重要信息来源。为此(　　)

A. 公民应提高参与政治生活的素养和能力　　B. 政府应不断增强决策的科学化、民主化

C. 应完善决策信息系统,保障公民参与权　　D. 应积极探索民主监督的新形式、新途径

46. 习近平总书记在第二届“一带一路”国际合作高峰论坛上指出,“河海不择细流,故能就其深。”如果人为阻断江河的流入,再大的海,迟早都有干涸的一天。以“河海”为喻体现了(　　)

A. 世界各国应遵循全球发展的客观规律　　B. 国际经济发展虽历经艰难但前途光明

C. 全球发展需要一点一滴量的积累实现　　D. 国际合作是全球经济发展的主要矛盾

47. 当今世界经济进入全面调整期,国内经济发展也达到新的阶段,这时由创新引领经济发展的作用日益突出,并将成为引领发展的第一动力。科技创新引领经济发展说明(　　)

A. 科学技术是一个民族振兴和社会进步的基石

B. 科学技术的进步是促进经济发展的重要因素

C. 文化与经济相互交融,科技的作用日益突出

D. 科技水平是一个民族文明程度的重要标志之一

48. 秋在中国文人心中有着独特的内涵。“自古逢秋悲寂寥”,在秋的文化意识中,悲秋也可以算得上是普遍的意识了。“何处合成愁,离人心上秋”,秋成了一种凄凉、伤感、悲苦的象征。但是,秋的描写也总有些欢快的调子,如刘禹锡的“我言秋日胜春朝”。这表明(　　)(常考)

A. 意识是客观存在的主观映象

B. 意识是带有主体差异性的

C. 意识是按照创作者的意图改造客观世界的观念活动

D. 意识具有自觉选择性和主动创造性

49. 民主改革60年来，西藏各项事业取得辉煌成就。翻身解放、当家做主的西藏人民，在世界屋脊上谱写了革命、建设、改革的壮美篇章，创造了跨越千年的人间奇迹。60年来，西藏之所以发生翻天覆地的历史巨变，主要原因是(　　)

A. 我国实现了各民族的共同繁荣

B. 西藏抓住了西部大开发的战略实施的新机遇

C. 我国消除了各民族之间的差异

D. 党的民族区域自治为西藏经济社会的繁荣发展提供了保障

50. 中国倡议建立亚洲基础设施投资银行、金砖国家新开发银行等国际金融机构，为新兴国家争取了更多的权力。德国支持并愿意积极参与中国的"一带一路"倡议，东欧、中亚等地区将更好地融入全球体系中。若从政治角度来阐述该材料，恰当的有(　　)

A. 中国是改变世界政治格局的主导力量　　B. 区域经济合作增强世界多极化趋势

C. 世界旧殖民地体系已经瓦解　　D. 政治多极化将推动经济全球化发展

51. 张某因车祸瘫痪在床，其妻黄某领到10万元伤残赔偿金后抛弃张某和年幼的儿子，长期不归。张某和儿子生活十分困难，张某将黄某告上法庭，本案中(　　)

A. 黄某的遗弃行为要承担相应的刑事责任

B. 张某和黄某对10万元所得有平等的处理权

C. 黄某应支付一定数额的抚养费

D. 黄某未尽抚养和教育子女这一重要义务

52. 下列情形中构成以危险方法危害公共安全罪的有(　　)

A. 私自架设电网致他人死亡的　　B. 抢夺公交车方向盘的

C. 投放微生物或放射性物质进行破坏的　　D. 驾车撞人致使多人死亡的

53. 下列选项符合权利和义务相统一的观点的有(　　)

A. 坚持尊重个人合法权益与承担社会责任相统一

B. 有权利就有义务

C. 公民应养成依法积极行使权利和履行义务的习惯

D. 公民应履行法定义务，法律应保障公民的一切利益

54. 习近平总书记指出，爱国主义是中华民族精神的核心。爱国就是对祖国怀有最深厚、最纯洁、最高尚、最神圣的情感。下列诗句中体现爱国情感的有(　　)

A. 但使龙城飞将在，不教胡马度阴山

B. 欲将血泪寄山河，去洒东山一抔土

C. 但愿苍生俱饱暖，不辞辛苦出山林

D. 自去自来梁上燕，相亲相近水中鸥

55. 生物技术正在越来越多地影响人类的生活和社会发展,下列有关叙述正确的有(　　)

A. 植物组织培养技术可以快速繁殖植物体

B. 转基因技术可培育产生人胰岛素的大肠杆菌

C. 利用克隆技术可以培育太空辣椒

D. 食醋和泡菜都是利用发酵技术产生的有酸味的食品,在加工生产中利用了同一类微生物

三、材料分析题(本大题共3小题,共32分)

56. 阅读材料,回答下列问题。

材料:2019年是中华人民共和国成立70周年。70年来的风雨历程见证了“中国共产党的领导是中国特色社会主义制度的最大优势”。中国能用几十年时间走过西方国家上百年甚至数百年的发展之路,创造出世所罕见的发展奇迹,重要原因就在于中国制度能够集中力量办大事。集中力量办大事要有核心,这个核心就是中国共产党。党带领全国人民把方向、谋大局、定政策、促改革,这是中国特色社会主义制度能够保证自身优势的根本保障。

问题:结合材料,分析说明“中国共产党的领导是中国特色社会主义制度的最大优势”这一观点的正确性。(10分)

57. 阅读材料,回答下列问题。

材料:习近平总书记在十九大报告中指出,中国特色社会主义文化,源自于中华民族五千多年文明历史所孕育的中华优秀传统文化,熔铸于党领导人民在革命、建设、改革中创造的革命文化和社会主义先进文化,植根于中国特色社会主义伟大实践。发展中国特色社会主义文化,就是以马克思主义为指导,坚守中华文化立场,立足当代中国现实,结合当今时代条件,发展面向现代化、面向世界、面向未来的,民族的科学的大众的社会主义文化,推动社会主义精神文明和物质文明协调发展。要坚持为人民服务、为社会主义服务,坚持百花齐放、百家争鸣,坚持创造性转化、创新性发展,不断铸就中华文化新辉煌。要坚定文化自信,推动社会主义文化繁荣兴盛。没有高度的文化自信,没有文化的繁荣兴盛,就没有中华民族伟大复兴。要坚持中国特色

社会主义文化发展道路,激发全民族文化创新创造活力,建设社会主义文化强国。

问题:结合材料,分析说明我们“坚定文化自信,推动社会主义文化繁荣兴盛”的原因。(10分)

58. 阅读材料,回答下列问题。

材料:古往今来,人才都是富国之本、兴邦大计。办好中国的事情,关键在党,关键在人,关键在人才。培养时代新人必须站在时代的高度,站在国家和人民期待的角度,坚持立德树人,以文化人,用社会主义理想、信念、价值观为时代铸魂,使之成为能托付大任的中坚力量。“才者,德之资也;德者,才之帅也。”担当民族复兴大任的时代新人,须是德才兼备,且以德为先。培养能够担当时代重任的新人,必须把“人”字写端正、做端正,德才之间,德为魂,才为体。

问题:结合材料,运用思想道德建设的有关知识,分析如何培养担当民族复兴大任的时代新人。(12分)

2019年河南省平顶山市教师招聘考试真题试卷(十)

公共基础知识

(本试卷包含平顶山市湛河区、新华区、郏县真题)

本套试卷共82小题,包括单项选择题(60小题),多项选择题(18小题),判断题(4小题)。

一、单项选择题(下列每小题列出的四个选项中只有一个是最符合题意的,请将其选出并把它的标号填在括号内。错选、多选或未选均不得分。本大题共60小题,每小题1.2分,共72分)

1. 地震发生时,若身处高楼,下列选项中正确的自救防护措施是( )

A. 立即往外跑,乘坐电梯下楼

B. 蹲到外墙窗户旁躲避,找机会跳楼逃生

C. 躲在吊柜下方

D. 把靠垫举在头顶,蹲到坚固的桌子下面

2. 我国现代诗歌史上体现"五四"时期精神的第一部诗集是( )

A. 郭沫若的《女神》　　B. 鲁迅的《野草》

C. 胡适的《尝试集》　　D. 闻一多的《红烛》

3. 每年( )为全民国家安全教育日。

A. 4月8日　　B. 4月15日　　C. 6月8日　　D. 6月15日

4. 我国数学成就为天元术的人是( )

A. 杨辉　　B. 祖冲之　　C. 刘徽　　D. 李冶

5. "天无三日晴,地无三尺平"指的是哪个省份( )

A. 山东省　　B. 贵州省　　C. 湖北省　　D. 浙江省

6. 我国《九章算术》成书于( )时期。

A. 春秋　　B. 东汉　　C. 西汉　　D. 三国

7. 人们很早就已经发现,鳄鱼在吃掉捕获的食物前,往往会流几滴眼泪,于是“鳄鱼的眼泪”被人们用于形容伪善。鳄鱼流泪的原因是(　　)

A. 眼泪均匀覆盖眼球,使眼睛保持良好视力

B. 鳄鱼的肾脏发育不完全,需要靠眼睛附近的腺体排出盐分

C. 鳄鱼的眼泪可以发出特殊的气味,召唤同类前来捕食猎物

D. 鳄鱼进化不完善,唾液腺分泌和泪腺分泌的神经控制系统未完全分离

8. 下列由全国人民代表大会常务委员会行使的职权有(　　)(常考)

A. 修改宪法

B. 选举中华人民共和国主席、副主席

C. 制定和修改刑事、民事、国家机构的和其他的基本法律

D. 解释宪法,监督宪法的实施

9. 联合国开发计划署把新能源分为(　　)

A. 水能、太阳能、风能、地热能

B. 传统能源之外的各种新能源形式

C. 大中型水电、新可再生能源、传统生物质能

D. 小水电、太阳能、风能、现代生物质能、地热能

10. 太阳系八大行星中,最亮的是(　　)

A. 金星　　B. 火星　　C. 天王星　　D. 水星

11. 元太祖铁木真是蒙古草原英雄,被尊称为“成吉思汗”。那么“成吉思”的意思是(　　)

A. 太阳　　B. 大地　　C. 大海　　D. 草原

12. “山近月远觉月小,便道此山大于月。若人有眼大如天,还见山小月更阔。”与此句哲理相近的是(　　)

A. 不识庐山真面目,只缘身在此山中

B. 若言声在指头上,何不于君指上听

C. 问渠那得清如许,为有源头活水来

D. 纸上得来终觉浅,绝知此事要躬行

13. 与成语“纸上谈兵”有关的战役是(　　)

A. 城濮之战　　B. 长平之战　　C. 杜陵之战　　D. 巨鹿之战

14. 科学社会主义诞生的标志是(　　)

A. 英国工人制定《人民宪章》
B. 共产主义通讯委员会的建立
C. 共产主义者同盟的建立
D.《共产党宣言》的发表

15. 唯物史观和唯心史观在历史创造者问题上的根本对立在于是否承认(　　)(常考)

A. 个人在历史发展中的作用

B. 思想动机在社会发展中的作用

C. 人民群众是推动历史发展的决定力量

D. 剥削阶级代表人物在历史发展中的作用

16. 下列选项中,属于君主立宪制类型的是(　　)

A. 合议制和专制独裁制
B. 合议制和二元君主制
C. 议会君主制和二元君主制
D. 专制独裁制和二元君主制

17. 第二次世界大战后,新发展起来的国际垄断组织的形式是(　　)

A. 国际托拉斯
B. 国际卡特尔
C. 国际辛迪加
D. 跨国公司

18. (　　)是中国最大的经济特区。

A. 深圳　B. 珠海　C. 海南　D. 厦门

19. (　　)地面高低不平,地势比较平坦的山间小盆地,被当地人称为"坝子"。

A. 内蒙古高原
B. 云贵高原
C. 青藏高原
D. 黄土高原

20. 验钞机上发出的光能使钞票上的荧光物质发光,电视机的遥控器发出的光可以控制电视机。对于它们发出的光,下列说法正确的是(　　)

A. 它们发出的都是红外线
B. 它们发出的都是紫外线
C. 验钞机发出的是红外线
D. 电视机遥控器发出的是红外线

21. 中国人自称"炎黄子孙",其中"黄"是指(　　)

A. 黄河　B. 黄土　C. 黄道　D. 黄帝

22. "天行有常,不为尧存,不为桀亡"是诸子百家中(　　)的观点。

A. 孟子　B. 韩非子　C. 荀子　D. 老子

23. 甲骨文最早是在(　　)上发现的。

A. 青铜器　B. 药材　C. 墓碑　D. 竹简

24. 现代信息技术的基石是(　　)

A. 微电子技术　　B. 光电子技术

C. 计算机技术　　D. 通信技术

25. 十九大报告指出,当前国内外形势正在发生深刻复杂变化。我国发展仍处于重要(　　),前景十分光明,挑战也十分严峻。

A. 战略发展期　　B. 战略机遇期

C. 战略调整期　　D. 战略规则期

26. 2019 年 5 月 11 日至 13 日,由中国作家协会等多部门主办的第二届中国(　　)在杭州举行。

A. 诗歌文学周　　B. 历史文学周

C. 网络文学周　　D. 国际文学周

27. 劳动者依法享有________和________的权利。(　　)

A. 平等就业　自主择业　　B. 公平就业　自由就业

C. 公平就业　自主择业　　D. 平等就业　自由就业

28. (　　)建立全国促进就业工作协调机制,研究就业工作中的重大问题,协调推动全国的促进就业工作。

A. 国务院　　B. 人力资源和社会保障部

C. 民政部　　D. 信息产业部

29. 2019 年 5 月 26 日电,近日,考察队员抵达北极斯瓦尔巴地区的中国北极(　　)站,开始执行我国 2019 年业务化观监测及科学研究任务。

A. 昆仑　　B. 中山　　C. 黄河　　D. 泰山

30. 张华经李丽同意,将李丽的作品翻译成英文。关于该译文,以下表述正确的是(　　)(常考)

A. 李丽有著作权

B. 李丽和张华共同享有著作权

C. 出版社出版该译文需要张华和李丽的同意

D. 出版社出版该译文需要张华的同意

31. 俗话说"一山不容二虎"。从管理的角度来看,对这句话最合适的解释是(　　)

A. 组织需要集中统一管理,不能"政出多门"

B. 组织中的领导个性不一致,必将导致不团结

C. 组织中的能人太多,必然造成困扰

D. 组织目标需要达成共识，不能有不同的意见

32. 北方许多地区都有“冬至饺子夏至面”的说法，冬至吃饺子这一习俗是为了纪念(　　)而流传下来的。

A. 华佗　　B. 张仲景　　C. 李时珍　　D. 孙思邈

33. 下列不属于四书的是(　　)(常考)

A.《大学》　　B.《中庸》　　C.《孟子》　　D.《春秋》

34. 不属于四大悲剧的是(　　)

A.《哈姆雷特》　　B.《鲁克丽丝受辱记》

C.《奥赛罗》　　D.《李尔王》

35. 苏轼称(　　)是“诗中有画，画中有诗”的山水田园诗人。

A. 孟浩然　　B. 陈子昂　　C. 王维　　D. 储光羲

36. “尔曹身与名俱灭，不废江河万古流”出自(　　)

A. 秦观《越王》　　B. 杜甫《戏为六绝句》

C. 刘禹锡《重酬前寄》　　D. 白居易《偶作寄朗之》

37. “孺子牛”一词，最初描述(　　)

A. 父母对子女的过分疼爱　　B. 服务大众，无私奉献

C. 任劳任怨，不辞辛苦　　D. 对父母感恩尽孝的子女

38. “闭月”代指古代四大美女中的(　　)

A. 西施　　B. 杨玉环

C. 王昭君　　D. 貂蝉

39. 扑克牌中，红桃 K 上面的人物是(　　)

A. 大卫王　　B. 亚历山大大帝

C. 查理大帝　　D. 恺撒大帝

40. “好地方来好风光”“又战斗来又生产，三五九旅是模范”歌唱的是革命旧址(　　)

A. 井冈山　　B. 沂蒙山　　C. 南泥湾　　D. 台儿庄

41. 夏日温度为 20 ~ 38 摄氏度，20 摄氏度是一天当中的什么时候(　　)

A. 午夜　　B. 日出前后　　C. 早上 8 时　　D. 早上 9 时

42. 侏罗纪恐龙属于哪一个地质时期(　　)

A. 新生代　　B. 中生代　　C. 古生代　　D. 原生代

43. 文化建设的基础工程是(　　)

A. 发展教育　　B. 发展文学和艺术

C. 发展科学和教育　　D. 发展教育和文学

44. 职业道德修养是指从业人员在职业活动实践中，按照职业道德基本原则和规范，在职业道德品质方面的(　　)，借以形成高尚的职业道德品质和达到较高的境界。

A. 自我管理和自我监督　　B. 环境熏陶和培养教育

C. 外界监督和自身约束　　D. 自我锻炼和自我改造

45. 2019 年 7 月 1 日出版的第 13 期《求是》杂志发表中共中央总书记、国家主席、中央军委主席习近平的重要文章(　　)

A.《在"不忘初心、牢记使命"主题教育工作会议上的讲话》

B.《坚定文化自信，建设社会主义文化强国》

C.《深入理解新发展理念》

D.《共谋绿色生活，共建美丽家园》

46. (　　)于 2019 年 6 月 15 日开始在福建省举办，集中活动为期一周。本届论坛以"扩大民间交流、深化融合发展"为主题，安排了大会活动以及 4 大版块共 33 项活动。

A. 首届服务贸易数字化研讨会

B. 第十一届海峡论坛

C. 中非经贸合作及首届中非经贸博览会发布会

D. 亚洲相互协作与信任措施会议第五次峰会

47. 实践对认识的决定作用不包括(　　)

A. 实践是认识的来源　　B. 实践是认识发展的动力

C. 实践是认识的目的　　D. 实践是获得认识的唯一途径

48. 辩证法和形而上学的根本分歧在于(　　)

A. 是否承认矛盾，是否承认矛盾是事物发展的动力和源泉

B. 物质与意识何者是世界的本源

C. 运动与静止是否是对立统一的

D. 社会存在与社会意识何者为先

49. 一般来说，恩格尔系数达到(　　)以上属于贫困的家庭。(易错)

A. 30%　　B. 39%　　C. 49%　　D. 59%

50.《中华人民共和国民法总则》规定，自然人下落不明满(　　)的，利害关系人可以向人民法院申请宣告该自然人为失踪人。

A. 六个月　　B. 一年　　C. 二年　　D. 三年

51.《宪法》规定，我国农村集体经济组织实行家庭承包经营为基础、(　　)的双层经营体制。

A. 包产包销　　B. 统分结合

C. 公私结合　　D. 统分统购

52. 我国第一部纪传体断代史史书是(　　)(易错)

A.《史记》　　B.《汉书》

C.《后汉书》　　D.《资治通鉴》

53. 相传与春秋时晋国大臣介子推有关的民间传统节日是(　　)

A. 清明节　　B. 上元节　　C. 寒食节　　D. 中元节

54. 下面不属于河南古称的是(　　)

A. 豫州　　B. 中州　　C. 中原　　D. 颍州

55. 下列景点不属于河南的是(　　)

A. 白马寺　　B. 殷墟　　C. 孔庙　　D. 龙门石窟

56. 我国土地资源的四个基本特点不包括(　　)

A. 绝对数量大，人均占有少

B. 类型复杂多样，耕地比重小

C. 利用情况复杂，生产力地区差异明显

D. 地区分布均匀，保护和开发压力小

57. 有法可依、有法必依、执法必严、违法必究是社会主义法制的基本要求。其中，执法必严是依法治国的(　　)

A. 关键　　B. 基础　　C. 前提　　D. 总领

58. 中国特色社会主义民主政治最鲜明的特点是实行(　　)

A. 民族区域自治制度

B. 中国共产党领导的多党合作和政治协商制度

C. 社会主义制度

D. 人民代表大会制度

59. “攻其不备，出其不意”出自(　　)

A.《孙膑兵法》　B.《淮南子》　C.《孙子兵法》　D.《战国策》

60. 在高层室内遭遇火灾时逃生的正确做法是(　　)(常考)

A. 大声呼救，等待救援

B. 用湿毛巾捂住口鼻，弯腰低头贴墙走

C. 乘坐电梯直达一楼

D. 立即开门往高处通风口跑，防止窒息

二、多项选择题(在下列每小题列出的选项中至少有两个是正确的，请将其代码填在括号内。错选、多选或未选均不得分。本大题共 18 小题，每小题 1.4 分，共 25.2 分)

61. 党的十九大报告指出，全党要充分认识这场伟大斗争的(　　)，发扬斗争精神，提高斗争本领，不断夺取伟大斗争新胜利。

A. 长期性　B. 反复性　C. 复杂性　D. 艰巨性

62. 下列景观与地貌特征的对应，正确的有(　　)

A. 四川黄龙—岩溶地貌　B. 魔鬼城—流水侵蚀

C. 云南石林—雅丹地貌　D. 武夷山—丹霞地貌

63. 根据我国法律规定，下列所有权只能属于国家所有的有(　　)

A. 城市的土地　B. 郊区的土地

C. 矿藏、水流　D. 森林、山岭

64. 下列思想家中属于同一个流派的是(　　)

A. 韩非子　B. 李斯　C. 荀子　D. 庄周

65. 下列关于我国历史著作的说法，正确的有(　　)

A.《永乐大典》被称为迄今为止世界最大的百科全书

B.《四库全书》是在乾隆皇帝的主持下编撰的，分经、史、子、集四部

C.《资治通鉴》由北宋司马光主编，是我国第一部编年体通史

D.《说文解字》，作者为东汉蔡邕，是中国第一部系统地分析汉字字形和考究字源的字书

66. 社会组织是我国社会主义现代化建设的重要力量。其中，社会组织的主体组成包括(　　)

A. 社会团体　B. 基金会

C. 事业单位　D. 社会服务机构

67. 唐朝时，河北有位崔元翰，参加科举考试曾“连中三元”，三元指的是(　　)

A. 解元　　B. 会元　　C. 贡元　　D. 状元

68. 南面与我国隔海相望的国家有(　　)(易混)

A. 菲律宾　　B. 马来西亚

C. 韩国　　D. 文莱

69. 要加快建设创新型国家，就必须培养造就一大批具有国际水平的(　　)和高水平的创新团队。

A. 战略科技人才　　B. 科技领军人才

C. 青年科技人才　　D. 国际事业人才

70. 十八届四中全会提出，全面推进依法治国的总目标是(　　)

A. 建设中国特色社会主义法治体系

B. 建设社会主义法治国家

C. 有法可依、执法必严、违法必究

D. 科学立法、严格执法、公正司法、全民学法

71. 供给侧结构性改革的重点是(　　)

A. 解放和发展社会生产力，用改革的办法推进结构调整

B. 减少无效和低效供给，扩大有效和中高端供给

C. 增强供给结构对需求变化的适应性和灵活性

D. 提高全要素生产率

72. 在资本主义国家的“三权分立”制度中，“三权”包括(　　)

A. 立法权　　B. 财政权

C. 行政权　　D. 司法权

73. 社会主义发展道路多样化的原因有(　　)

A. 各国生产力状况各不相同　　B. 各国历史传统各不相同

C. 各国工业化程度各不相同　　D. 各国文化习俗各不相同

74. 下列属于古代封建社会内部调整统治政策改革的有(　　)

A. 管仲改革　　B. 王莽改制

C. 商鞅变法　　D. 周世宗改革

75. 下列人员哪些是由全国人大直接选举产生的(　　)

A. 中华人民共和国主席　　B. 最高人民法院院长

C. 最高人民检察院检察长　　D. 国务院总理

76. 下列历史人物出自河南的有(　　)

A. 袁绍　　B. 司马昭　　C. 赵匡义　　D. 商鞅

77. 下列情节与《三国演义》无关的是(　　)

A. 景阳冈打虎　　B. 流水葬花

C. 三顾茅庐　　D. 倒拔垂杨柳

78. 汉代是赋这一文体发展的鼎盛时期,下列属于汉赋四大家的是(　　)

A. 贾谊　　B. 司马光　　C. 班固　　D. 张衡

三、判断题(判断下列所给命题正确与否,正确的在相应括号内打"√",错误的打"×"。本大题共4小题,每小题0.7分,共2.8分)

79. 2019年6月28日,3000吨级海洋渔业综合科学调查船"雪龙2"号在上海正式交付。(　　)

80. 人权问题无国界,人权高于主权。(　　)

81. 我国第一部社会主义类型的宪法是1954年颁布的。(　　)

82. "樯橹灰飞烟灭"说的是官渡之战。(　　)

参考答案及解析

河南省教师招聘考试公共基础知识真题试卷Ⅰ

河南省教师招聘考试公共基础知识真题试卷Ⅱ

河南省教师招聘考试公共基础知识预测试卷

目　录

河南省教师招聘考试公共基础知识真题试卷Ⅰ

2022年河南省郑州市教育局直属学校教师招聘考试公共基础知识真题试卷(一)

答案速查：

1~5	DBADA	6~10	CDCDD	11~15	ADCBD	16~20	ABCCB
21~25	DDAAD			26~30	BC CDE ABCDE BDE ACE		
31~35	AB AE AD BCD ACDE						

一、单项选择题

1.D 【解析】本题考查政治经济学。商品的价值量由生产该商品的社会必要劳动时间决定,与个别劳动生产率无关,因此题干所述的“提高劳动生产率”指的是提高社会劳动生产率。当社会劳动生产率提高时,单位时间内生产的商品数量会随之增加,个别商品的价值量会随之减少,而单位时间内生产的商品的总价值量不变。ABC三项说法错误,本题选D。

2.B 【解析】本题考查人民代表大会制度。1954年,第一届全国人民代表大会第一次会议在北京召开,标志着人民代表大会制度在我国建立起来。

易错提示:1949年,中华人民共和国的成立标志着人民民主专政政权的正式建立。1956年底,国家对农业、手工业和资本主义工商业的社会主义改造基本完成,标志着社会主义制度在我国的建立。考生在备考时,要准确区分这几个重要标志。

3.A 【解析】本题考查时政。2022年,国家发展改革委、国家能源局印发的《“十四五”现代能源体系规划》提出,“十四五”时期现代能源体系建设的主要目标之一是能源低碳转型成效显著。单位GDP二氧化碳排放五年累计下降18%。到2025年,非化石能源消费比重提高到20%左右,非化石能源发电量比重达到39%左右,电气化水平持续提升,电能占终端用能比重达到30%左右。

4.D 【解析】本题考查自然人宣告死亡制度。我国《民法典》第五十条规定:“被宣告死亡的人重新出现,经本人或者利害关系人申请,人民法院应当撤销死亡宣告。”A项说法正确。根据该法第四十六条的规定,自然人有下列情形之一的,利害关系人可以向人民法院申请宣告该自然人死亡:(1)下落不明满四年;(2)因意外事件,下落不明满二年。BC两项说法正确。该法第四十八条规定:“被宣告死亡的人,人民法院宣告死亡的判决作出之日视为其死亡的日期;因意外事件下落不明宣告死亡的,意外事件发生之日视为其死亡的日期。”D项说法错误,当选。

5.A 【解析】本题考查侵犯著作权罪。根据我国《刑法》的规定,侵犯著作权罪是指以营利为目的,侵犯著作权或者与著作权有关的权利,违法所得数额较大或者有其他严重情节的下列情形之一:(1)未经著作权人许可,复制发行、通过信息网络向公众传播其文字作品、音乐、美术、视听作品、计算机软件及法律、行政法规规定的其他作品的;(2)出版他人享有专有出版权的图书的;(3)未经录音录像制作者许可,复制发行、通过信息网络向公众传播其制作的录音录像的;(4)未经表演者许可,复制发行录有其表演的录音录像制品,或者通过信息网络向公众传播其表演的;(5)制作、出售假冒他人署名的美术作品的;(6)未经著作权人或者与著作权有关的权利人许可,故意避开或者破坏权利人为其作品、录音录像制品等采取的保护著作权或者与著作权有关的权利的技术措施的。故KTV播放盗版歌曲、网站提供侵权视频供付费点播、出租盗版光盘均构成了侵犯著作权罪。本题选A。

6.C 【解析】本题考查19世纪自然科学的三大发现。生物进化论、细胞学说、能量守恒与转化定律,被称为“19世纪自然科学的三大发现”,是马克思主义哲学产生的自然科学基础。地质渐变论由英国地质学家赖尔提出,对古生物学、生物地质学、岩石学、矿床学以及大地构造学等学科的发展产生了一定的思想影响,开创了地质学发展的新时代。

7.D 【解析】本题考查党的作风建设。《中共中央关于党的百年奋斗重大成就和历史经验的决议》指出,党中央从制定和落实中央八项规定破题,坚持从中央政治局做起、从领导干部抓起,以上率下改进工作作风。党中央发扬钉钉子精神,持之以恒纠治“四风”,反对特权思想和特权现象,狠刹公款送礼、公款吃喝、公款旅游、奢侈浪费等不正之风,解决群众反映强烈、损害群众利益的突出问题,推进基层减负,倡导勤俭节约、反对铺张浪费,刹住了一些过去被认为不可能刹住的歪风,纠治了一些多年未除的顽瘴痼疾,党风政风和社会风气为之一新。故选 D。

8. C 【解析】本题考查时政。2022 年 4 月,教育部等八部门联合印发的《新时代基础教育强师计划》提出,到 2025 年,建成一批国家师范教育基地,形成一批可复制可推广的教师队伍建设改革经验,培养一批硕士层次中小学教师和教育领军人才。

9. D 【解析】本题考查时政。2022 年 3 月,中国科学家李兰娟等 3 人获得第 6 届"联合国教科文组织赤道几内亚国际生命科学研究奖"。联合国教科文组织称,奖项授予中国科学家李兰娟教授是为了表彰她在应对包括新冠肺炎、流感和严重病毒性肝炎在内的传染病方面的创新方法。

10. D 【解析】本题考查十九大报告。党的十九大报告指出:"从二〇二〇年到二〇三五年,在全面建成小康社会的基础上,再奋斗十五年,基本实现社会主义现代化。到那时,我国经济实力、科技实力将大幅跃升,跻身创新型国家前列……"故选 D。

11. A 【解析】本题考查时政。2022 年 3 月 6 日,习近平总书记看望了参加全国政协十三届五次会议的农业界、社会福利和社会保障界委员,并在参加联组会时指出,实施乡村振兴战略,必须把确保重要农产品特别是粮食供给作为首要任务,把提高农业综合生产能力放在更加突出的位置,把"藏粮于地、藏粮于技"真正落实到位。

12. D 【解析】本题考查公职人员政务处分规定。李某为县工商局科员,属于我国法律规定的公职人员。根据我国《公职人员政务处分法》第八条的规定,政务处分的期间为:(1)警告,六个月;(2)记过,十二个月;(3)记大过,十八个月;(4)降级、撤职,二十四个月。故李某的受处分期间为 24 个月,A 项错误。根据该法第四十五条和第四十六条的规定,决定给予政务处分的,应当制作政务处分决定书。政务处分决定书应当及时送达被处分人和被处分人所在机关、单位,并在一定范围内宣布。因此,处分决定不可以以口头方式通知李某,B 项错误。根据该法第十九条的规定,公务员以及参照《中华人民共和国公务员法》管理的人员在政务处分期内,不得晋升职务、职级、衔级和级别;其中,被记过、记大过、降级、撤职的,不得晋升工资档次。C 项错误。根据该法第五十四条的规定,公职人员受到政务处分的,应当将政务处分决定书存入其本人档案。D 项正确,故选 D。

13. C 【解析】本题考查时政。2021 年 12 月 14 日,习近平总书记在中国文联十一大、中国作协十大开幕式上的讲话中提出,古往今来,优秀文艺作品必然是思想内容和艺术表达有机统一的结果。只有把美的价值注入美的艺术之中,作品才有灵魂,思想和艺术才能相得益彰,作品才能传之久远。要把提高质量作为文艺作品的生命线,内容选材要严、思想开掘要深、艺术创造要精,不断提升作品的精神能量、文化内涵、艺术价值。故选 C。

14. B 【解析】本题考查党的纪律建设。习近平总书记在第十八届中央纪律检查委员会第二次全体会议上的讲话中指出,党面临的形势越复杂、肩负的任务越艰巨,就越要加强纪律建设,越要维护党的团结统一,确保全党统一意志、统一行动,步调一致前进。

15. D 【解析】本题考查辩证法思想。①的意思为此就是彼,彼也就是此,认为事物之间不分彼此,否认了事物之间的区别,属于形而上学的观点,不符合题意。②的意思为不登上高山,就不知道天到底有多高;不走近深谷,就不知道地有多厚,体现了实践的重要性,不符合题意。③中的"美"和"善"不能构成对立统一的关系,不符合题意。④⑤中的"光明"与"黑暗"、"阴"与"阳"既相互对立又辩证统一,符合辩证法思想。故选 D。

16. A 【解析】本题考查习近平法治思想。"坚持抓住领导干部这个'关键少数'"是习近平法治思想的重要内容。习近平总书记曾多次强调,党纪国法不能成为"橡皮泥""稻草人",违纪违法都要受到追究。故选 A。

17. B 【解析】本题考查邓小平理论。党的十一届三中全会前后,邓小平发表一系列谈话,强调实践是检验真理的唯一标准,并大力支持开展真理问题的大讨论。这说明党深刻认识到,开创改革开放和社会主义现代化建设新局面,必须以理论创新引领事业发展。

18. C 【解析】本题考查我国《宪法》。我国的现行宪法是 1982 年宪法,该宪法于 1988 年、1993 年、1999 年、2004 年、2018 年进行了部分修正。

易错提示：我国历史上第一部宪法性文件是《钦定宪法大纲》，第一部具有资产阶级共和国宪法性质的法典是《中华民国临时约法》，第一部社会主义类型的宪法是1954年《中华人民共和国宪法》。考生应注意题干的指向。

19. C 【解析】本题考查社会存在与社会意识。题干体现了正确的理论对我国建设社会主义现代化强国的指引作用，强调了先进的社会意识对社会存在的发展起着巨大的促进作用，C项符合题意，当选。AB两项并非题干强调的重点，排除。题干强调的是社会意识的作用而非社会存在，D项错误。

20. B 【解析】本题考查社会主义社会矛盾的理论。1957年，毛泽东在《关于正确处理人民内部矛盾的问题》中指出，在我们国家里，工人阶级同民族资产阶级的矛盾属于人民内部的矛盾。工人阶级和民族资产阶级的阶级斗争一般地属于人民内部的阶级斗争，这是因为我国的民族资产阶级有两面性。

21. D 【解析】本题考查公文的文种。根据《党政机关公文处理工作条例》的规定，通知适用于发布、传达要求下级机关执行和有关单位周知或者执行的事项，批转、转发公文。通报适用于表彰先进、批评错误、传达重要精神和告知重要情况。公告适用于向国内外宣布重要事项或者法定事项。命令(令)适用于公布行政法规和规章、宣布施行重大强制性措施、批准授予和晋升衔级、嘉奖有关单位和人员。故选D项。

22. D 【解析】本题考查中共中央南方局。1939年1月16日，根据中共中央六届六中全会的决定，为加强党对国民党统治区工作的领导，中共中央南方局在重庆正式成立，周恩来为书记，博古、凯丰、吴克坚、叶剑英、董必武等为常委。中共中央南方局是全国抗战时期中共中央派驻重庆的秘密机构，为巩固抗日民族统一战线，发展人民民主统一战线，争取民族独立和人民解放、成立新中国作出了重大历史性贡献。

23. A 【解析】本题考查北京冬奥精神。习近平总书记在北京冬奥会、冬残奥会总结表彰大会上发表重要讲话指出，伟大的事业孕育伟大的精神，伟大的精神推进伟大的事业。北京冬奥会、冬残奥会广大参与者珍惜伟大时代赋予的机遇，在冬奥申办、筹办、举办的过程中，共同创造了胸怀大局、自信开放、迎难而上、追求卓越、共创未来的北京冬奥精神。

24. A 【解析】本题考查民事法律关系的要素。民事法律关系的要素是指构成民事法律关系的主体、内容和客体，三者缺一不可。民事法律关系的主体是指参加民事法律关系，依法享有权利和承担义务的当事人。民事法律关系的内容是指民事法律关系主体间的权利和义务。民事法律关系的客体是指民事权利与义务共同指向的对象。本题为选非题，故选A。

25. D 【解析】本题考查时政。2022年5月8日，李家超在香港特别行政区第六任行政长官选举中，高票当选香港特别行政区第六任行政长官人选，任期自2022年7月1日至2027年6月30日。

二、多项选择题

26. BC 【解析】本题考查马克思主义哲学。A项未体现哲学与无产阶级之间的关系，排除。“哲学把无产阶级当作自己的物质武器”体现了无产阶级的存在对于哲学的重要性，马克思主义哲学理想的实现需要无产阶级的斗争；“无产阶级把哲学当作自己的精神武器”体现了哲学对于无产阶级的重要性，马克思主义哲学为无产阶级运动提供指导，BC两项正确。无产阶级革命斗争的基本形式有经济斗争、政治斗争、思想斗争等，哲学批判不是无产阶级的主要斗争手段，D项错误。哲学是系统化、理论化的世界观，哲学有正确与错误之分，并不是所有的哲学都是科学的，E项说法错误。故本题选BC。

27. CDE 【解析】本题考查我国的三个历史决议。第一个历史决议是1945年党的六届七中全会通过的《关于若干历史问题的决议》，第二个历史决议是1981年党的十一届六中全会通过的《关于建国以来党的若干历史问题的决议》，第三个历史决议是党在十九届六中全会审议通过的《中共中央关于党的百年奋斗重大成就和历史经验的决议》。这三个历史决议是我们党在重大历史关头作出的重要决议，凝聚了党中央和全党的集体智慧，确保了党和革命事业沿着正确道路前进，具有重大历史意义。

28. ABCDE 【解析】本题考查全国教育大会。2018年9月，习近平总书记在全国教育大会上的讲话中指出，在实践中，我们就教育改革发展提出一系列新理念新思想新观点，主要有以下几个方面，坚持党对教育事业的全面领导，坚持把立德树人作为根本任务，坚持优先发展教育事业，坚持社会主义办学方向，坚持扎根中国大地办教育，坚持以人民为中心发展教育,坚持深化教育改革创新,坚持把服务中华民族伟大复兴作为教育的重要使命,坚持把教师队伍建设作为基础工作。故本题选 ABCDE。

29. BDE 【解析】本题考查《宪法》中妇女的权利。根据题干中我国《宪法》的规定,妇女在就业方面享有同男子平等的权利,BD 两项明显是歧视女性的行为,符合题意。“女德班”是以古代标准要求当下女性,以所谓规范扼杀个性和女性自我,其背后隐藏着文化方面的变相不平等,不符合男女平等的思想。E 项符合题意。A 项是加大培养和选拔女干部的工作力度、重视女性权利的体现,C 项体现了对女职工生育的保护,不符合题意。故选 BDE。

30. ACE 【解析】本题考查抗日战争。1940 年 2 月 10 日,中共中央和中央军委规定八路军、新四军的战略任务是:粉碎敌人的“扫荡”,坚持游击战争,打退投降派和顽固派的进攻,将华北、华中连接起来,建设民主的抗日根据地,巩固抗日民族统一战线,争取时局好转。ACE 三项当选。

31. AB 【解析】本题考查神舟十三号航天员。翟志刚、王亚平、叶光富 3 名航天员执行神舟十三号载人飞行任务,由翟志刚担任指令长。陈冬、刘洋和蔡旭哲是神舟十四号航天员。

32. AE 【解析】本题考查政治常识。2019 年 10 月,党的十九届四中全会表决通过的《中共中央关于坚持和完善中国特色社会主义制度、推进国家治理体系和治理能力现代化若干重大问题的决定》明确回答了“坚持和巩固什么、完善和发展什么”这个重大政治问题。

33. AD 【解析】本题考查民事法律行为的效力。根据我国《民法典》的相关规定,下列行为属于无效的民事法律行为:(1)无民事行为能力人实施的;(2)行为人与相对人以虚假的意思表示实施的;(3)行为人与相对人恶意串通,损害他人合法权益的;(4)违背公序良俗的;(5)违反法律、行政法规的强制性规定等。A 项中的毒品买卖行为符合行为(5),当选。B 项属于采用胁迫手段,使对方在违背真实意思的情况下实施的民事法律行为,是可撤销的民事法律行为,排除。C 项中甲超越代理权将保管的小狗卖出,是效力待定的民事法律行为,排除。D 项符合行为(3),当选。E 项,小学生甲是限制民事行为能力人,实施的纯获利益之外的民事法律行为需经法定代理人同意或者追认后有效,是效力待定的民事法律行为,排除。故选 AD。

方法技巧:无效的民事法律行为和可撤销的民事法律行为经常在选项中同时出现,考生可用口诀进行记忆和区分。无效的民事法律行为的记忆口诀是:无能(无民事行为能力人)虚假(虚假的意思表示)串(恶意串通),违法(违反法律、行政法规)抢公粮(违背公序良俗)。可撤销的民事法律行为的记忆口诀是:挟(胁迫)欺(欺诈)勿(重大误解)成功(乘人之危导致的显失公平)。

34. BCD 【解析】本题考查时政。习近平主席在博鳌亚洲论坛 2022 年年会开幕式上的主旨演讲中提到,要践行共商共建共享的全球治理观,弘扬全人类共同价值,倡导不同文明交流互鉴。要坚持真正的多边主义,坚定维护以联合国为核心的国际体系和以国际法为基础的国际秩序。

35. ACDE 【解析】本题考查邓小平理论。党的十三大第一次比较系统地论述了社会主义初级阶段理论,制定了党在社会主义初级阶段的“一个中心,两个基本点”的基本路线,标志着邓小平理论轮廓的形成。C 项正确。党的十四大,正式称邓小平同志为“我国社会主义改革开放和现代化建设的总设计师”。D 项正确。党的十五大正式提出“邓小平理论”这一概念,深刻阐述了邓小平理论的历史地位及其对建设有中国特色社会主义事业的指导意义,A 项正确。1999 年 3 月,第九届全国人民代表大会第二次会议通过宪法修正案,将“邓小平理论”写入宪法,确立为国家的指导思想,B 项错误。邓小平理论是在和平与发展成为时代主题的条件下逐步形成和发展的,E 项正确。故选 ACDE。

三、综合题

36. 认真研读给定资料,谈谈“公共卫生服务”与“医疗卫生服务”的异同,并举例说明二者之间的关系。

参考答案:(1)相同点:让居民享有安全、便捷和经济的基本医疗和公共卫生服务,切实保障群众身体健康和生命安全。二者都是造福人民的事业,关系到广大人民群众的切身利益,对我国经济效益和社会效益均具有一定的影响。

(2)不同点:①基本概念不同:公共卫生服务是国家基本公共卫生服务项目,开展服务项目所需资金主要由政府承担,城乡居民可直接受益。医疗卫生服务是指医疗服务机构对患者进行检查、诊断、治疗、康复和提供预防保健、计划生育等方面的服务,以及与这些服务有关的提供药品、医用材料器具、救护车、病房住宿和伙食的业务。②性质不同:公共卫生服务的公益性较强,参与公共卫生服务工作的多有社会组织、社会慈善资源和社会工作者、社区志愿者等;医疗卫生服务的专业性较强,提供服务的多是专业医护人员,医疗资源较优质。③服务对象不同:公共卫生服务是我国政府针对当前城乡居民存在的主要健康问题,以未成年人、老年人、残疾人、困难家庭成员等为重点人群,面向全体居民免费提供的最基本的公共卫生服务。医疗卫生服务主要是以病人和一定社会人群为主要服务对象。

总而言之,公共卫生服务与医疗卫生服务是我国卫生体系的两个重要组成部分,要增强各主体的理念共识和责任认同,推动二者高效协同发展。

(共25分。主要分相同点和不同点两大方面展开,最后形成结论。(1)相同点方面共5分,答出“群众切身利益”“经济效益”“社会效益”等关键词各1分,结合材料或实际合理分析得2分。(2)不同点方面共18分,至少3个角度,答出“基本概念”“性质”“服务对象”等角度各4分;各角度结合材料与实际具体描述或举例各2分。(3)答出结论或对策,言之有理可得2分)

37. 根据你对习近平总书记“努力用最小的代价实现最大的防控效果”这句话的理解,自选角度,自命题,写一篇短文。

努力用最小的代价实现最大的防控效果

近期,疫情卷土重来,不仅点多、面广,而且多发、频发。一边是严峻紧张的形势,国内疫情防控的复杂性、艰巨性、反复性陡升。另一边是坚持不懈的努力,从多轮人员筛查,到重点区域管控,再到重点场所常态化防控,各地各部门以坚决果断措施扭转态势,有效遏制疫情扩散蔓延,筑起了一道道牢固防线。

政府出台政策,切断疫情传播。有的地方开展“敲门行动”“扫地行动”,确保应检尽检、不落一人;有的城市停止一切非必要流动,对社区、产业园区实行封闭式管理;有的单位提倡居家办公,取消非必要出差,等等。这些从严从实的有力措施,快速有效处置局部地区聚集性疫情,切断社会面传播链,最大限度保护了人民生命安全和身体健康。

做好疫情防控,兜住民生底线。疫情防控各项工作不可避免地会对群众出行、工作学习、日常生活产生一定影响,这就意味着必须审慎出台各种政策,统筹好疫情防控和经济社会发展。生活必需品生产供应要跟上,群众就医需求要保障,春耕生产大事不能耽误,物流动脉要保持畅通……事实上,只有民生稳,人心才稳,社会才稳。兜住民生底线,保持群众正常生产生活平稳有序,才能汇聚起战胜疫情的强大力量。

干部提升能力,积极有效应对。疫情防控是“大战”也是大考,不仅考验抗击病毒的能力和效率,也考察党员干部的智慧和水平。面对来势汹汹的疫情,“严防死守”的态度固然没有问题,但也要讲究科学有效的工作方法。如果动不动一封了之、一禁了之、一关了之,既让基层干部劳心费力,也给群众生产生活带来负面影响。对党员干部来说,一手防疫情,一手保民生、谋发展,这张答卷不仅要答,而且必须要答好。

坚持就是胜利,坚持才能胜利。形势越是严峻,越要保持战略定力,越要提高政策效能。不断提高科学精准防控水平,不断优化疫情防控举措,坚定信心、坚持不懈,我们就一定能用最小的代价实现最大的防控效果,扫除疫情阴霾,迎来胜利曙光。

一类文:21~25分,本类文要求非常高,能紧密围绕“努力用最小的代价实现最大的防控效果”展开论述,且能做到:主题鲜明,内容充实,能联系材料,联系实际,联系实际的事例应该恰当具体,层次清晰,语言表达流畅。

二类文:14~20分,本类文基本及格,中心论点紧扣“努力用最小的代价实现最大的防控效果”展开,中心明确,但内容欠充实;尚能联系实际,且结构完整,表达明确。在这些标准内酌情加减分值。

三类文:8~13分,本类文的主题不能围绕“努力用最小的代价实现最大的防控效果”展开,有偏题之嫌。结合语言、文风可酌情加减分值。

四类文:1~7分,这类文为其他情况,比如残篇,通篇抄材料,东拼西凑无逻辑,完全背离题意,通篇分条列项,文章只是细化的提纲等。

(这篇范文围绕“疫情防控”展开,主题鲜明,并能从“政策”“民生”“干部”三个层次联系实际,但在语言表达流畅度上稍有欠缺,拟定得分22分)

2022年河南省郑州市郑东新区教师招聘考试公共基础知识真题试卷(二)

答案速查:

1~5	BCADB	6~10	BCDDC	11~15	CCACA	16~20	AACCB
21~25	ABD ABC ACD ABC ABD			26~30	BD ABD CD BD ABCD		
31~35	√××××			36~40	√×√×√		

一、单项选择题

1. B 【解析】本题考查时事政治。2022 年 6 月 28 日，中共中央总书记、国家主席、中央军委主席习近平在湖北省武汉市考察时强调，我们必须完整、准确、全面贯彻新发展理念，深入实施创新驱动发展战略，把科技的命脉牢牢掌握在自己手中，在科技自立自强上取得更大进展，不断提升我国发展独立性、自主性、安全性，催生更多新技术新产业，开辟经济发展的新领域新赛道，形成国际竞争新优势。

2. C 【解析】本题考查时事政治。2022 年 5 月 10 日，习近平总书记在庆祝中国共产主义青年团成立 100 周年大会上强调，在实现中华民族伟大复兴的征程上，中国共产党是先锋队，共青团是突击队，少先队是预备队。入队、入团、入党，是青年追求政治进步的“人生三部曲”。

3. A 【解析】本题考查“四个全面”战略布局。“四个全面”的内容是相辅相成、相互促进的。全面建设社会主义现代化国家是重大战略目标，在“四个全面”战略布局中居于引领地位，全面深化改革、全面依法治国、全面从严治党是三大战略举措，为全面建设社会主义现代化国家提供重要保障。

4. D 【解析】本题考查行政法。行政法的基本原则包括：合法行政、合理行政、程序正当、高效便民、诚实守信和权责统一。合法行政原则即行政合法性原则，是行政法的首要原则，包括法律优先和法律保留，A 项错误。合理行政原则即行政合理性原则，包括公平公正原则、考虑相关因素原则、符合比例原则，B 项错误。程序正当原则即正当程序原则，包括行政公开、公众参与、公务回避等，C 项错误。诚实守信原则包括行政信息真实原则和信赖利益保护原则。其中，信赖利益保护原则指行政相对人对行政行为存续性所产生的信赖应受保障，具体是指：因法定事由需要撤销、废止或者变更行政决定的，应当依照法定权限和程序进行，并对行政相对人因此而受到的财产损失依法予以赔偿或补偿。材料体现了信赖利益保护原则，D 项正确。故选 D。

方法技巧：如果用通俗的语言表达行政法的诚实守信原则的两个层次，那么第一个层次（行政信息真实原则）是能不动就别动；第二个层次（信赖利益保护原则）是实在不行非得动，你得给我钱。一般来说，行政法试题中出现政府出尔反尔的行为，考点很可能是诚实守信原则或其具体原则。

5. B 【解析】本题考查金融机构。中国人民银行是中华人民共和国的中央银行，在国务院领导下，制定和执行货币政策，防范和化解金融风险，维护金融稳定。中国人民银行是政府管理金融的代表和化身，因此是一个特殊的金融机构。B 项正确。ACD 项都是商业银行。

6. B 【解析】本题考查习近平总书记用典。“前事不忘，后事之师”出自西汉刘向编订的《战国策 · 赵策一》，意为人们应当牢记从过去发生的事情里积累的经验、吸取的教训，将其作为今后行事的借鉴。

7. C 【解析】本题考查失业类型。A 项，摩擦性失业指人们由于转换工作岗位、工作地点和初次寻找工作机会而放弃当前的就业机会而造成的失业。例如，学生从学校毕业时需要寻找工作，可由于经验等方面的不足，不能及时补充退休人员的空缺，所以一部分人便滞留在失业的队伍里。B 项，周期性失业指由于总需求不足而引起的失业。它一般出现在经济周期的萧条阶段。当总需求价格小于总供给价格时，厂商不仅不能按照预期的最低利润出售商品，而且还会有大量商品积压，在这种情况下，厂商就会减少雇佣工人，缩减产量，从而出现周期性失业。C 项，结构性失业指由经济变化导致的，如社会需求变化、产业结构变化而引起的一些行业就业人员需求相应下降，并促使劳动力在行业、地区之间重新配置而造成的失业。常见的是部门的兴起或衰落所引起的职业间或地区间的结构失衡。D 项，隐藏性失业是指表面上有工作，但实际上对产出并没有作出贡献的人，即这些工作人员的边际生产力为零。当经济中减少就业人员而产出水平没有下降时，即存在着隐藏性失业。“双减”政策出台后，教培行业岗位需求大幅缩减，大量从业人员需要从现有岗位上进行转岗或改行，这属于结构性失业。故选 C。

8. D 【解析】本题考查“两个维护”。新时代坚持中国共产党的坚强领导，关键要做到“两个维护”，即坚决维护习近平总书记党中央的核心、全党的核心地位，坚决维护党中央权威和集中统一领导。能不能做到“两个维护”，根本的要求和前提是对党忠诚。

9. D 【解析】本题考查社会主义职业道德规范。A 项，爱岗敬业的一般要求是从业人员热爱自己的工作岗位，敬重自己所从事的职业，表现为从业人员勤奋努力、精益求精、尽职尽责的职业行为。B 项，奉献社会要求从业者在自己的工作岗位上兢兢业业地为社会和他人作贡献，是社会主义职业道德中最高层次的要求。C 项，服务群众要求从业者在职业活动中一切从群众的利益出发，为群众着想，为群众办事，为满足群众的生活需要而不断提高服务质量，想群众之所想，急群众之所急。D 项，办事公道要求从业人员做到公平、公正，无论对人对己都要出于公心，处事待人遵循道德和法律规范。故选 D。

10. C 【解析】本题考查港澳回归。邓小平的“一国两制”科学构想有力推动了祖国和平统一的进程。港澳回归，标志着中国人民洗雪了港澳被侵占的百年国耻，开创了港澳和祖国内地共同发展的新纪元，标志着中国在完成统一大业的道路上迈出了重要一步。

11. C 【解析】本题考查管理常识。题干中的“鞭打快牛”现象是指能力更强的成员不仅没有得到更多的利益，反而被分配了更多的任务，而能力较差的成员反而有了更多的空闲。这一现象违背了管理中的奖优罚劣制度，造成了不公平的组织氛围。A 项，有效控权原则是指领导者在依据下属的职权范围充分授权的同时，必须对所授之权实施有效的控制和监督。B 项，相互信赖原则是指领导者一旦授之以权，就要充分信任，做到用人不疑。C 项，责权利一致原则指各责任中心所拥有的权力应与其所承担的责任相对应，并根据责任的完成情况给予一定的经济奖励或惩罚。D 项，能级有序原则是指我们要承认人具有能力的差别，根据人的能级层次要求建立稳定的组织形态，同时承认能级本身的动态性、可变性与开放性，使人的能级与组织能级动态对应。只有 C 项的责权利一致原则明确体现出奖优罚劣的态度，有利于实现管理过程中的公平，符合题意。故选 C。

12. C 【解析】本题考查 Excel 函数。SUM 函数的功能是返回参数表中所有参数值之和，AVERAGE 函数的功能是返回参数表中所有参数的平均值，COUNT 函数用来求各参数中包含数值的单元格个数，RANK 函数的功能是返回某数字在一列数字中相对于其他数值的大小排位。故选 C。

13. A 【解析】本题考查个人收入分配的形式。按生产要素分配，是指凭借资本、技术、土地、劳动力等生产要素而取得个人收入的分配方式。其中，按技术要素分配是指科技工作者提供新技术取得的收入。题干中的 800 万元奖金属于按生产要素分配中的按技术要素分配，A 项符合题意。按劳分配主要包括国有企业、集体企业职工的工资、奖金和津贴，以及农民承包经营集体土地的收入等。按劳动力价值分配是指受雇于私营企业、外资企业的劳动者的工资收入。政府补助是指企业从政府无偿取得的货币性资产或非货币性资产，但不包括政府作为企业所有者投入的资本。BCD 三项不符合题意，排除。故选 A。

14. C 【解析】本题考查公文的格式。公文的成文日期署会议通过或者发文机关负责人签发的日期。题干中的公文在 2022 年 1 月 6 日由领导签发，故 2022 年 1 月 6 日是该公文的成文日期。故选 C。

15. A 【解析】本题考查监护。根据我国《民法典》第三十四条的规定，因发生突发事件等紧急情况，监护人暂时无法履行监护职责，被监护人的生活处于无人照料状态的，被监护人住所地的居民委员会、村民委员会或者民政部门应当为被监护人安排必要的临时生活照料措施。故选 A。

16. A 【解析】本题考查我国的基本政治制度。人民政协是社会主义协商民主的重要渠道和专门协商机构。题干中全国政协召开协商座谈会，目的是贯彻党中央关于加强未成年人保护工作的决策部署。这体现了协商民主是实现党的领导的重要形式，A 项正确。B 项在题干中未体现。最高人民检察院对全国人民代表大会及其常务委员会负责，并接受全国人民代表大会及其常务委员会的监督。C 项说法错误。人民政协是中国人民爱国统一战线的组织，是中国共产党领导的多党合作和政治协商的重要机构，“政治联盟”的表述错误。D 项说法错误。故选 A。

易错提示：考生要注意有关人民政协的性质，凡是“国家机关”“政治联盟”的表述都是错误的。

17. A 【解析】本题考查奢侈品和生活必需品。从上万元的“大哥大”到几千元的智能手机，从奢侈品到生活必需品，是伴随着经济的发展和人们收入水平的不断提高而实现的，这体现了奢侈品和生活必需品是相对的，会随经济条件的变化而变化。A 项符合题意。必需品倾向于需求缺乏弹性，而奢侈品倾向于需求富有弹性。当看病的价格上升时，尽管人们会比平常看病的次数少一些，但不会大幅度地改变他们看病的次数。与此相比，当游艇价格上升时，游艇需求量会大幅度减少。原因是大多数人把看病作为必需品，而把游艇作为奢侈品。当然，一种物品是必需品还是奢侈品并不取决于物品本身固有的性质，而取决于买者的偏好。对于一个热衷于航行而不太关注自己健康的水手来说，游艇可能是需求缺乏弹性的必需品，而看病则是需求富有弹性的奢侈品。BC 说法错误。从奢侈品到生活必需品，是一个行业发展到一定阶段的表现，并非行业衰退的开始，D 项说法错误。故选 A。

18. C 【解析】本题考查矛盾。主要矛盾是指在矛盾体系中处于支配地位，对事物发展起决定作用的矛盾。事物的性质由主要矛盾的主要方面决定。全面依法治国必须抓住领导干部这个"关键少数"，就是要在诸多矛盾中抓中心、抓重点、抓关键，体现了"重点论"，C 项符合题意。ABD 项说法正确，但与题意无关。

19. C 【解析】本题考查特殊节日。选项中涉及的特殊节日，按时间前后顺序排序如下：中国人民警察日（1/10），中国航天日（4/24），中国品牌日（5/10），全国防灾减灾日（5/12），全国科技工作者日（5/30），中国人口日（6/11），中国医师节（8/19），中国人民抗日战争胜利纪念日（9/3），烈士纪念日（9/30），国家扶贫日（10/17），国家宪法日（12/4），国家公祭日（12/13）。C 项排序错误，本题为选非题，故选 C。

20. B 【解析】本题考查化学常识。糖类的主要代表物质有葡萄糖、蔗糖、淀粉、纤维素等，A 项表述正确。氧化钙俗名生石灰，一般情况下不与氧气发生化学反应，具有极好的干燥吸湿效果，价格较低，故常用作食品包装中的干燥剂。B 项表述错误。黄曲霉毒素、苯并芘和亚硝胺是世界上公认的三大强致癌物质。黄曲霉毒素主要污染花生、大豆等粮油类食物，亚硝胺主要出现在腌制食品中，苯并芘主要出现在熏制和烘烤食品中。C 项表述正确。维生素 C 有较强的还原性，极易受温度的影响，高温烹饪青菜会导致其中的维生素 C 流失。D 项表述正确。故选 B。

二、多项选择题

21. ABD 【解析】本题考查"七一勋章"获得者。马毛姐、王书茂、张桂梅都是"七一勋章"获得者。马毛姐曾荣获"一等渡江功臣""支前模范"称号。王书茂曾荣获"全国劳动模范""改革先锋"等称号。张桂梅曾荣获"全国脱贫攻坚楷模""全国优秀共产党员""全国先进工作者"等称号。C 项，黄大年是感动中国 2017 年度人物，曾获"最美奋斗者"个人称号。

22. ABC 【解析】本题考查 2022 年政府工作报告。2022 年政府工作报告提出，2022 年发展主要预期目标是：国内生产总值增长 5.5% 左右；城镇新增就业 1100 万人以上，城镇调查失业率全年控制在 5.5% 以内；居民消费价格涨幅 3% 左右；居民收入增长与经济增长基本同步；进出口保稳提质，国际收支基本平衡；粮食产量保持在 1.3 万亿斤以上；生态环境质量持续改善，主要污染物排放量继续下降；能耗强度目标在"十四五"规划期内统筹考核，并留有适当弹性，新增可再生能源和原料用能不纳入能源消费总量控制。D 项"1.8 万亿斤"表述错误。故选 ABC。

23. ACD 【解析】本题考查神舟十四号飞行任务。2022 年 6 月 5 日，神舟十四号载人飞船在酒泉卫星发射中心成功发射。神舟十四号飞行任务期间将全面完成以天和核心舱、问天实验舱和梦天实验舱为基本构型的天宫空间站建造，建成国家太空实验室。故选 ACD。

24. ABC 【解析】本题考查组织正式沟通的优点。正式沟通指通过行政组织的正式渠道所进行的沟通。组织正式沟通具有约束力强、比较严肃、权威性高、保密性强、准确性高等优点。非正式沟通指的是通过正式沟通渠道以外的信息交流和传达方式所进行的沟通，具有信息传递速度快、信息量大、覆盖面广、沟通效率较高、形式灵活等特点。ABC 项都属于正式沟通的优点，D 项是非正式沟通的优点，故选 ABC。

25. ABD 【解析】本题考查历史素养和文化常识。唐代张萱的名画《捣练图》是一幅工笔重彩画，是唐代仕女画中取材较为别致的作品。此图描绘了唐代城市妇女在捣练、络线、熨平、缝制劳动操作时的情景。A 项有可能发生在唐朝。唐朝诗人杜牧在《过华清宫绝句三首 · 其一》中写道："一骑红尘妃子笑，无人知是荔枝来。"这首诗通过送荔枝这一典型事件，鞭挞了唐玄宗与杨贵妃骄奢淫逸的生活。B 项有可能发生在唐朝。八股文是明清科举考试中的一种文体，C 项不符合题意。从 8 世纪末开始，中国陶瓷开始向外输出，经晚唐五代到宋初，达到了一个高潮。D 项也有可能发生在唐朝。故选 ABD。

26. BD 【解析】本题考查移动支付。移动支付已经在相关领域进行了大量的实践和应用，为用户的支付提供了很大便利，是金融系统创新服务模式的具体体现。A 项说法正确。题干中移动支付的使用过程体现了货币的流通手段职能，B 项说法错误。和现金支付相比，移动支付能够减少现金使用量，加快货币流通速度。货币的供应量理论上与流通中需要的货币量一致，根据流通中所需的货币量 = 商品的价格总额/货币流通速度可知，在商品的价格总额不变的情况下，若货币流通速度增大，货币的供应量就会减少,C 项说法正确。移动支付又称手机支付,是指用户使用移动手持设备,通过无线网络购买实体或虚拟物品以及各种服务的一种新型支付方式。因此在移动支付的使用过程中,手机是主要的终端,网络是主要的沟通载体,二者相互配合,不是对立关系,D 项说法错误。故选 BD。

27. ABD 【解析】本题考查安全与急救常识。发生扭伤后,早期不要按揉,要先进行冷敷,切忌热敷,热敷通常在 48 小时后进行。A 项正确。被猫狗抓伤后,首先用肥皂水和清水反复冲洗伤口,并尽早注射狂犬疫苗。B 项正确。使用心肺复苏术抢救时,一般胸外按压与人工呼吸的比例为 30∶2,C 项错误。指压止血法是用手指、手掌或拳头压迫伤口近心端动脉,从而达到短时间内控制动脉出血的抢救方法。D 项正确。故选 ABD。

28. CD 【解析】本题考查经济常识。发展慈善社会公益事业是第三次分配的体现,属于自愿行为,并不能调节过高收入,A 项错误。提高个税起征点有利于增加中低收入者收入,从而推进渐进共富。B 项"降低个人所得税起征点"错误。坚持教育优先发展,全面改善薄弱地区办学条件,能够推进基本公共教育服务体系优质均衡发展,从而推进全面共富。C 项正确。加大对乡村的专项财政投入,能够提高乡村的公共服务供给水平和质量,从而推进基本公共服务均等化,进而推动全民共富。D 项正确。故选 CD。

29. BD 【解析】本题考查全过程人民民主。我国县级以及县级以下的人大代表由人民直接选举产生,而县级以上的人大代表由间接选举产生,A 项错误。选举权和广泛的政治参与权都是人民的权利,没有某种权利优于另一种权利的说法,C 项错误。故选 BD。

30. ABCD 【解析】本题考查公文常识。请示必须"一文一事",报告既可以"一文一事",又可以"一文多事"。一般不得越级行文,特殊情况需要越级行文的,应当同时抄送被越过的机关。涉及多个部门职权范围内的事务,部门之间未协商一致的,不得向下行文;擅自行文的,上级机关应当责令其纠正或者撤销。向上级机关行文,原则上主送一个上级机关,根据需要同时抄送相关上级机关和同级机关,不抄送下级机关。故选 ABCD。

三、判断题

31. √ 【解析】本题考查政治常识。人民是历史的创造者,是决定党和国家前途命运的根本力量。必须坚持人民主体地位,坚持立党为公、执政为民,践行全心全意为人民服务的根本宗旨。

32. × 【解析】本题考查庆祝中国共产党成立 100 周年大会。习近平总书记在庆祝中国共产党成立 100 周年大会上指出,中国共产党为什么能,中国特色社会主义为什么好,归根到底是因为马克思主义行!这从理论的维度揭示了中国共产党"能"和中国特色社会主义"好"的根本原因。"归根到底是因为马克思行"的说法错误。

33. × 【解析】本题考查"十四五"时期的新发展格局。"十四五"时期要贯彻创新、协调、绿色、开放、共享的新发展理念,加快构建以国内大循环为主体、国内国际双循环相互促进的新发展格局,推动高质量发展,统筹发展和安全。"国际大循环"的表述错误。

34. × 【解析】本题考查国家机构。2018 年《宪法修正案》取消了国家主席和副主席"连续任职不得超过两届"的限制,现在国家主席、副主席的任期不再受两届的限制。

方法技巧: 我国《宪法》规定的"连续任职不得超过两届"的职位有且只有八个,考生可简记为"两人有两理,一人有三高"。两人:全国人大常委会的委员长、副委员长;两理:国务院总理、副总理;一人:国务委员;三高:国家监察委员会主任、最高人民法院院长、最高人民检察院检察长。

35. × 【解析】本题考查中国共产党人的初心和根本使命。中国共产党人的初心和使命,就是为中国人民谋幸福,为中华民族谋复兴。全心全意为人民服务是中国共产党的根本宗旨。

36. √ 【解析】本题考查《中国共产党纪律处分条例》。根据《中国共产党纪律处分条例》第十二条的规定,党员受留党察看处分期间,没有表决权、选举权和被选举权。留党察看期间,确有悔改表现的,期满后恢复其党员权利;坚持不改或者又发现其他应当受到党纪处分的违纪行为的,应当开除党籍。

37. × 【解析】本题考查管理学。组织是指为了有效地实现既定的目标和任务,通过建立组织机构,明确职位、职能、职权,协调相互关系,从而将组织内各要素联结成一个有机整体,使人、财、物得到最充分、合理利用的一种职能。计划是指为完成某一时期内的任务或某一项任务,制定战略目标并确定实施步骤的管理行为。题干表述更符合组织工作的定义。

38. √ 【解析】本题考查中国近代史。1947 年,根据毛泽东的部署,刘邓大军千里跃进大别山,打破了国民政府的进攻计划,扭转了人民解放战争的不利战局,揭开了人民解放战争由战略防御转入战略进攻的序幕,加速了全国解放的进程。故被称为解放战争史上的神来之笔。

39. × 【解析】本题考查制发公文的目的和要求。制发公文是公文办理中发文办理的“印制”和“核发”两个程序的合称。制发公文的目的和要求,一般是由行文对象及行文内容确定的。

40. √ 【解析】本题考查计算机操作系统。在计算机中,操作系统是其最基本、最重要的基础性系统软件。它对计算机中的所有资源进行统一管理,使计算机的使用变得方便简捷。

四、简述题(参考答案)

41. 简述习近平新时代中国特色社会主义思想的重大意义。

(1)习近平新时代中国特色社会主义思想深入回答时代之问,不断引领时代前进,是新时代精神的精华。这一思想,把马克思主义基本原理同新时代中国具体实际结合起来,是当代中国马克思主义、21世纪马克思主义。

(2)习近平新时代中国特色社会主义思想深化了对共产党执政规律、社会主义建设规律、人类社会发展规律的认识,开辟了马克思主义中国化新境界。“十个明确”和“十四个坚持”,是习近平新时代中国特色社会主义思想的核心内容,体现了以习近平同志为核心的党中央对三大规律认识的深化、拓展、升华。

(3)习近平新时代中国特色社会主义思想植根于坚持和发展中国特色社会主义新的伟大实践,在指导实践、推动实践发展中展现出强大真理力量和独特思想魅力。这一思想推动了党和国家事业取得历史性成就、发生历史性变革,巩固了全党全国各族人民为实现中国梦而奋斗的共同思想基础。

(4)习近平新时代中国特色社会主义思想推动构建相互尊重、公平正义、合作共赢的新型国际关系和人类命运共同体,为世界和平与发展作出重大贡献。

(共4分。每点1分,答出时代意义、理论意义、实践意义、世界意义4个角度并阐述正确即可得满分)

42. 运用管理学理论,论述阻碍有效沟通的因素。

(1)个人因素。①接受的有选择性,即人们拒绝或片面地接受与他们的期望不相一致的信息;②沟通技巧的差异,即倾听能力的差异、口头表达与书面表达能力的差异、反应能力的差异等。

(2)人际因素。①沟通双方的相互信任;②信息来源的可靠程度;③沟通双方的相似程度:影响沟通的难易程度和坦率性,相似性越高越容易达成共识。

(3)结构因素。①地位差别:对沟通的方向和频率有很大的影响;②信息传递链:信息通过的等级越多,传递的时间就越长,信息失真率则越大;③团体规模和空间约束:团队规模越大,沟通越困难。

(4)技术因素。①语言、非语言暗示:影响信息的真实程度;②媒介的有效性:不同的沟通媒介传递的信息有所差别;③信息过量。

(共4分。每点1分,答出个人因素、人际因素、结构因素、技术因素4个角度并阐述合理即可得满分)

43. 试述中国特色社会主义的优越性。

(1)中国特色社会主义的优越性在于其道路的成功性。在中国共产党的领导下,全国人民在中国特色社会主义道路上阔步前进,取得了巨大的建设成就,社会主义中国焕发出勃勃生机。实践证明,中国特色社会主义道路走得通、走得对、走得好,是一条既符合中国国情,又适合时代发展要求并取得巨大成功的唯一正确道路,只有这条道路而没有别的道路,能够引领中国进步、增进民生福祉、实现民族复兴。

(2)中国特色社会主义的优越性在于其理论的科学性。中国特色社会主义既坚持科学社会主义的基本原则,又根据时代条件不断赋予其鲜明的中国特色。在社会主义建设长期实践中,我们党坚持解放思想、实事求是、与时俱进,在深入把握世情国情党情的基础上,创造性地形成了中国特色社会主义理论体系。实践证明,中国特色社会主义理论体系是指导党和人民实现中华民族伟大复兴的正确理论,是立于时代前沿、与时俱进的科学理论,是被实践检验了的正确理论。

(3)中国特色社会主义的优越性在于其制度的先进性。中国特色社会主义制度坚持了科学社会主义的基本原理,借鉴了古今中外制度建设的有益成果,是系统完备、科学规范、运行有效的制度体系,是当代中国发展进步的根本制度保障,具有鲜明的中国特色、明显的制度优势、强大的自我完善能力。

(4)中国特色社会主义的优越性在于其文化的价值性。源自于中华优秀传统文化、熔铸于革命文化和社会主义先进文化,植根于中国特色社会主义伟大实践的中国特色社会主义文化,是我们最宝贵的精神财富,是推动革命、建设、改革事业从胜利走向胜利的强大精神动力,是推动国家不断发展进步的源泉,是中华民族最动人的精神底色。

(共4分。至少写4种角度,每种角度1分,理论依据准确并阐述合理即可得满分)

44. 简述十九届四中全会提出的我国社会主义基本经济制度。

(1)党的十九届四中全会提出,坚持和完善公有制为主体、多种所有制经济共同发展,按劳分配为主体、多种分配方式并存,社会主义市场经济体制等社会主义基本经济制度,既体现了社会主义制度优越性,又同我国社会主义初级阶段社会生产力发展水平相适应,是党和人民的伟大创造。这一重要论断,是对社会主义基本经济制度作出的新概括,是对社会主义基本经济制度内涵作出的重要发展和深化,具有重大理论和实践意义。

(2)公有制为主体、多种所有制经济共同发展的所有制,按劳分配为主体、多种分配方式并存的分配制度,社会主义市场经济体制这三项制度相互联系、相互支持、相互促进。在中国特色社会主义经济中,生产、分配、交换之间的辩证统一关系,集中体现为社会主义基本经济制度中所有制、分配制度和社会主义市场经济体制三者之间的辩证统一关系。它们作为一个有机整体,在中国特色社会主义生产关系中居于基础性地位,对我国经济改革、运行和发展具有决定性影响。

(共4分。答出社会主义基本经济制度的内涵可得2分,有简单阐述可得2分;对社会主义基本经济制度内涵的3项制度表述不完整的不得分)

45. 试述落实新发展理念可运用哪些唯物辩证法作指导。

(1)落实新发展理念可运用唯物辩证法的对立统一规律作指导。矛盾的普遍性和特殊性指导我们在贯彻新发展理念时,要用全面的观点看问题;坚持具体问题具体分析,尊重我国的具体国情,发展好具有中国特色的社会主义。

(2)落实新发展理念可运用唯物辩证法的质量互变规律作指导。在发展中更加注重"新",发展更加注重质量,新发展理念强调的发展更是一个注重渐进式变革的发展。这启示我们,要在发展的过程中重视量的积累,坚持适度原则,不失时机地促成质变。

(3)落实新发展理念可运用唯物辩证法的否定之否定规律作指导。发展是前进性与曲折性的统一,在发展的过程中,往往会经历一定程度的挫折,故不能急功近利,必须久久为功,要不断提高自我革新的精神和境界。

(共4分。答出对立统一规律、质量互变规律、否定之否定规律3个角度各得1分,阐述合理即可得满分)

五、综合分析题(参考答案)

46. 结合上述材料,试论文化的社会功能。

①促进文化普惠:唤起民众对文化的热爱,提升民众的文化认知,增强文化自信;②发展文化产业:发展文化创意产业,提高经济效益;③优化社会治理:为加强和创新社会治理探索新路径,以润物细无声的方式实现社会善治;④助力乡村振兴:塑造具有乡村特色的文化符号和精神地标;⑤发挥教育功能:道德教化、凝聚人心;⑥提供精神动力:为建设中国特色社会主义提供强大精神动力。

(共7分。每点1分,答出"文化普惠""文化产业""社会治理""乡村振兴""教育功能""精神动力"等关键词及具体描述可得6分,结合材料具体分析得1分,答案完整得满分。)

47. 有评论指出,中华优秀传统文化创造性转化关键在"用",创新性发展关键在"创"。对此,请谈谈你的理解。

①这句话是指中华优秀传统文化创造性转化关键在实用性,创新性发展关键在创新性。②一方面,创造性转化关键在实用。文化的目的是为人民服务、为社会主义服务。实用性就是惠民性,是一种"活态的保护",能够丰富人们的精神生活,满足人们多元化的文化需求,是实在的民生工程,体现人民群众的获得感和幸福感。③另一方面,创新性发展关键在创新性。文化自身的继承与发展,是一个不断创新的过程。社会不断出现新情况,提出新问题,需要文化不断创新,以适应新情况,回答新问题。只有在实践中不断创新,传统文化才能焕发生机、历久弥新,民族文化才能充满活力、日益丰富。④因此,应该推进公共文化服务体系建设,形成公共文化服务网络,同时增强文化创新力,以时代创新创造的力量激活中华优秀传统文化的生命力,在

赓续血脉中增强文化自信。

(共8分。解读题干时有关键词“实用”“创新”可分别得1分;分两层展开分析,论述结合材料,每层可得2分;最后得出对策得2分)

48. 你认为推动中华优秀传统文化创造性转化与创新性发展可采取哪些有效措施?

(1)推动中华优秀传统文化创造性转化要与社会治理相结合:①系统梳理各类传统文化资源,深入挖掘中华优秀传统文化,涵养社会主义核心价值观;②政府出台各项政策,在城乡打造公共文化空间,完善公共文化服务,实施文化惠民工程;③发展社会主义先进文化,凝聚精神力量。

(2)推动中华传统优秀文化创新性发展要坚持与时俱进:①在继承优秀传统文化的基础上,坚持以创新为引领,不断利用新技术创新传播形式,打造文化节目;②大力发展文化创意产业,以传统文化为标识设计文化创意产品。

(共10分。分“创造性转化”“创新性发展”2个角度,每个角度各5分。(1)“创造性转化”角度中有“与社会治理相结合”“系统梳理各类传统文化资源”“文化惠民”“发展社会主义先进文化”等关键词及具体描述每点1分,全部答出可得4分,结合材料具体分析得1分。(2)“创新性发展”角度中有“与时俱进”“创新传播形式”“发展文化创意产业”“设计文化创意产品”等关键词及具体描述每点1分,全部答出可得4分,结合材料具体分析得1分,答案完整得满分)

六、综合写作题(参考范文)

49. 请结合实际和对上述材料的理解,以如何发挥互联网对青少年成长的积极影响为主题写一篇800~1000字的文章(要求:观点明确,条理清晰,逻辑严密,内容充实)

营造健康网络环境 引导青少年向上发展

习近平总书记在十九大报告中指出:“青年兴则国家兴,青年强则国家强。”青少年的健康成长事关家庭幸福、民族未来。近年来,随着移动端的普及,互联网产品对青少年的社会化,尤其是对青少年的生活、学习和交流方式,产生了一些积极影响,但因精准“投你所好”而沉迷网络的青少年也不在少数。为了最大程度地降低互联网对青少年的危害,发挥互联网对青少年的积极作用,我们需要构建风清气正的网络生态空间,让更美好更清新的网络空间更好地帮助青少年成长。

优化青少年模式,营造健康社会化环境。“青少年模式”是经过严格的内容遴选、适合未成年人观看使用的有益方式。近年来,国家网信办推动短视频、直播、网络游戏等平台的防沉迷系统上线,指导互联网平台不断完善为家长提供的青少年保护工具,帮助家长监督、了解孩子的互联网使用行为。疫情以来,短视频、直播等也成为家长陪伴下青少年互动体验式学习的新渠道。因此,应继续加强对青少年模式和直播生态的优化升级,进一步优化产品模式和呈现方式,积极影响青少年的社会化过程,构建健康的社会化环境。

供给优质内容,更好地服务青少年社会化。短视频、直播在走向成熟的过程中,展现了人们日常生活的多元价值,呈现了知识交流、艺术审美、传统文化等领域的精粹。积极的短视频、直播等互联网产品,能帮助青少年在虚拟和现实中找到平衡,实现社会交往,更好地接受和传承社会文化。因此,应鼓励开发具有思想性和积极价值观的互联网产品,持续增加适合青少年的内容供给;分龄设计内容,满足不同年龄段青少年的需求;加强多学科协同参与,让内容更加丰富,等等。供给优质内容能够帮助青少年提高适应现代化社会的能力,保障青少年在社会化过程中的身心健康。

科技应该具有温度,技术进步应以人为中心、服务于青少年。在一个互联网与日常生活深度融合的信息社会,互联网产品应助力青少年的全面发展,在传递正确立场的同时,源源不断地提供具有教育意义的信息。毕竟,呵护年轻一代的健康成长,就是呵护国家和民族的未来。

一类文:23~30分,本类文要求非常高,要能紧密围绕“发挥互联网对青少年成长的积极影响”展开论述,且能做到:主题鲜明,内容充实,能联系材料,联系实际,联系实际的事例应该恰当具体,层次清晰,语言表达流畅。

二类文:14~22分,本类文基本及格,相对是控制的重点,判断的依据为:中心论点紧扣“发挥互联网对青少年成长的积极影响”展开,中心明确,但内容欠充实;尚能联系实际,且结构完整,表达明确。在这些标准内酌情加减分值。

三类文:9~13分,本类文的主题不能围绕“发挥互联网对青少年成长的积极影响”展开,有偏题之嫌。结合语言、文风可酌情加减分。

四类文:1~8分,这类文为其他情况,比如残篇、通篇抄材料、东拼西凑无逻辑、完全背离题意、通篇分条列项、文章只是细化的提纲等。

(这篇范文围绕“营造健康网络环境”展开,从青少年健康成长的重要性切入,并能从“优化青少年模式”和“供给优质内容”两个角度提出具体对策,是一篇佳作,拟定得分28分)

2022年河南省信阳市淮滨县公开招聘小学教师招聘考试公共基础知识真题试卷(三)

答案速查:

1～5	ABCDA	6～10	DDACD	11～15	CDBDC	16～20	BDDBB
21～28	AADABBBB			29～35	ABD　BCD　BC　AB　ABC　BCD　BCD		
36～40	BCD　BCD　AD　ABCD　BCD			41～46	ACD　AD　AB　ABC　ACD　ABCD		

一、单项选择题

1. A 【解析】本题考查党的十九大。党的十九大报告强调,要全面贯彻党的教育方针,落实立德树人根本任务,发展素质教育,推进教育公平,培养德智体美全面发展的社会主义建设者和接班人。

(注:2018年,习近平总书记在全国教育大会上强调“培养德智体美劳全面发展的社会主义建设者和接班人”,提出“德智体美劳”的总体要求。考生应注意“五育”理念。)

2. B 【解析】本题考查时政热点。2021年8月30日,教育部印发《关于加强义务教育学校考试管理的通知》,提出大幅压减考试次数等要求,明确小学一二年级不进行纸笔考试,义务教育其他年级由学校每学期组织一次期末考试,初中年级从不同学科的实际出发,可适当安排一次期中考试。

3. C 【解析】本题考查最新教育文件。2021年11月,教育部印发《全国教育系统开展法治宣传教育的第八个五年规划(2021—2025年)》。《规划》指出,结合安全、禁毒、国防、防灾减灾救灾以及防范学生欺凌、网络诈骗、人身侵害和人口拐卖等内容开展日常宣传教育,将法治教育纳入中小学课后服务范围。

4. D 【解析】本题考查我国义务教育经费的主要来源。根据我国《义务教育法》第二条的规定,国家建立义务教育经费保障机制,保证义务教育制度实施。说明我国义务教育的经费由国家承担,经费的主要来源是国家财政。

5. A 【解析】本题考查时政热点。2021年12月31日晚,国家主席习近平发表二〇二二年新年贺词。在贺词中,习近平主席提到:“民之所忧,我必念之;民之所盼,我必行之”。

6. D 【解析】本题考查中央农村工作会议。2021年12月25日至26日,中央农村工作会议在北京召开。会议以习近平新时代中国特色社会主义思想为指导,全面贯彻党的十九大和十九届历次全会精神,贯彻落实中央经济工作会议精神,分析当前“三农”工作面临的形势任务,研究部署2022年“三农”工作。

7. D 【解析】本题考查十九届六中全会。2021年11月11日,中国共产党第十九届中央委员会第六次全体会议通过了《中共中央关于党的百年奋斗重大成就和历史经验的决议》。

8. A 【解析】本题考查获得航天功勋奖章的人员。2021年,神舟十二号载人飞行任务圆满成功。中共中央、国务院、中央军委决定,给聂海胜同志颁发“一级航天功勋奖章”,给刘伯明同志颁发“二级航天功勋奖章”,授予汤洪波同志“英雄航天员”荣誉称号并颁发“三级航天功勋奖章”。

9. C 【解析】本题考查时政热点。2021年11月15日,由北京广播电视台制作的2022年北京冬奥会和冬残奥会主题口号推广歌曲《一起向未来》全新MV在全平台正式上线。

10. D 【解析】本题考查马克思主义中国化的飞跃。毛泽东思想是马克思主义中国化的第一次历史性飞跃;中国特色社会主义理论体系,实现了马克思主义中国化新的飞跃;习近平新时代中国特色社会主义思想实现了马克思主义中国化新的飞跃。

11. C 【解析】本题考查中国共产党的最高理想和最终奋斗目标。《中国共产党章程》指出,党的最高理想和最终目标是实现共产主义。

12. D 【解析】本题考查四项基本原则。四项基本原则指坚持社会主义道路,坚持人民民主专政,坚持中国共产党的领导,坚持马克思列宁主义、毛泽东思想。其中,最核心的是坚持中国共产党的领导。

13. B 【解析】本题考查《为人民服务》。1944年9月,毛泽东主席在中央警卫团战士张思德的追悼会上,发表了《为人民服务》的著名演讲。

14. D 【解析】本题考查宪法。宪法最主要、最核心的价值在于，它是公民权利的保障书。

15. C 【解析】本题考查我国的根本制度。我国《宪法》第一条规定，社会主义制度是中华人民共和国的根本制度。

易错提示：要注意区分我国的国家性质、根本制度、根本政治制度、基本政治制度。我国的国家性质是人民民主专政，根本制度是社会主义制度，根本政治制度是人民代表大会制度，基本政治制度包括共产党领导的多党合作和政治协商制度、民族区域自治制度、基层群众自治制度。

16. B 【解析】本题考查我国的法律监督机关。我国《宪法》第一百三十四条规定："中华人民共和国人民检察院是国家的法律监督机关。"

17. D 【解析】本题考查我国法律保护的对象。公共财产和公民个人合法财产都是我国法律保护的对象，因为它们是保障我国人民生存和发展的条件，也是我国进行社会主义现代化建设的物质保障。

18. D 【解析】本题考查行政处罚权。根据我国《行政处罚法》第十八条的规定，限制人身自由的行政处罚权只能由公安机关和法律规定的其他机关行使。

19. B 【解析】本题考查对未成年人免费开放的场所。根据我国《未成年人保护法》第四十四条的规定，爱国主义教育基地、图书馆、青少年宫、儿童活动中心、儿童之家应当对未成年人免费开放；博物馆、纪念馆、科技馆、展览馆、美术馆、文化馆、社区公益性互联网上网服务场所以及影剧院、体育场馆、动物园、植物园、公园等场所，应当按照有关规定对未成年人免费或者优惠开放。

20. B 【解析】本题考查社会主义职业道德规范。诚实守信是做人之本、立事之基、为政之根。对于个人来说，诚实守信代表一个人的人格；对于企业来说，诚实守信代表一个企业的生命；对于政府来说，诚实守信代表政府的权威。

21. A 【解析】本题考查传统文化常识。"一衣带水"的意思是像一条衣带那样狭窄的水面，形容一水之隔，往来方便。其中的"水"，原指长江。

22. A 【解析】本题考查航空母舰。2012 年 9 月 25 日，我国第一艘航空母舰辽宁舰正式交付海军。山东舰是我国的第二艘航空母舰，也是我国真正意义上的首艘国产航母。故选 A。

23. D 【解析】本题考查甲骨文。甲骨文是我国已发现的年代最早的较为成熟的文字，是我国现存的已经释读的最古老的汉字。

24. A 【解析】本题考查《开罗宣言》。1943 年，中国、美国、英国三国政府首脑在开罗举行会议，讨论三国对日作战问题。会议通过了《开罗宣言》，庄严声明：日本所窃取于中国的领土，如东北、台湾、澎湖群岛等，归还中国。《开罗宣言》是第二次世界大战期间，最先明文规定将台湾归还中国的国际公约。

25. B 【解析】本题考查鲁迅作品。鲁迅的作品有《狂人日记》《祝福》《孔乙己》《阿 Q 正传》等，《骆驼祥子》的作者是老舍。

26. B 【解析】本题考查《史记》。司马迁的《史记》曾被鲁迅先生赞誉为"史家之绝唱，无韵之离骚"。

27. B 【解析】本题考查煤。人们常把煤称为"工业的粮食"，把石油称为"工业的血液"。

28. B 【解析】本题考查我国南北地理分界线。秦岭—淮河一线，是我们常说的中国南北地理分界线。

二、多项选择题

29. ABD 【解析】本题考查庆祝改革开放 40 周年大会。习近平总书记在庆祝改革开放 40 周年大会上的讲话中指出，建立中国共产党、成立中华人民共和国、推进改革开放和中国特色社会主义事业，是五四运动以来我国发生的三大历史性事件，是近代以来实现中华民族伟大复兴的三大里程碑。

30. BCD 【解析】本题考查十九大报告。十九大报告指出，全党要更加自觉地增强道路自信、理论自信、制度自信、文化自信，既不走封闭僵化的老路，也不走改旗易帜的邪路，保持政治定力，坚持实干兴邦，始终坚持和发展中国特色社会主义。

31. BC 【解析】本题考查"两个维护"。"两个维护"是指坚决维护习近平总书记党中央的核心、全党的核心地位，坚决维护党中央权威和集中统一领导。

32. AB 【解析】本题考查"两个务必"。在党的七届二中全会上，毛泽东提出"务必使同志们继续地保持谦虚、谨慎、不骄、不躁的作风，务必使同志们继续地保持艰苦奋斗的作风"。

33. ABC 【解析】本题考查毛泽东思想。"星星之火，可以燎原"是 1930 年毛泽东给林彪的信中，所用的一句形容中国当时革命形势和前途的话。"枪杆子里面出政权"是毛泽东在党的八七会议上提出的一个重要论断。"没有调查就没有发言权"是毛泽东在《反对本本主义》一文中提出的著名论断。"不管白猫黑猫,会捉老鼠就是好猫"是邓小平同志在改革开放初期的重要论述。

34. BCD 【解析】本题考查党的三大优良作风。1945年党的七大上,毛泽东在《论联合政府》的报告中明确指出:"以马克思列宁主义的理论思想武装起来的中国共产党,在中国人民中产生了新的工作作风,这主要的就是理论和实践相结合的作风,和人民群众紧密地联系在一起的作风以及自我批评的作风。"

35. BCD 【解析】本题考查毛泽东思想的科学含义。毛泽东思想不是毛泽东个人的思想,而是以毛泽东为代表的中国共产党人集体智慧的结晶,是马克思列宁主义在中国的运用和发展,是被历史和实践反复证明的正确理论和主张的集成。因此,A 项错误,排除。

36. BCD 【解析】本题考查毛泽东重要讲话。1935 年,毛泽东在党的活动分子会议上作《论反对日本帝国主义的策略》的报告,在报告中对红军长征的意义作了高度评价。他满怀激情地说:"长征是历史纪录上的第一次,长征是宣言书,长征是宣传队,长征是播种机。"

37. BCD 【解析】本题考查中华人民共和国武装力量的任务。根据我国《宪法》第二十九条的规定,中华人民共和国的武装力量属于人民。它的任务是巩固国防,抵抗侵略,保卫祖国,保卫人民的和平劳动,参加国家建设事业,努力为人民服务。

38. AD 【解析】本题考查《宪法》。我国《宪法》第三十八条规定:"中华人民共和国公民的人格尊严不受侵犯。禁止用任何方法对公民进行侮辱、诽谤和诬告陷害。"

39. ABCD 【解析】本题考查解决民事纠纷的方式。在我国,解决民事纠纷的方式有和解、调解、仲裁、诉讼四种。

40. BCD 【解析】本题考查行为人应承担的责任。行为人因过错侵害他人民事权益,应当承担侵权责任。题干中的甲侵犯了乙的生命权,应当承担民事侵权责任。根据我国《道路交通安全法》第九十一条的规定,饮酒后或者醉酒驾驶机动车发生重大交通事故,构成犯罪的,依法追究刑事责任,并由公安机关交通管理部门吊销机动车驾驶证,终生不得重新取得机动车驾驶证。其中的"吊销机动车驾驶证"属于甲应该承担的行政责任。酒后驾车导致乙身亡构成交通肇事罪,因此甲也应承担刑事责任。违宪责任是违宪主体因违宪行为所应当承担的法律后果,是一种特殊的法律责任,承担的主体包括国家机关、政党、特定的社会团体、行使一定国家职权的公职人员等。引起违宪责任的行为是违宪行为,它破坏的是宪法关系。甲的违法行为不属于违宪行为,不承担违宪责任,A 项错误。因此,甲因其违法行为要承担民事责任、行政责任和刑事责任。

41. ACD 【解析】本题考查神舟十三号乘组航天员。"天宫课堂"第一课于 2021 年 12 月 9 日下午开始,神舟十三号乘组航天员翟志刚、王亚平、叶光富在空间站进行太空授课。

42. AD 【解析】本题考查"一带一路"。"一带一路"是"丝绸之路经济带"和"21 世纪海上丝绸之路"的简称。

43. AB 【解析】本题考查社会主义核心价值观。富强、民主、文明、和谐,自由、平等、公正、法治,爱国、敬业、诚信、友善,是社会主义核心价值观的基本内容。C 项中的"友爱"错误,应是"友善"。故选 AB。

44. ABC 【解析】本题考查陇海线。陇海铁路西起甘肃省兰州市、东至江苏省连云港市,途经定西、天水、宝鸡、西安、渭南、三门峡、洛阳、郑州、开封、商丘、徐州等城市,是贯穿中国东、中、西部的主要铁路干线,也是新亚欧大陆桥的重要组成部分。

45. ACD 【解析】亚洲北临北冰洋,东临太平洋,南临印度洋。

46. ABCD 【解析】本题考查办公节省消耗的措施。开展无纸化办公可以减少纸张和印刷等办公成本,避免纸张的浪费。电脑、打印机、饮水机等耗电设备在不用时,及时断开电源,可以减少待机能耗。随手关灯关门窗,可以从细微处有效节约用电。空调温度调得越低,耗电量就越多,制冷时温度设定每高 1℃,至少可省电 10% 以上,因此夏季将空调温度设置于 26 度以上,也可以有效节约用电,节省能源消耗。

2021 年河南省信阳市直事业单位招聘考试公共基础知识真题试卷(四)

答案速查:

1～5	BDBBC	6～10	ADBBD	11～15	CCBCB
16～20	BCABA	21～25	DDDDD	26～30	DACDA
31～35	DDBAB	36～40	DACBB	41～45	ACABD
46～50	DDABC	51～53	CAD	54～55	ACD　ABC
56～60	AB　ABD　CD　AB　AB		61～65	ACD　ABCD　ACD　ABD　ACD	
66～70	ABCD　ABD　ABCD　ABC　CD		71～73	ABD　ABC　ABD	
74～80	BAAABAB		81～83	BAB	

一、单项选择题

1. B 【解析】本题考查时政热点。2021 年 5 月 6 日,李克强主持召开国务院常务会议,部署进一步促进粮食生产稳定发展、切实提高粮食安全保障能力。会议指出,保障粮食安全事关国家安全和发展大局,是推进农业农村现代化的首要任务。故本题选 B。

2. D 【解析】本题考查时政热点。2021 年 5 月 26 日,李克强主持召开国务院常务会议,部署进一步支持小微企业个体工商户纾困和发展,确定加强农村义务教育薄弱环节的措施。会议指出,义务教育是关系每个家庭的最大公共产品,是政府的基本职责。故本题选 D。

3. B 【解析】本题考查航天科技。2021 年 5 月 29 日 20 点 55 分左右,长征七号遥三运载火箭在海南文昌航天发射场顺利升空,搭载的是天舟二号货运飞船。进入轨道后,飞船将与"天和"核心舱进行交会对接、推进剂补加和组合体飞行。故本题选 B。

4. B 【解析】本题考查政府工作报告。2021 年 3 月,国务院总理李克强在政府工作报告中介绍,2020 年围绕市场主体的急需制定和实施宏观政策,稳住了经济基本盘。面对历史罕见的冲击,我们在"六稳"工作基础上,明确提出"六保"任务,特别是保就业保民生保市场主体,以保促稳、稳中求进。故本题选 B。

5. C 【解析】本题考查党的百年奋斗目标。第一个一百年,是到中国共产党成立 100 年时全面建成小康社会;第二个一百年,是到新中国成立 100 年时建成富强民主文明和谐美丽的社会主义现代化强国。故本题选 C。

6. A 【解析】本题考查时政热点。"十四五"时期经济社会发展,要以推动高质量发展为主题,加快构建新发展格局。加快构建新发展格局就要解决各类"卡脖子"和瓶颈问题,改革是基础,创新是关键。故本题选 A。

7. D 【解析】本题考查时政热点。习近平总书记在参加十三届全国人大四次会议青海代表团审议时强调:"高质量发展是'十四五'乃至更长时期我国经济社会发展的主题,关系我国社会主义现代化建设全局。高质量发展不只是一个经济要求,而是对经济社会发展方方面面的总要求;不是只对经济发达地区的要求,而是所有地区发展都必须贯彻的要求;不是一时一事的要求,而是必须长期坚持的要求。"故本题选 D。

8. B 【解析】本题考查十九大报告。民惟邦本,本固邦宁。十九大报告以新的高度强调了坚持以人民为中心,这既是习近平新时代中国特色社会主义思想的重要内容,也是新时代坚持和发展中国特色社会主义的基本方略之一。故本题选 B。

9. B 【解析】本题考查全国教育大会。习近平总书记在全国教育大会上指出,要深化教育体制改革,健全立德树人落实机制,扭转不科学的教育评价导向,坚决克服唯分数、唯升学、唯文凭、唯论文、唯帽子的顽瘴痼疾,从根本上解决教育评价指挥棒问题。故本题选 B。

10. D 【解析】本题考查时政热点。2020 年 12 月 12 日,国家主席习近平在气候雄心峰会上通过视频发表题为《继往开来,开启全球应对气候变化新征程》的重要讲话。习近平主席强调,在气候变化挑战面前,人类命运与共,单边主义没有出路。我们只有坚持多边主义,讲团结、促合作,才能互利共赢,福泽各国人民。故本题选 D。

11. C 【解析】本题考查时政热点。2020 年 8 月 24 日下午,习近平总书记主持召开经济社会领域专家座谈会,听取与会专家代表对"十四五"规划编制的意见和建议,强调要以辩证思维看待新发展阶段的新机遇新挑战,以畅通国民经济循环为主构建新发展格局,以科技创新催生新发展动能,以深化改革激发新发展活力,以高水平对外开放打造国际合作和竞争新优势,以共建共治共享拓展社会发展新局面。故本题选 C。

12. C 【解析】本题考查发展理念。2020 年,浙江省通过了生态环境部组织的国家生态省建设试点验收,建成了全国首个生态省。浙江省是践行绿色发展理念的排头兵。故本题选 C。

13. B 【解析】本题考查实事求是。"十四五"规划是立足于我国国情,符合中国实际的战略目标。这说明我国制定战略目标需要立足实际,符合国情,即实事求是,一切从实际出发。故本题选 B。

14. C 【解析】本题考查联系。题干说明国家安全和世界安全之间存在联系,体现了联系是普遍存在的,即事物是相互联系的哲学道理。C 项正确。AB 项与题意无关。联系具有普遍性、客观性、多样性、条件性等特征,D 项说法错误。故本题选 C。

15. B 【解析】本题考查矛盾。主要矛盾是指在矛盾体系中处于支配地位,对事物发展起决定性作用的矛盾。"短板必须补齐"中的"短板"指的是限制事物发展的关键环节,是事物发展过程中的主要矛盾。因此,这体现了要抓住主要矛盾。故本题选 B。

16. B 【解析】本题考查人格权。根据我国《民法典》的规定,人格权是民事主体享有的生命权、身体权、健康权、姓名权、名称权、肖像权、名誉权、荣誉权、隐私权等权利。故本题选 B。

17. C 【解析】本题考查法定证据种类。我国《刑事诉讼法》第五十条规定:"可以用于证明案件事实的材料,都是证据。证据包括:(一)物证;(二)书证;(三)证人证言;(四)被害人陈述;(五)犯罪嫌疑人、被告人供述和辩解;(六)鉴定意见;(七)勘验、检查、辨认、侦查实验等笔录;(八)视听资料、电子数据。证据必须经过查证属实,才能作为定案的根据。"书证是指通过文字或符号等表达形式记载内容,并能证明案件事实真实性的作为书面材料的证据,如书信、合同、租约、委托书等,排除 A 项。物证是指以其外形、特征、性质、质量、数量等有形的存在形式对查明案件事实真实性有价值的作为物品或痕迹的证据,排除 B 项。证人证言是指证人提供的证言,即证人把自己所了解的案件事实情况向法院作出的口头或书面陈述,C 项正确。电子数据是指案件发生过程中形成的,以数字化形式存储、处理、传输的,能够证明案件事实的数据。一般认为,电子数据包括但不限于下列信息、电子文件:(1)网页、博客、微博客、朋友圈、贴吧、网盘等网络平台发布的信息;(2)手机短信、电子邮件、即时通信、通讯群组等网络应用服务的通信信息;(3)用户注册信息、身份认证信息、电子交易记录、通信记录、登录日志等信息;(4)文档、图片、音视频、数字证书、计算机程序等电子文件。本题中的目击者属于证人而非当事人。D 项排除。故本题选 C。

18. A 【解析】本题考查行政执法公示制度。《国务院办公厅关于全面推行行政执法公示制度执法全过程记录制度重大执法决定法制审核制度的指导意见》强调,行政执法机关要按照"谁执法谁公示"的原则,明确公示内容的采集、传递、审核、发布职责,规范信息公示内容的标准、格式。故本题选 A。

19. B 【解析】本题考查社会主义法治理念。坚持党的事业至上,就是要在法治的具体实践中,坚持党的基本理论、基本路线、基本纲领、基本经验,自觉贯彻党的路线方针政策,加强和维护党的领导,巩固党的执政地位。坚持人民利益至上,就是要在法治的具体实践中,坚持以人为本、执法为民,全面维护、实现和发展广大人民群众的根本利益。坚持宪法法律至上,就是要把严格遵守宪法法律作为法治实践的基本要求,执法和司法必须严格以宪法和法律为依据,维护社会主义法制的统一和尊严。坚持党的事业至上、人民利益至上、宪法法律至上,是坚持党的领导、人民当家作主、依法治国三者有机统一的必然要求。故本题选 B。

20. A 【解析】本题考查选举权。我国《宪法》第三十四条规定:"中华人民共和国年满十八周岁的公民,不分民族、种族、性别、职业、家庭出身、宗教信仰、教育程度、财产状况、居住期限,都有选举权和被选举权;但是依照法律被剥夺政治权利的人除外。"A 项正确,B 项错误。题干未说明郑某的年龄、国籍等信息,因此不能判断他是否享有被选举为该区人大代表的权利,C 项错误。参加投票选举是行使政治权利的表现,而非履行政治义务,D 项错误。故本题选 A。

21. D 【解析】本题考查罚款。根据我国《反食品浪费法》第七条的规定,餐饮服务经营者可以对参与"光盘行动”的消费者给予奖励;也可以对造成明显浪费的消费者收取处理厨余垃圾的相应费用,收费标准应当明示。但是,罚款属于财产罚的范畴。根据我国《立法法》和《行政处罚法》的相关规定,对财产的处罚只能由法律、法规和规章设定。因此,该告示不合法,该火锅店无权设定也无权实施罚款机制。故本题选 D。

22. D 【解析】本题考查简报。简报通常在报尾上说明报送的单位或领导个人。故本题选 D。

23. D 【解析】本题考查行政令。行政令的正文一般包括三部分内容:一是发令缘由;二是命令事项;三是施行要求。因此,ABC 三项都属于行政令的正文内容,只有 D 项不属于。故本题选 D。

24. D 【解析】本题考查期请用语。期请用语即向收文单位表示某种期望和请求时常用的词语,用于结尾处较多。常见的期请用语有“即请”“诚请”“特请”“恳请”“恭请”“拟请”“务请”“希即”“敬望”“企盼”“希望”等。“欣悉”是引叙用语中的一种,不属于期请用语。故本题选 D。

25. D 【解析】本题考查撰写请示的要求。撰写请示的要求主要包括:一文一事,逐级请示,单头请示,确有必要,理由充分,要求合理,语言表达简洁明了。A 项,一文一事,是指一个请示只说一件事。B 项,确有必要,是指必须是本单位无权、无力、无法解决的事,才向上级请示;在单位职权范围内的、部门之间可协商解决的,不必请示。C 项,理由充分,是指请示的理由多是摆情况、述原因,以突出解决问题的必要性、重要性、迫切性。D 项,语言表达简洁明了,是指理由不但要充分,还要“点到即止”,不应长篇大论,要利用附件节约文字。故本题选 D。

26. D 【解析】本题考查政府的基本职能。政府的社会职能,是指除政治、经济、文化职能以外政府必须承担的其他社会公共职能。政府的社会职能主要有:(1)调节社会分配和组织社会保障的职能。(2)保护生态环境和自然资源的职能。(3)促进社会化服务体系建立的职能。(4)提高人口质量,实行计划生育的职能等。故本题选 D。

27. A 【解析】本题考查行政决策转向科学决策的标志。行政决策转向科学决策的标志主要有:(1)决策主体由个人转向集体;(2)决策过程由主观随意转向程序化;(3)“谋”与“断”的相对分离;(4)“断”与“行”的相对分离;(5)决策手段的量化和技术化。故本题选 A。

28. C 【解析】本题考查行政领导。行政领导的责任是关于行政领导职权的性质、范围以及必须履行好的职责任务的规定或要求。行政领导的首要责任是计划决策。故本题选 C。

29. D 【解析】本题考查行政组织的管理。管理幅度,又称管理跨度或管理宽度,指一名主管人员可有效直接管理的下属的人数。管理层次是组织的最高主管到作业人员之间所设置的管理职位层级数。因此,在组织的设计和建设过程中必须二者兼顾,做到管理幅度适当,管理层次少而精。如果管理幅度太宽,而管理层次太少,则可能会使行政事务过分集中于少数领导,使之疲于应付,并且控制较松,甚至出现指挥不力的现象。故本题选 D。

30. A 【解析】本题考查行政领导方式。说服式是指通过劝告、诱导、启发、商量、建议等方式,使被领导者接受并贯彻领导者意图的行政领导方式。A 项正确。示范式是指领导们的精神面貌、行为方式、工作方式、工作动机、价值观念乃至个人趣味,对本组织的人员都会产生明显的或潜移默化的影响的领导方式。激励式是一种最直接服务于提高领导效能的领导方式。它是行政领导者使用物质或精神的手段激发下属的工作积极性,以达到决策目标的推进型领导方式。强制式是有权威性、非执行不可的指示或命令的领导方式。BCD 三项错误。故本题选 A。

31. D 【解析】本题考查行政执行。行政执行的特点主要有:目的性、综合性、经常性、时限性、灵活性、强制性等。目的性是指行政执行的目的在于实施决策,因此整个执行过程中的一切行政措施和行为,都是为了按期或提前实现决策目标,除此之外,没有自己的特殊目的,A 项错误。行政决策一经制定就具有法律效力,因此它具有一定的权威性和强制性。行政执行强制性的特点,表现在当上级决策下达之后,下级必须认真地贯彻执行,B 项错误。灵活性是指行政执行必须根据当地实际情况,因时而异、因地制宜地进行,C 项错误。时限性是指行政执行是一项具有明确的时限要求的活动,它要求行政执行机关及其工作人员必须做到迅速、果断,在规定的时间内完成规定的动作与任务,以确保决策目标的实现。故本题选 D。

32. D 【解析】本题考查个人所得税。个人所得税体现了国家与个人之间的分配关系,是进行收入再分配的方式之一。我国个人所得税的起征点调高到每月 5000 元,有利于减少低收入人群的纳税压力,调节贫富差距,刺激消费。因此,ABC 三项说法正确。我国个人所得税起征点的调高会使纳税人的范围缩小,从而导致政府财政收入减少。因此,D 项说法错误。故本题选 D。

33. B 【解析】本题考查商品价格对生产的影响。商品价格的变动能够调节产量。某种商品的价格下降,生产者获利减少,这时生产者会压缩生产规模,减少产量;某种商品的价格上涨,生产者获利增加,这时生产者会扩大生产规模,增加产量。本题中,将粮食和棉花看作简单的种植替代品。当棉花的价格上涨,而粮食的价格等因素不变时,生产者会扩大棉花的生产规模。而粮食的生产规模则会相对缩减,导致粮食的供给减少。故本题选 B。

34. A 【解析】本题考查存款准备金率。中央银行所要求的存款准备金占各金融机构存款总额的比例就是存款准备金率。由于调整存款准备金率可以影响金融机构的信贷扩张能力,从而间接调控货币供应量,所以调整存款准备金率成为中央银行货币政策的重要工具。在经济下行的情况下,中央银行降低存款准备金率,金融机构可用于贷款的资金增加,社会的贷款总量和货币供应量也相应增加,从而促使经济增温。故本题选 A。

35. B 【解析】本题考查市场调节。供求关系会引起价格的变化。从价格信号传导至生产领域,再到产品生产出来,这之间有一个时间差,而当初的供求关系可能已经发生了变化。因此,市场调节具有滞后性。故本题选 B。

方法技巧:市场的调节作用不是万能的,存在自发性、盲目性、滞后性等固有的弊端。区分市场调节的不同弊端可记忆和理解其特征。自发性表现为“以经济利益为最高追求”;盲目性表现为“跟风”;滞后性表现为“事后诸葛亮”。

36. D 【解析】本题考查货币的职能。在发达的商品经济中,货币具有价值尺度、流通手段、贮藏手段、支付手段和世界货币五种职能。价值尺度,就是以货币作为尺度来表现和衡量其他一切商品价值量的大小,把各种商品的价值量都表现为一定的货币量的职能。题干中,电脑的原价为 4999 元,此时货币履行的是价值尺度职能。流通手段,就是在商品交换过程中,货币充当商品交换媒介的职能。小亮以货到付款的方式,通过使用满减优惠券最终支付了 4399 元,此时货币履行的是流通手段职能。故本题选 D。

易错提示:货币的流通手段职能和支付手段职能容易混淆,需要辨析理解。流通手段表示在商品买卖中,商品的让渡和货币的让渡在同一时间内完成。比如,网购采用“货到付款”的方式就属于流通手段,因为其是一手交钱一手交货。而支付手段常用来表示支付工资、租金、利息、税款等,商品的让渡和货币的让渡不在同一时间内完成。比如,贷款购物,先获得商品,以后慢慢付钱。

37. A 【解析】本题考查科学技术。电容式触摸屏是在玻璃表面贴上一层透明的特殊金属导电物质。当用户触摸电容屏时,由于人体电场,用户的手指和工作面形成一个耦合电容,因为工作面上接有高频信号,于是手指吸收走一个很小的电流,这个电流分别从屏的四个角上的电极中流出,且理论上流经四个电极的电流与手指头到四角的距离成比例,控制器通过对四个电流比例的精密计算,得出触摸点的位置。故本题选 A。

38. C 【解析】本题考查中国科技成就。被誉为“中国天眼”的 500 米口径球面射电望远镜(FAST)位于中国贵州省黔南布依族苗族自治州境内。故本题选 C。

39. B 【解析】本题考查中国地理分界线。秦岭—淮河一线是中国北方地区和南方地区的地理分界线,也是暖温带与亚热带分界线、亚热带常绿阔叶林与温带落叶阔叶林分界线、湿润地区与半湿润地区分界线等。我国淮北地区地处暖温带的南部,其植被类型为温带落叶阔叶林。故本题选 B。

40. B 【解析】本题考查光合作用。森林植被通过光合作用吸收二氧化碳,释放氧气,并将二氧化碳固定在植物体内。故本题选 B。

41. A 【解析】本题考查我国古代诗人。《白雪歌送武判官归京》是唐代诗人岑参的作品。岑参以边塞诗著称,多写边塞风光及将士生活,气势磅礴,昂扬奔放,与高适同为盛唐边塞诗派的杰出代表。故本题选 A。

42. C 【解析】本题考查书法作品。《兰亭集序》是东晋王羲之的作品,被誉为“天下第一行书”。故本题选 C。

43. A 【解析】本题考查中国近代史。维新运动领袖康有为提出了建立“新中国”的设想。康有为在 1912 年拟定的《拟新中国政府议章》中建议:“此后国为新中国,皇帝为新入中国籍之新大总统”“凡满、蒙、回、藏皆编入民籍,自今后皆为新中国民”。故本题选 A。

44. B 【解析】本题考查红军长征。讲解员的讲解词中,不仅有河流、雪山、草地,还有封锁,生动形象地描绘出了红军长征的艰辛历程和英雄气魄。故本题选 B。

45. D 【解析】本题考查消费者的权利。消费者享有的安全权是指消费者在购买、使用商品和接受服务时享有人身、财产安全不受损害的权利,A 项错误。消费者享有的知悉真情权是指消费者享有知悉其购买、使用的商品或者接受的服务的真实情况的权利,B 项错误。消费者享有的自主选择权是指消费者享有自主选择商品或者服务的权利,C 项错误。消费者享有的监督权是指消费者享有对商品和服务以及保护消费者权益工作进行监督的权利,包括消费者有权检举、控告侵害消费者权益的行为和国家机关及其工作人员在保护消费者权益工作中的违法失职行为,有权对保护消费者权益工作提出批评、建议。D 项正确。故本题选 D。

46. D 【解析】本题考查物理常识。用抛物面的外侧作反射面的球面镜叫凸面镜,只能反射光,不能透射光。凸面镜具有发散作用,可用作转弯镜等,A 项错误。我们把反射面是光滑平面的镜子叫作平面镜,比如,家庭用的穿衣镜就是平面镜。平面镜呈正立等大的虚像,B 项错误。凹透镜是中间薄、边缘厚的透镜,对光有发散作用。近视眼镜就是凹透镜。C 项错误。凸透镜是中间厚、边缘薄的透镜,可起到放大的作用。放大镜是一种凸透镜,它能把平行的光束会聚到一点,所有热量也会集中到那一点上。因此,用放大镜生火利用了凸透镜对光的聚焦原理。D 项正确。故本题选 D。

47. D 【解析】本题考查人民群众与英雄。疫情防控不仅需要广大医务人员、人民解放军、党员干部以大无畏的革命英雄主义气概和毅力站出来、冲上去、坚持住,在救治最前线冲锋陷阵,无私奉献,英勇奋战,成为疫情防控工作的最美“逆行者”,也需要社会各界各方面各领域和广大人民群众大力弘扬革命英雄主义精神,众志成城,团结奋战,成为疫情防控工作的最美“参与者”,形成和巩固全面全员参与防控工作的局面。这说明,打赢疫情防控的人民战争,需要全国性动员。只有这样,才能集中展现革命英雄主义的时代性和群众性,才能极大彰显社会主义制度集中力量办大事的巨大优越性。D 项更全面,当选。

48. A 【解析】本题考查事业单位的处分。根据《事业单位工作人员处分暂行规定》第七条的规定,事业单位工作人员受到警告处分的,在受处分期间,不得聘用到高于现聘岗位等级的岗位;在作出处分决定的当年,年度考核不能确定为优秀等次。故本题选 A。

49. B 【解析】本题考查事业单位聘用合同。《事业单位人事管理条例》第十四条规定:“事业单位工作人员在本单位连续工作满 10 年且距法定退休年龄不足 10 年,提出订立聘用至退休的合同的,事业单位应当与其订立聘用至退休的合同。”B 项说法错误,不符合相关规定。故本题选 B。

50. C 【解析】本题考查事业单位内部竞聘。《事业单位人事管理条例》第十条规定:“事业单位内部产生岗位人选,需要竞聘上岗的,按照下列程序进行:(一)制定竞聘上岗方案;(二)在本单位公布竞聘岗位、资格条件、聘期等信息;(三)审查竞聘人员资格条件;(四)考评;(五)在本单位公示拟聘人员名单;(六)办理聘任手续。”与公开招聘工作人员不同,事业单位内部竞聘工作人员无须进行体检。故本题选 C。

51. C 【解析】本题考查党的领导。要确保事业单位改革始终沿着正确的政治方向推进,确保党的领导得到全面贯彻,就必须发挥党总揽全局、协调各方的领导核心作用,以党的政治优势引领和推进改革。故本题选 C。

52. A 【解析】本题考查事业单位的类型。我国事业单位根据性质可分为全额拨款、差额拨款、自收自支三种类型。全额拨款事业单位一般适用于没有收入或收入不稳定的事业单位,如公立学校、科研单位、卫生防疫、工商管理等事业单位,其人员费用、公用费用都要由国家财政提供。医院等有一定的收入、又承担政府社会职能的单位一般属于差额拨款类型。故本题选 A。

53. D 【解析】本题考查事业单位的特点。事业单位的特征主要有:公益性、服务性、知识密集性和公立公有性。我国绝大多数事业单位是以脑力劳动为主体的知识密集性组织,专业人才是事业单位的主要人员构成,利用科技文化知识为社会各方面提供服务是事业单位的主要手段。这体现了事业单位的知识密集性特点。故本题选 D。

二、多项选择题

54. ACD 【解析】本题考查习近平新时代中国特色社会

主义思想。2013 年 6 月 28 日，习近平在全国组织工作会议上指出，成为好干部，就要不断改造主观世界、加强党性修养、加强品格陶冶，时刻用党章、用共产党员标准要求自己，时刻自重自省自警自励，老老实实做人，踏踏实实干事，清清白白为官。故本题选 ACD。

55. ABC 【解析】本题考查红色资源。红色资源是指中国共产党领导的新民主主义革命和社会主义建设时期所形成的文化资源，它以纪念地、标志物和典型人物等为载体，是中华民族的特色资源和中国人民宝贵的精神财富。ABC 项正确。三星堆是指迄今为止在西南地区发现的范围最大、延续时间最长、文化内涵最丰富的古蜀文化遗址，并不符合红色资源的定义，D 项排除。故本题选 ABC。

56. AB 【解析】本题考查认识论。这体现出屠呦呦反复实践，坦然面对失败的态度，也反映了实践是检验认识真理性的唯一标准，正确的认识往往要经过实践对认识的多次反复验证，才能完成。AB 项正确。CD 项本身说法错误。故本题选 AB。

57. ABD 【解析】本题考查矛盾。动力机制和平衡机制是人类社会发展的两个核心机制，科学发展既需要强大的动力机制，又需要灵活全面的均衡机制，两个机制之间存在着相互影响、相互制约的关系，体现了矛盾的同一性和斗争性的辩证统一。同一性是指矛盾双方相互依存、相互贯通的性质和趋势。其中，矛盾的相互贯通表现为矛盾双方的相互渗透、相互包含、互相转化的趋势。斗争性是矛盾着的对立面之间相互排斥、相互分离的性质和趋势。因此，这两个机制相互依存、相互渗透、相互贯通。故本题选 ABD。

58. CD 【解析】本题考查共享经济。陈某使用单车，虽然支付了相应的费用，但将单车据为己有，使他人都无法使用该辆单车，违背了所有权人的意愿，不是正常的交易行为。而且，这种行为使所有权人遭受财产损失，应认定为盗窃行为。A 项错误，CD 项正确。共享单车的运营企业是共享单车的所有权人，而共享单车的使用者只是在租赁期间享有共享单车的使用权，B 项错误。故本题选 CD。

59. AB 【解析】本题考查行政复议。行政复议是指公民、法人或者其他组织认为行政机关的具体行政行为侵犯其合法权益，依法向行政复议机关提出复查该具体行政行为的申请，行政复议机关依照法定程序对被申请的具体行政行为进行合法性、适当性审查，并作出行政复议决定的一种法律制度。故本题选 AB。

易错提示：与行政复议不同，行政诉讼只审查行政行为的合法性，这是因为人民法院的司法审查权是有限的。

60. AB 【解析】本题考查消费者权益保护。我国《消费者权益保护法》第二十五条规定："经营者采用网络、电视、电话、邮购等方式销售商品，消费者有权自收到商品之日起七日内退货，且无需说明理由，但下列商品除外：(一)消费者定作的；(二)鲜活易腐的；(三)在线下载或者消费者拆封的音像制品、计算机软件等数字化商品；(四)交付的报纸、期刊。除前款所列商品外，其他根据商品性质并经消费者在购买时确认不宜退货的商品，不适用无理由退货。消费者退货的商品应当完好。经营者应当自收到退回商品之日起七日内返还消费者支付的商品价款。退回商品的运费由消费者承担；经营者和消费者另有约定的，按照约定。"故本题选 AB。

61. ACD 【解析】本题考查联合行文。根据《党政机关公文处理工作条例》第十七条的规定，同级党政机关、党政机关与其他同级机关必要时可以联合行文。属于党委、政府各自职权范围内的工作，不得联合行文。另外，同级政府部门之间可以联合行文。ACD 项正确。上级党委和下级政府不能联合行文，B 项错误。故本题选 ACD。

62. ABCD 【解析】本题考查公文收文。在收到请示性公文时，应重点审核以下几个方面：(1)请示事项是否应由本机关办理；(2)公文内容是否符合国家法律法规，是否符合党中央、国务院的方针政策；(3)请示事项是否符合"一文一事"的规定；(4)公文紧急程度和密级确定是否恰当；(5)公文附件的报送是否及时、齐全。故本题选 ABCD。

63. ACD 【解析】本题考查讲话稿。讲话稿的特点主要包括内容的针对性、篇幅的规定性和语言的得体性等。(1)内容的针对性。讲话稿的内容是由会议主题和讲话者的身份来决定的。因此在写讲话稿之前，必须了解会议的主题、性质、议题，讲话的场合、背景，领导者的指示、要求，听众的身份、背景情况、心理需求和接受习惯等。(2)篇幅的规定性。讲话是有时间限制的，因此对讲话稿的篇幅要有特定要求，不能不顾具体情况长篇大论。(3)语言的得体性。为了便于讲话者表达，易于听众理解和接受，讲话稿的语言既要准确、简洁,又要通俗、生动。ACD 三项正确。B 项错误。故本题选 ACD。

64. ABD 【解析】本题考查舆论管理。为把握舆论动向,促使舆论气氛健康发展,政府有关部门需要做到及时了解舆论,适当引导舆论,积极回应舆论关切,有针对性地做好解惑释疑的工作。故本题选 ABD。

65. ACD 【解析】本题考查法治行政。法治行政的必要性体现在:(1)法治行政是法治国家的基本要求;(2)法治行政是市场经济运行的基石;(3)法治行政是实现公共利益的保障。ACD 三项正确。B 项说法太绝对。故本题选 ACD。

66. ABCD 【解析】本题考查通货膨胀。通货膨胀是指整个社会物价水平持续和普遍的上涨的现象。造成通货膨胀的原因有很多,主要有:(1)需求推动。总需求超过总供给,过多的需求推动产生通货膨胀。(2)成本推动。在没有超额需求的情况下,由于供给方面成本的提高所引起的一般价格水平持续显著上涨。(3)作为货币现象的通货膨胀。货币数量论对于通货膨胀的解释就是:每一次通货膨胀的背后都有货币供给的迅速增长。(4)结构性因素。由于经济结构因素的变动,也会出现一般价格水平的持续上涨。故本题选 ABCD。

67. ABD 【解析】本题考查 GDP。经济学上常把消费、投资、出口比喻为拉动 GDP 增长的"三驾马车",这是对经济增长原理最生动形象的表述。要推动经济持续、稳健、快速发展,就要充分发挥好消费的基础作用、投资的关键作用和出口的支持作用。故本题选 ABD。

68. ABCD 【解析】本题考查前沿技术。2020 年 3 月,习近平总书记在浙江考察时指出,运用大数据、云计算、区块链、人工智能等前沿技术推动城市管理手段、管理模式、管理理念创新,从数字化到智能化再到智慧化,让城市更聪明一些、更智慧一些,是推动城市治理体系和治理能力现代化的必由之路,前景广阔。故本题选 ABCD。

69. ABC 【解析】本题考查五四运动。习近平总书记在纪念五四运动 100 周年大会上的重要讲话中指出,五四运动,爆发于民族危难之际,是一场以先进青年知识分子为先锋、广大人民群众参加的彻底反帝反封建的伟大爱国革命运动,是一场中国人民为拯救民族危亡、捍卫民族尊严、凝聚民族力量而掀起的伟大社会革命运动,是一场传播新思想新文化新知识的伟大思想启蒙运动和新文化运动,以磅礴之力鼓动了中国人民和中华民族实现民族复兴的志向和信心。故本题选 ABC。

70. CD 【解析】本题考查杠杆。省力杠杆是指动力臂大于阻力臂,动力小于阻力的杠杆。省力杠杆具有省力、费距离的特点。日常生活中,属于省力杠杆的有:撬棍、扳手、钳子、拔钉器、开瓶器等。CD 两项正确。筷子属于费力杠杆,A 项错误。天平属于等臂杠杆,既不省力也不费力,B 项错误。故本题选 CD。

方法技巧:判断一个实际生活中的具体的杠杆是省力杠杆还是费力杠杆,要先熟悉它的使用过程,在这个过程中找到动力与阻力,继而找出动力臂与阻力臂,再通过比较力臂的长短作出判断。省力杠杆,顾名思义,其动力臂较长,动力较小,所以省力。

71. ABD 【解析】本题考查长城上的关隘。长城上的重要关隘主要有:嘉峪关、山海关、居庸关、雁门关等。ABD 三项正确。剑门关,位于四川省剑阁县城南 15 千米处,剑门山中断处,绝崖断离,两壁相对,其状似门,故称"剑门",享有"剑门天下险"之誉,是世界罕见的城墙式砾岩断崖丹霞景观。剑门关并非长城的关隘之一,C 项排除。故本题选 ABD。

72. ABC 【解析】本题考查事业单位改革。加快推进事业单位改革是适应我国社会主要矛盾变化、推动公益事业平衡充分发展的迫切需要。通过改革解决好公益事业布局结构不合理、资源配置不均衡、质量效率不高的问题,可以更好满足人民群众日益增长的美好生活需要。故本题选 ABC。

73. ABD 【解析】本题考查事业单位奖励规定。《事业单位工作人员奖励规定》的第三条规定:"事业单位工作人员奖励工作,应当服务经济社会发展,符合事业单位特点,体现时代性、导向性、实效性,丰富奖励形式,发挥奖励的正向激励作用。主要遵循以下原则:(一)坚持党管干部、党管人才;(二)坚持德才兼备、以德为先;(三)坚持事业为上、突出业绩贡献;(四)坚持公开公平公正、严格标准程序;(五)坚持精神奖励与物质奖励相结合、以精神奖励为主;(六)坚持定期奖励与及时奖励相结合、以定期奖励为主。"ABD 三项正确。C 项,"以物质奖励为主"的说法错误,排除。故本题选 ABD。

三、判断题

74. B 【解析】本题考查时政热点。《中华人民共和国国民经济和社会发展第十四个五年规划和 2035 年远景目标纲要》明确提出,"十四五"时期,推动煤炭生产向资源富集地区集中，合理控制煤电建设规模和发展节奏，推进以电代煤。有序放开油气勘探开发市场准入，加快深海、深层和非常规油气资源利用，推动油气增储上产。因地制宜开发利用地热能。因此，题干中“以煤代电”的说法错误。

75. A 【解析】本题考查认识论。人们的认识过程往往是再认识的过程，是认识在原有基础上不断更新的过程。具体地说，我们既不能止步于前人和别人的认识上，也不能停留在自己已有的认识上，只有依据时间、地点、条件的变化继续不断地再认识，才能把认识推进到新的高度。实践没有止境，认识也没有止境。因此，对于社会发展规律，我们已经认识到的只是其中的一部分，还有很多规律需要我们进一步探索和把握。

76. A 【解析】本题考查法治。习近平总书记强调：“推进全面依法治国，根本目的是依法保障人民权益。”坚持法治为了人民，在全面依法治国中更好满足人民对美好生活的向往，一个重要着力点就是把人民对公平正义的期盼落实到依法保障人民权益上。

77. A 【解析】本题考查行政法的程序性原则。行政法的程序性原则包括：正当法律程序原则、行政公开原则、行政公正原则、行政公平原则。其中，行政公平原则的基本要求就是平等对待相对人，不歧视。“平等对待相对人、不歧视”是公民在“法律面前一律平等”的宪法原则在行政法领域的具体体现。平等不是绝对的，行政行为也不可能绝对地、无条件地对相对人一律平等。

78. B 【解析】本题考查函。函适用于不相隶属机关之间商洽工作、询问和答复问题、请求批准和答复审批事项。“相隶属”的说法错误。

79. A 【解析】本题考查行政效益。行政效益是对行政结果的质量规定，主要是看行政活动对社会有益影响的大小和给社会带来福利的多少。

80. B 【解析】本题考查电池的供电。电池的正负极名称不随电池的充放电状态的改变而发生变化，而阴阳极名称随着电池充放电状态的变化而变化。充电时，正极为阳极，负极为阴极；放电时，正极为阴极，负极为阳极。因此，当电池供电时，其正极端为阴极，负极端为阳极。

81. B 【解析】本题考查赤壁之战。赤壁之战是指东汉末年孙权、刘备联军在赤壁大破曹操大军的战役，是中国历史上以少胜多、以弱胜强的著名战役之一。

82. A 【解析】本题考查我国古代文学知识。衿，古式的衣领。在《短歌行》的“青青子衿，悠悠我心”中，“衿”也指代有学识的男性。

83. B 【解析】本题考查事业单位岗位变动人员工资调整办法。事业单位工作人员岗位变动后，从变动的下月起执行新聘岗位的工资标准。

2021 年河南省信阳市淮滨县教师招聘考试公共基础知识真题试卷（五）

答案速查：

1～5	ADDCA	6～10	BCBDA	11～15	CCBAC
16～20	DCBCA	21～25	ADABA	26～28	BDB
29～35	AD AC ACD BD AC BD BD		36～40	×√×√√	
41～45	√×√×√		46～49	√√×√	

一、单项选择题

1. A 【解析】本题考查时事热点。2021 年 5 月 21 日，习近平总书记在主持召开中央全面深化改革委员会第十九次会议时强调，义务教育是国民教育的重中之重，要全面贯彻党的教育方针，落实立德树人根本任务，充分发挥学校教书育人主体功能，强化线上线下校外培训机构规范管理。

2. D 【解析】本题考查时事热点。国务院办公厅印发《关于全面加强药品监管能力建设的实施意见》明确，构建全国药品追溯协同平台，整合药品生产、流通、使用等环节追溯信息，从疫苗、血液制品、特殊药品等开始，逐步实现药品来源可查、去向可追。逐步实施医疗器械唯一标识，加强与医疗管理、医保管理等衔接。“整合药品生产、流通、使用等环节追溯信息”说明要实现药品全生命周期追溯。

3. D 【解析】本题考查时事热点。国务院副总理韩正于 2021 年 5 月 18 日在中国环境科学研究院主持召开座谈会，强调要全面准确贯彻新发展理念，坚持节约资源和保护环境的基本国策，坚持问题导向，加强顶层设计，充分认识生态文明建设面临的诸多矛盾和挑战,持之以恒推进生态环境保护重点工作。

4. C 【解析】本题考查时事热点。全国政协主席汪洋在十三届全国政协第49次双周协商座谈会上指出,要深入领会习近平总书记关于科技创新的重要论述,发挥新型举国体制优势,处理好政府与市场在创新资源配置中的关系,完善项目遴选、投资决策、实施监督、成果评价、收益分配、部门协调等机制,打好关键核心技术攻坚战,助力科技自立自强和经济社会高质量发展。

5. A 【解析】本题考查时事热点。2021年5月,中央军委印发《关于表彰全军战略规划工作先进单位和先进个人的通报》,对10个全军战略规划工作先进单位和18名全军战略规划工作先进个人予以表彰。通报指出,近年来,全军各级以习近平新时代中国特色社会主义思想为指导,深入贯彻习近平强军思想,深入贯彻新时代军事战略方针,坚决贯彻落实习主席和中央军委决策部署,坚持瞄准强敌、聚焦实战,坚持系统谋划、顶层统筹,坚持质量第一、效益优先,聚力攻坚克难、锐意改革创新,全力推进新时代强军战略设计,全力推进"十三五"规划任务落实,全力推进战略管理改革,规划理念加快更新、规划模式加快转型、规划能力加快提升,涌现出一大批战略规划工作先进单位和先进个人。

6. B 【解析】本题考查时事政治。中央政法委书记郭声琨在中央信访工作联席会议"治理重复信访、化解信访积案"经验交流暨工作推进会上强调,要坚持标本兼治,强化属地管理、落实主体责任,坚持因案施策、推进难案攻坚,加强政策供给、批量解决问题,健全长效机制、着力控增防变,以更大的决心、更有力的措施不断推进专项工作纵深开展。

7. C 【解析】本题考查时事政治。全国政协主席汪洋在"巩固拓展脱贫攻坚成果,全面实施乡村振兴战略"专题协商会上强调,要认真学习领会习近平总书记关于全面推进乡村振兴的重要论述,因地制宜、稳中求进,持续推动农业强起来、农村美起来、农民富起来,持续缩小城乡区域发展差距,坚决守住不发生规模性返贫的底线,让全体人民共享改革发展成果。

8. B 【解析】本题考查时事热点。习近平总书记在中国科学院第二十次院士大会上指出,我国广大科技工作者要以与时俱进的精神、革故鼎新的勇气、坚忍不拔的定力,面向世界科技前沿、面向经济主战场、面向国家重大需求、面向人民生命健康,把握大势、抢占先机,直面问题、迎难而上,肩负起时代赋予的重任,努力实现高水平科技自立自强!

9. D 【解析】本题考查时事政治。2021年5月28日下午,两院院士大会、中国科协第十次全国代表大会第二次全体会议在北京人民大会堂举行。国务院总理李克强发表重要讲话强调,要以习近平新时代中国特色社会主义思想为指导,坚持稳中求进工作总基调,准确把握新发展阶段,深入贯彻新发展理念,加快构建新发展格局,立足当前,着眼长远,围绕激发市场主体活力、增强发展内生动力,持续深化改革,保持宏观政策必要支持力度,注重用市场化办法解决大宗商品价格上涨等经济运行中的突出问题,大力推动科技创新,扩大内需与对外开放互促并进,在发展中保障和改善民生,保持经济运行在合理区间和就业稳定,推动高质量发展。

10. A 【解析】本题考查时事热点。在国务院联防联控机制于2021年5月31日举办的新闻发布会上,中国疾控中心研究员冯子健指出,我们要继续做好"外防输入、内防反弹"的各项防控工作,确保这些措施都能得到有效的落实。

11. C 【解析】本题考查教育热点。教材是落实立德树人根本任务的关键要素。习近平总书记多次强调,教材是育人育才的重要依托,教材建设是铸魂工程。

12. C 【解析】本题考查十九届五中全会。党的十九届五中全会深入分析了我国发展环境面临的深刻复杂变化,认为当前和今后一个时期,我国发展仍然处于重要战略机遇期,但机遇和挑战都有新的发展变化。

13. B 【解析】本题考查习近平新时代中国特色社会主义思想。只有坚定理想信念,才能固本培元,从而不断增强党的创造力、凝聚力、战斗力。习近平总书记强调,有了坚定的理想信念,站位就高了,眼界就宽了,心胸就开阔了,就能坚持正确政治方向,在胜利和顺境时不骄傲不急躁,在困难和逆境时不消沉不动摇,经受住各种风险和困难考验,自觉抵御各种腐朽思想的侵蚀,永葆共产党人政治本色。

14. A 【解析】本题考查社会主义市场经济。充分发挥社会主义的制度优势能够有效弥补市场调节的盲目性、自发性、滞后性等固有弊端。在社会主义市场经济条件下,我国的公有制主体地位可以为促进经济社会发展提供物质支撑。

15. C 【解析】本题考查党的建设。毛泽东在党的七大鲜明地指出:"有无认真的自我批评,也是我们和其他政党互相区别的显著的标志之一。”通过自我批评总结党的历史经验，在总结历史经验中增强党的团结，这无论在中国共产党的历史上，还是在国际共产主义运动的历史上，都是党的建设的伟大创举。

16. D 【解析】本题考查婚姻关系。根据我国《民法典》第一千零五十一条的规定，有下列情形之一的，婚姻无效：(1) 重婚；(2) 有禁止结婚的亲属关系；(3) 未到法定婚龄。小赵登记结婚时不到法定婚龄 20 周岁，但起诉时已到法定婚龄，无效婚姻的情形已经消失，故不能定为婚姻无效纠纷，排除 A 项。根据我国《民法典》的规定，可撤销婚姻的情形为：(1) 因胁迫结婚的；(2) 一方患有重大疾病，在结婚登记前不如实告知的。该案并不存在这两种情形，故不能定为撤销婚姻纠纷，排除 B 项。小赵以表姐小孙的名义与钱某登记结婚，虽是弄虚作假，但并非“未办理结婚登记而以夫妻名义共同生活”。因此，该案不能定为解除非法同居关系纠纷，排除 C 项。根据我国《最高人民法院关于民事诉讼证据的若干规定》第五十三条的规定，诉讼过程中，当事人主张的法律关系性质或者民事行为效力与人民法院根据案件事实作出的认定不一致的，人民法院应当将法律关系性质或者民事行为效力作为焦点问题进行审理。但法律关系性质对裁判理由及结果没有影响，或者有关问题已经当事人充分辩论的除外。存在前款情形，当事人根据法庭审理情况变更诉讼请求的，人民法院应当准许并可以根据案件的具体情况重新指定举证期限。本案中，小赵在诉状中要求确认其与钱某的婚姻关系无效，经人民法院查证不属婚姻无效及解除非法同居关系情形，应告知小赵可以将自己的诉讼请求变更为与钱某离婚，因此该案应该定为离婚纠纷。故本题选 D。

17. C 【解析】本题考查犯罪形态。犯罪既遂是指行为人所实施的行为已经齐备了刑法分则对某一具体犯罪所规定的全部构成要件。犯罪未遂是指已经着手实行犯罪，由于犯罪分子意志以外的原因而未得逞的形态。犯罪中止是指在犯罪过程中，自动放弃犯罪或者自动有效地防止犯罪结果发生的形态。犯罪预备是指为了犯罪，准备工具、制造条件的行为。其中，犯罪中止是自动放弃，而犯罪未遂是被迫放弃。李某在犯罪过程中打消了犯罪的念头，属于自动放弃，符合犯罪中止的特征。故本题选 C。

方法技巧：犯罪未遂是“欲达目的而不能”，犯罪中止是“能达目的而不欲”。区别犯罪中止与犯罪预备、犯罪未遂时，自动性是犯罪中止的本质特征。

18. B 【解析】本题考查刑法分则。抗税罪是指负有纳税义务或者代扣代缴、代收代缴义务的个人或者企业事业单位的直接责任人员，故意违反税收法规，以暴力、威胁方法拒不缴纳税款的行为。材料中不涉及纳税问题，A 项错误，排除。侵占罪是指将代为保管的他人财物非法占为已有或者将他人的遗忘物或者埋藏物非法占为已有，数额较大，拒不退还的行为。小周扫码开锁后占用车辆的那段时间，是基于和该公司的租赁合同合法占有车辆；小周破坏电子锁及定位装置的行为使该公司产生丧失车辆控制权的紧急危险；小周将车置于家中，外出骑行时锁上自备私家锁的行为，使得该车已脱离公司的系统管控范围，使公司丧失了车的所有权。此时，小周已对车辆建立起新的支配关系，因此成立侵占罪既遂。B 项说法正确，当选。诈骗罪是指以非法占有为目的，用虚构事实、隐瞒真相的方法骗取数额较大的公私财物的行为。抢劫罪是指以暴力、胁迫或者其他方法抢劫公私财物的行为。小周的行为不涉及虚构事实、隐瞒真相和以暴力、胁迫或者其他方法抢劫等特点，因此不构成诈骗罪和抢劫罪，CD 两项不符合题意。故本题选 B。

19. C 【解析】本题考查犯罪排除事由。在人身伤害的案件中，相互斗殴是双方以侵害对方身体的意图而进行的相互攻击行为，这是一种相互侵害行为，双方都具有互相防卫的意图，故一般不存在正当防卫。但是，在相互斗殴中，如果一方已经停止或放弃斗殴，向另一方求饶或者逃跑，但另一方并未放弃殴打，而是继续实行侵害，此时相互斗殴的性质已经转化为单方的不法侵害行为。被侵害人对此进行的反击，就可以称为正当防卫，理论上称其为逆防卫。吴某虽然将王某打伤，但吴某的行为是对王某伤害行为进行的自卫，因此其行为是一种正当防卫。故本题选 C。

20. A 【解析】本题考查财产纠纷。根据我国《民法典》第四百六十九条的规定，当事人订立合同，可以采用书面形式、口头形式或者其他形式，由“褚某答应生意好转了还给陈某”可知，陈某明确表达了自己借款的意图，而褚某也知道这是借款，陈某与褚某之间构成了合同法律关系，故褚某所得 2.8 万元属于民间借贷，A 项正确。陈某没有说明该笔钱款无需归还，因此不属于自愿赠与，B 项不符合题意。不当得利是指得利人没有法律根据取得了不当利益，褚某接受的 2.8 万元并非不当利益，因此不属于不当得利，C 项不符合题意。陈某与褚某没有签订入股协议，因此褚某所得的 2.8 万元不能判定为入股资金，D 项不符合题意。故本题选 A。

21. A 【解析】本题考查行为责任。韩某以非法占有为目的，在签订、履行合同过程中骗取李某的财物，数额较大，因此应当以合同诈骗罪追究其刑事责任。故本题选 A。

22. D 【解析】本题考查刑法。立功是指犯罪分子有揭发他人犯罪行为，查证属实的，或者提供重要线索，从而得以侦破其他案件等表现。陈某以非法占有为目的，骗取杨某的钱财，侵犯了杨某的私有财产权，应受到法律的制裁。杨某揭发了陈某的犯罪事实，符合立功的条件，符合法律规定和立法精神。故本题选 D。

23. A 【解析】本题考查死亡赔偿金的分配。死亡赔偿金是在死者死亡时所赔付给权利人的赔偿金，不是遗产，不能继承，但可以参照《民法典》中分割遗产的原则加以合理分配。根据我国《民法典》第一千一百二十七条的规定，遗产按照下列顺序继承：(1)第一顺序：配偶、子女、父母；(2)第二顺序：兄弟姐妹、祖父母、外祖父母。这里所称的兄弟姐妹，包括同父母的兄弟姐妹、同父异母或者同母异父的兄弟姐妹、养兄弟姐妹、有扶养关系的继兄弟姐妹。秦某的表哥不属于法定继承人，无权分配到死亡赔偿金。故本题选 A。

24. B 【解析】本题考查行政协调。行政协调是指行政机关及其行政工作人员运用各种方法，调整行政系统内部各组织之间、人员之间、行政运行各环节、各阶段之间关系，以及行政系统与外部环境、管理对象之间的关系，以便和谐地实现行政目标的行为。因此，B 项中"行政机关与内部环境之间的协调"的说法片面。故本题选 B。

25. A 【解析】本题考查行政决策。行政决策过程主要包括以下主要阶段和步骤：(1)情报活动阶段：发现问题、确定目标，是行政决策活动的第一个阶段，是构成决策的前提。(2)设计活动阶段：列出备选方案，按照综合、整体、效用、动态的原则，选出最优或者次优的过程。(3)抉择活动阶段：选定最佳方案。(4)反馈活动阶段：在整个决策过程中，不断地通过信息反馈，对过去的抉择进行实践性评价和检验，尤其是对最后的抉择进行实践性评价和检验，验证决策的正确与否及其效用程度，及时修正决策方向或弥补决策遗漏，从而避免重大决策失误。故本题选 A。

26. B 【解析】本题考查人民代表大会。根据我国《宪法》的规定，中华人民共和国的一切权力属于人民。人民行使国家权力的机关是全国人民代表大会和地方各级人民代表大会。故本题选 B。

27. D 【解析】本题考查行政行为。失效行为是指在行政权力的运行过程中，尽管投入了相当多的人力、物力和财力，但仍然没有达到既定目标，行政效率低下等等。故本题选 D。

28. B 【解析】本题考查行政领导方式。采取发布有权威性、非执行不可的指示或命令的领导方式，就是强制方式。说服方式包括劝告、诱导、启发、商量、建议等易于领导者和群众双向沟通的方式，是行政领导经常使用的领导方式。示范方式是指领导们的精神面貌、行为方式、工作方式、工作动机、价值观念乃至个人趣味，对本组织的人员都会产生明显的或潜移默化的影响。放任方式是指领导只对下级工作作必要的原则、方针、政策规定，其余自行决定，没有人干扰。故本题选 B。

二、多项选择题

29. AD 【解析】本题考查时事热点。国家减灾委主任王勇在四川调研森林防灭火、防汛抗旱和防震减灾工作时强调，要深入贯彻习近平总书记关于防灾减灾救灾的重要论述，按照党中央、国务院决策部署，坚持人民至上、生命至上，全力做好各类灾害防范应对，最大限度降低灾害风险损失，为人民群众生命财产安全和经济社会健康发展提供坚实保障。故本题选 AD。

30. AC 【解析】本题考查时事政治。中共中央办公厅印发《关于在全社会开展党史、新中国史、改革开放史、社会主义发展史宣传教育的通知》，对在中国共产党成立 100 周年之际开展"四史"宣传教育作出安排部署。《通知》明确，要以学习宣传贯彻习近平新时代中国特色社会主义思想为主线，准确把握这一重要思想的理论逻辑、历史逻辑、实践逻辑，深入领会这一重要思想的历史地位和重大意义，不断增进政治认同、思想认同、理论认同、情感认同。故本题选 AC。

31. ACD 【解析】本题考查习近平新时代中国特色社会主义思想。《中共中央关于制定国民经济和社会发展第十四个五年规划和二〇三五年远景目标的建议》指出，当今世界正经历百年未有之大变局，新一轮科技革命和产业变革深入发展，国际力量对比深刻调整，和平与发展仍然是时代主题，人类命运共同体理念深入人心，同时国际环境日趋复杂，不稳定性不确定性明显增加，新冠肺炎疫情影响广泛深远，经济全球化遭遇逆流，世界进入动荡变革期，单边主义、保护主义、霸权主义对世界和平与发展构成威胁。故本题选 ACD。

32. BD 【解析】本题考查党史研究。习近平总书记在党史学习教育动员大会上发表重要讲话强调，要树立正确党史观。习近平总书记强调的正确党史观，展现出坚持政治性与科学性有机统一的鲜明特征。习近平总书记认为，坚持政治性与科学性的统一是党史工作者必须解决的问题。一方面，政治性离不开科学性，科学性是政治性的基础；另一方面，科学性也离不开政治性，只有站在人民立场上才能得到科学的认识，把握社会发展的客观规律。故本题选 BD。

33. AC 【解析】本题考查人才流动。人才合理流动是促进区域经济发展与繁荣的重要途径，更是建设社会主义现代化强国、推动经济高质量发展的必然要求。要坚持价值创造导向，打破管理体制上的区域限制，健全市场化的人才流动机制，畅通人才流动渠道，促进人才按供需规律流动。要创新人才流动服务体系，打破户籍、身份、学历、人事关系等制约，促进城乡、不同区域、不同行业之间的人才协调发展，鼓励引导人才向艰苦边远地区、中西部地区流动，推动经济协调发展。故本题选 AC。

34. BD 【解析】本题考查劳动法。尤某为水务公司提供劳务，报酬以工程量计算，且补签“用工协议”，协议内容与完成工作内容一致，双方形成承揽关系。A 项错误，B 项正确。在承揽雇佣混同的侵权纠纷案件中，提供劳务一方受到侵害的，其赔偿责任应综合评定定作人、承揽方、提供劳务方各自的责任分担。本案中，许某与尤某之间形成雇佣关系，因此许某受伤的损害赔偿应根据许某、尤某及该水务公司各自的过错责任分别承担。C 项错误，D 项正确。故本题选 BD。

35. BD 【解析】本题考查知识产权。人格权指民事主体享有的生命权、身体权、健康权、姓名权、名称权、肖像权、名誉权、荣誉权、隐私权等权利。题中该公司未侵犯何某的人格权，A 项排除。署名权是指表明作者身份，在作品上署名的权利。该公司未经何某同意就发表照片，未进行署名以表明何某的作者身份，侵犯了何某的署名权，B 项正确。自由权是法律规定或者认可并保障公民按照自己的意愿进行活动的权利，题中未出现与自由权相关的内容，C 项排除。复制权是指制作作品复制品的权利，依作品表现形式的不同可分为三种情形：(1)以图书、报纸、期刊等印刷品形式复制和传播作品的权利，即通常所说的出版权；(2)以唱片、磁带、幻灯片等音像制品形式复制和传播作品的权利，即录音录像权或机械复制权；(3)使用临摹、照相、雕塑、雕刻等方法复制和传播美术等作品的权利，即狭义上的复制权。该题干符合第一种情形，故该公司侵犯了何某的复制权，D 项说法正确。故本题选 BD。

三、判断题

36. × 【解析】本题考查党建。中国共产党在革命性锻造中坚定走在时代前列。历史和现实一再证明，一个执政党进行社会革命不容易，进行自我革命更不容易，而不进行自我革命就必然被历史所淘汰。

37. √ 【解析】本题考查中国特色社会主义。中国特色社会主义进入新时代，我们实现了从“赶上时代”到“引领时代”的伟大跨越，意味着科学社会主义在二十一世纪的中国焕发出强大生机活力，在世界上高高举起了中国特色社会主义伟大旗帜。

38. × 【解析】本题考查习近平新时代中国特色社会主义思想。习近平新时代中国特色社会主义思想，是党和人民实践经验和集体智慧的结晶。习近平总书记是习近平新时代中国特色社会主义思想的主要创立者，为习近平新时代中国特色社会主义思想的创立发挥了决定性作用、作出了决定性贡献。

方法技巧：有关毛泽东思想、邓小平理论、习近平新时代中国特色社会主义思想的表述中，凡是认为某个思想理论的创立者是一人的说法均是错误的。

39. √ 【解析】本题考查习近平新时代中国特色社会主义思想。习近平新时代中国特色社会主义思想内涵十分丰富，涵盖新时代坚持和发展中国特色社会主义的总目标、总任务、总体布局、战略布局和发展方向、发展方式、发展动力、战略步骤、外部条件、政治保证等基本问题，并根据新的实践对经济、政治、法治、科技、文化、教育、民生、民族、宗教、社会、生态文明、国家安全、国防和军队、“一国两制”和祖国统一、统一战线、外交、党的建设等各方面作出了新的理论概括和战略指引。

40. √ 【解析】本题考查质量互变规律。时代的发展有一个从量变到质变的过程,在量变中蕴含着质变,质变是量变的必然结果,同时又开启新的量变。回顾党领导人民的奋斗历程,革命也好,建设也好,改革也好,都经历了从量的积累到质的飞跃的不同发展阶段。

41. √ 【解析】本题考查教唆犯罪。根据我国《刑法》第二十九条的规定,教唆他人犯罪的,应当按照他在共同犯罪中所起的作用处罚。

42. × 【解析】本题考查拘役。根据我国《刑法》第四十三条的规定,被判处拘役的犯罪分子,由公安机关就近执行。在执行期间,被判处拘役的犯罪分子每月可以回家一天至两天。题干中的“每周”说法错误。

43. √ 【解析】本题考查婚姻自由。根据我国《民法典》第一千零四十二条的规定,禁止包办、买卖婚姻和其他干涉婚姻自由的行为。

44. × 【解析】本题考查人格权。根据我国《民法典》第九百九十二条的规定,人格权不得放弃、转让或者继承。

45. √ 【解析】本题考查侵权行为。根据我国《民法典》第一千一百九十条的规定,完全民事行为能力人因醉酒、滥用麻醉药品或者精神药品对自己的行为暂时没有意识或者失去控制造成他人损害的,应当承担侵权责任。因此,这种行为是侵权行为。

46. √ 【解析】本题考查行政命令。行政命令是行政决定的一种行为形态,指行政主体要求特定的相对人履行一定的作为或不作为义务的意思表示,即要相对人履行一定的义务,而不是赋予相对人一定的权利。

47. √ 【解析】本题考查行政检查。行政检查是一种重要的行政执法方式,是行政机关在行政执法活动中经常要采取的一种手段,可以对保护行政管理相对人的合法权益起到很好的促进作用。

48. × 【解析】本题考查行政立法。宪法具有最高的法律效力,一切法律、行政法规、地方性法规、自治条例和单行条例、规章都不得同宪法相抵触。

49. √ 【解析】本题考查行政文化。行政文化是在社会文化的基础上,在具体的行政活动中形成的。行政文化是一种历史现象,是在一定的历史条件下出现的,是人类社会发展到一定的历史时期的产物。

2021 年河南省安阳市龙安区教师招聘考试公共基础知识真题试卷(六)

答案速查:

1~5	√√×××			6~10	××√×√		
11~15	CBADA	16~20	DBDAD	21~25	BDCBA	26~30	BBBCB
31~34	BCAC			35~40	BCD ABC ABC ACD ACD CD		
41~44	BD ABCD ACD ABCD						

一、判断题

1. √ 【解析】本题考查“十四五”规划。“十四五”时期是我国全面建成小康社会、实现第一个百年奋斗目标之后,乘势而上开启全面建设社会主义现代化国家新征程、向第二个百年奋斗目标进军的第一个五年。

2. √ 【解析】本题考查文化自信。文化自信是一个国家、一个民族发展中更基本、更深沉、更持久的力量。

3. × 【解析】本题考查我国的根本政治制度。人民代表大会制度是我国人民民主专政的政权组织形式,是我国的根本政治制度。

4. × 【解析】本题考查《刑法修正案(十一)》。根据我国《刑法修正案(十一)》的规定,已满十二周岁不满十四周岁的人,犯故意杀人、故意伤害罪,致人死亡或者以特别残忍手段致人重伤造成严重残疾,情节恶劣,经最高人民检察院核准追诉的,应当负刑事责任。因此,我国法定最低刑事责任年龄是 12 周岁。

5. × 【解析】本题考查公有制经济。公有制经济包括国有经济、集体经济以及混合所有制经济中的国有成分和集体成分。

6. × 【解析】本题考查矛盾的普遍性与特殊性的辩证关系原理。“社会发展模式绝不可能完全复制”是指他国的社会发展模式具有普遍性,在借鉴时需要考虑到本国具体实际的特殊性,符合矛盾的普遍性与特殊性的辩证关系原理,体现了具体问题具体分析的方法论。

7. × 【解析】本题考查中共党史。1927 年 8 月 7 日,八七会议在汉口召开。会议总结了革命失败的经验教训,结束了陈独秀右倾机会主义在党中央的统治,确定了党在农村领导武装暴动、开展土地革命的斗争方针。这次会议对于挽救大革命失败所造成的危局,实现党的战略转变起了重要作用。题干中的"遵义会议"说法错误。

8. √ 【解析】本题考查管理学常识。"木桶效应"又称"短板理论",其内容是:一只水桶盛水量的多少,并不取决于桶壁上最长的那块木板,而取决于桶壁上最短的那块木板。"木桶效应"说明我们在管理工作中要注意整体性。

9. × 【解析】本题考查公文的分类。公文按性质作用,可分为知照性公文、指令性公文、报请性公文和商洽性公文等。其中,知照性公文是指机关单位发布的需要周知或遵守,以及各机关单位之间联系工作、通报情况所使用的公文,如公报、公告、通知、通报、函。报告属于报请性公文,而非知照性公文。

方法技巧:知照性公文一般包括下行文和平行文,报请性公文一般是上行文,考生可根据公文的行文方向加以区分。

10. √ 【解析】本题考查计算机病毒。计算机病毒是指编制或者在计算机程序中插入的破坏计算机功能或者毁坏数据,影响计算机使用,并能自我复制的一组计算机指令或者程序代码。

二、单项选择题

11. C 【解析】本题考查习近平新时代中国特色社会主义思想。习近平总书记在庆祝中国共产党成立一百周年大会上的讲话中指出,中国共产党为什么能,中国特色社会主义为什么好,归根到底是因为马克思主义行!

12. B 【解析】本题考查十九届五中全会。党的十九届五中全会明确提出了"十四五"时期经济社会发展必须遵循的重要原则,即坚持党的全面领导,坚持以人民为中心,坚持新发展理念,坚持深化改革开放,坚持系统观念。其中,排在首位的是坚持党的全面领导。

13. A 【解析】本题考查党史学习教育。2021 年 2 月 20 日,习近平总书记在党史学习教育动员大会上强调,这次学习教育工作"总的来说就是要做到学史明理、学史增信、学史崇德、学史力行,教育引导全党同志学党史、悟思想、办实事、开新局"。

14. D 【解析】本题考查我国航天成就。2021 年 6 月 17 日 9 时 22 分,搭载神舟十二号载人飞船的长征二号 F 遥十二运载火箭,在甘肃酒泉卫星发射中心点火发射。此后,神舟十二号载人飞船与火箭成功分离,进入预定轨道,顺利将聂海胜、刘伯明、汤洪波 3 名航天员送入太空。这是我国载人航天工程立项实施以来的第 19 次飞行任务,也是空间站阶段的首次载人飞行任务。

15. A 【解析】本题考查习近平新时代中国特色社会主义经济思想。习近平总书记强调,中国特色社会主义进入了新时代,我国经济发展也进入了新时代,基本特征就是我国经济已由高速增长阶段转向高质量发展阶段。

16. D 【解析】本题考查"七一勋章"获得者。张桂梅,云南省丽江华坪女子高级中学党支部书记、校长,华坪县儿童福利院院长。她扎根贫困地区 40 余年,创办全国第一所全免费女子高中,帮助 1800 多名贫困山区女孩圆梦大学,是为教育事业奉献一切的"张妈妈",于 2021 年 6 月 29 日被中共中央授予"七一勋章"。

17. B 【解析】本题考查 2020 年东京奥运会。北京时间 2021 年 7 月 24 日,东京奥运会女子十米气步枪决赛中,杨倩为中国代表团夺得本届奥运会首枚金牌。

18. D 【解析】本题考查习近平新时代中国特色社会主义思想。习近平总书记强调,中国共产党一经诞生,就把为中国人民谋幸福、为中华民族谋复兴确立为自己的初心和使命。

19. A 【解析】本题考查社会主义法制。题干说明了《民法典》的颁布对社会生活的重大影响,强调的是立法,说明有法可依是加强社会主义法制的根本前提,A 项正确。题干没有体现执法或违法,BD 两项排除。有法必依是加强社会主义法制的中心环节,C 项说法错误。

20. D 【解析】本题考查我国社会主义改革。经济体制改革是政治体制改革的前提和基础,政治体制改革是经济体制改革顺利进行的重要保障。政治体制改革同经济体制改革相互依赖、相互配合。

21. B 【解析】本题考查“共享文明”。由题干可知，共享经济的健康发展需要“共享文明”的保驾护航，这是因为“共享文明”作为一种先进的文化可以促进经济社会的健康发展，B 项说法正确。AC 两项夸大了“共享文明”的作用，排除。D 项本身说法正确，但与题意不符，排除。故本题选 B。

22. D 【解析】本题考查管理常识。题干强调的是，管理工作不仅要重视占少数的“关键的事情”，还要善于处理占多数的“一般的事情”，这意味着管理工作要注重协调计划和组织工作。

23. C 【解析】本题考查政府管理。题干中，市政府成立公园城市建设管理局，并整合规划用地、增强城市环境承载能力的做法，目的是通过完善政府机构设置来增强城市治理能力，C 项正确。故本题选 C。

24. B 【解析】本题考查民事责任。根据我国《民法典》的相关规定，十八周岁以上的自然人为成年人，成年人为完全民事行为能力人；十六周岁以上的未成年人，以自己的劳动收入为主要生活来源的，视为完全民事行为能力人。小许不是完全民事行为能力人，排除 C 项。无民事行为能力人、限制民事行为能力人造成他人损害的，由监护人承担侵权责任。故应由小许的监护人承担民事责任，且我国法律中并没有监护人需要为此承担刑事责任的说法，AD 两项错误。健康权是公民依法享有的身体健康不受非法侵害的权利，小许殴打小孙致其右手中指骨折，侵犯了小孙的健康权，B 项正确。

25. A 【解析】本题考查民族文化。孔子“裔不谋夏，夷不乱华”思想的意思是说，远方的异族不能对华夏图谋不轨，夷狄不能扰乱中华，体现出华夏和夷狄的明显区别。而孟子的思想则从是否接受华夏文化这个角度来区分华夏和夷狄，说明了民族融合趋势的日益加强，A 项符合题意。B 项中的“放弃夷夏观念”说法错误，C 项中的“优于”在材料中没有体现出来，D 项中的“背离”说法错误。故本题选 A。

26. B 【解析】本题考查哲学依据。对待中国古代文化遗产和外国文化，坚持“古为今用”“洋为中用”，体现了辩证否定的实质是“扬弃”，即新事物对旧事物既批判又继承，既克服其消极因素又保留其积极因素。因此，这种对待中外文化态度的根本哲学依据是辩证的否定观原理，B 项说法正确。ACD 三项在题干中均未体现出来，排除。故本题选 B。

27. B 【解析】本题考查价值和使用价值。“好用不贵”中，“好用”是指商品的使用价值，“不贵”是指由商品的价值决定的商品价格，这表明商品是使用价值与价值的统一体，B 项符合题意。价值决定价格，A 项说法错误。消费者的愿望能影响商品的生产与服务水平，但不起决定作用，C 项说法错误。商品价值量的大小是由生产该商品所需要的社会必要劳动时间决定的，D 项说法错误。故本题选 B。

28. B 【解析】本题考查公文格式。通知类公文的标题一般由发文机关、事由、文种组成；也可以省略发文机关，由事由和文种组成。事由要概括准确、明白无误，没有歧义。AC 两项中的事由不明确，排除。批转和转发文件的公文，所转发的文件内容要体现在标题中。D 项属于批转性通知，不符合要求，排除。B 项格式正确，当选。

29. C 【解析】本题考查公文的结语。请示适用于向上级机关请求指示、批准。请示的问题必须是自己无权作出决定或处理，必须向上级机关请求批准的。结语的习惯用语一般有“当否，请批示”“上述意见是否妥当，请指示”“以上请示，请予审批”或“以上请示如无不妥，请批转各地区、各部门研究执行”等。A 项中的“要求”，B 项中的“同意”，D 项中的“考虑”均表述不恰当，排除。故本题选 C。

30. B 【解析】本题考查计算机常识。在 Excel 中，SUM 函数可以求和，AVERAGE 函数可以求平均数，COUNT 函数可以对数据的个数进行计数，MAX 函数可以求最大值。小李想求出自己一周的平均花费应该选用 AVERAGE 函数。故本题选 B。

31. B 【解析】本题考查急救常识。遭遇洪水袭击，已经来不及撤离时，要立即爬上屋顶、大树、坚固的高墙等高处，暂时避险，等待救援。有通信条件的，可利用通信工具寻求救援；无通信条件的，可制造烟火、来回挥动颜色鲜艳的衣物或集体同声呼救，不断向外界发出紧急求助信号。B 项说法正确，D 项说法错误。在身上捆绑重物可能会妨碍逃生，A 项说法错误。转移时要先人员后财产，包裹和携带财物可能会耽误逃生的最佳时机，C 项说法错误。故本题选 B。

32. C 【解析】本题考查生活常识。地壳中含量最多的元素是氧，A 项对应错误。鄱阳湖是我国境内最大的淡水湖，B 项对应错误。德国物理学家伦琴于 1895 年发现了 X 射线，C 项对应正确。用于预防肺结核的疫苗叫卡介苗,百白破疫苗可以同时预防百日咳、白喉和破伤风,D 项对应错误。故本题选 C。

33. A 【解析】本题考查材料理解。“近年来我国文旅消费不断提质升级,故宫博物院、上海博物馆‘出圈’,‘三星堆上新’带来文博旅游的爆红”,体现了文化与经济的相互交融,使得公众对自身文化的归属感和认同感不断加深,①符合题意。优秀的文化才能推动经济的发展,②的说法过于绝对,排除。刷屏的河南卫视水下舞蹈节目等将当地的文化、旅游资源和地域风貌有机融为一体,在传统文化中融入互联网思维和当下文化潮流因素,以全新的艺术形式激活文化遗存。这说明推动文旅产品与当地文化底色“共生”,能够促进优秀文化不断“破圈”,③符合题意。题干没有体现出文旅业发展成为提升国民文化自信、增强中华文化影响力和传播力的着力点,④不符合题意,排除。故本题选 A。

34. C 【解析】本题考查文化常识。古代宴席上四个方向的座位中,以东向座(坐西朝东)为最尊,其次是南向座(坐北朝南),再次是北向座(坐南朝北),最卑的是西向座(坐东朝西)。C 项说法错误,当选。

三、多项选择题

35. BCD 【解析】本题考查《中华人民共和国国民经济和社会发展第十四个五年规划和 2035 年远景目标纲要》。《中华人民共和国国民经济和社会发展第十四个五年规划和 2035 年远景目标纲要》指出,展望 2035 年,我国将基本实现社会主义现代化。建成文化强国、教育强国、人才强国、体育强国、健康中国,国民素质和社会文明程度达到新高度,国家文化软实力显著增强。故本题选 BCD。

36. ABC 【解析】本题考查“四个意识”。习近平总书记在庆祝中国共产党成立 95 周年大会上的讲话中强调,全党同志要增强政治意识、大局意识、核心意识、看齐意识,切实做到对党忠诚、为党分忧、为党担责、为党尽责。因此,“四个意识”是指政治意识、大局意识、核心意识、看齐意识。故本题选 ABC。

37. ABC 【解析】本题考查计算机常识。在 Word 文档中使用“字体”对话框可以完成的设置有字体、字形(常规、倾斜、加粗等)、字号、字体颜色、下划线及其线型等,ABC 三项说法正确。右对齐应在“段落”对话框中设置,D 项说法错误,排除。故本题选 ABC。

38. ACD 【解析】本题考查行政监督体系。我国内部监督体系分为一般监督和专门监督,审计监督属于专门监督,B 项错误。我国行政监督体系中的外部监督主要包括立法监督、司法监督、政党监督、监察监督、社会监督等。国家权力机关的监督,又称立法监督,A 项正确。司法监督的主体是司法机关,社会监督是政治组织之外的社会团体、公民社会舆论所进行的监督,C 项正确。政党监督是指中国共产党及各民主党派进行的监督,人民政协的监督属于政党监督,D 项正确。故本题选 ACD。

方法技巧:我国行政系统的外部监督的主体包括国家权力机关、党组织、社会团体、人民群众等。考生在判断内部监督与外部监督时,应先从判断监督主体是否属于行政组织入手。

39. ACD 【解析】本题考查新文化运动。新文化运动是由陈独秀、李大钊、鲁迅、胡适等人发起的一次思想文化革命运动。新文化运动的主要内容是:提倡民主,反对专制;提倡科学,反对迷信;提倡新道德,反对旧道德;提倡新文学,反对旧文学。故本题选 ACD。

40. CD 【解析】本题考查人生价值。科学实验并非实现人生价值的必由之路,A 项说法错误。社会客观条件是实现人生价值的前提,B 项本身说法正确,但与题干强调的内容无关,排除。袁隆平通过发展杂交水稻科研事业解决了更多人的吃饭问题,让国家的粮仓变得充实。这表明实现个人价值需要坚持正确价值观,人的价值在于为社会和人民创造价值,CD 两项说法正确。故本题选 CD。

41. BD 【解析】本题考查政治常识。推进我国国家治理体系和治理能力现代化的目的不是为了保持我国国家治理体系稳定发展,A 项错误。我国的政治制度与西方国家的政治制度有本质上的区别,“引进西方政治制度模式”的表述错误,C 项错误。推进我国国家治理体系和治理能力现代化,意在充分发挥中国特色社会主义制度的优越性,把我国制度优势更好转化为国家治理效能,故本题选 BD。

42. ABCD 【解析】本题考查质量互变规律。黑格尔的话说明了“尺度”的重要性,提示我们要重视量的积累,坚持适度原则,把握质量互变的规律。质变和量变是辩证统一的。量变是质变的必要准备,质变是量变的必然结果,量变和质变相互渗透,任何事物都是质和量的统一体。度是事物保持自己的质的数量界限,在度的范围内的变化是量变,超过度的范围的变化是质变。度是区分事物量变和质变的根本标志。因此,认识度才能准确认识事物的质,任何事物都是质和量的统一体,认识事物的度对于实践活动具有重要意义,突破了事物度的界限,就会改变事物的质,ABCD 四项均说法正确。故本题选 ABCD。

43. ACD 【解析】本题考查人民调解。人民调解,是指人民调解委员会通过说服、疏导等方法,促使当事人在平等协商基础上自愿达成调解协议,解决民间纠纷的活动。人民调解是我国法律所确认的一种诉讼外的调解形式,不是民事诉讼的必经程序,人民调解委员会制发的调解书不具有强制执行力,A 项和 C 项说法正确。我国《人民调解法》第三十二条规定:“经人民调解委员会调解达成调解协议后,当事人之间就调解协议的履行或者调解协议的内容发生争议的,一方当事人可以向人民法院提起诉讼。”B 项说法错误。调解行为如有违法,当事人可向法院提出诉讼予以纠正,D 项说法正确。故本题选 ACD。

44. ABCD 【解析】本题考查公文的现实执行效用。公文既是制发机关用于发布指令、法规,传达决策意图的重要手段,是受文机关进行工作的依据,又是维系国家各类、各层次机关之间、机关与广大人民群众之间正常联系的基本形式,它在国家管理中发挥承上启下、协调配合、沟通信息的执行效用。故本题选 ABCD。

四、材料分析题(参考答案)

45. 结合上述材料,请分析当前部分网络平台青少年模式效果欠佳的原因。

(1)流量利益诱惑大,网络平台动力小。对平台企业而言,青少年群体从一开始就是庞大的网民群体,也是着力吸引的目标用户。开启实名认证、识别青少年身份等做法,客观上与企业逐利的天性产生了冲突。有部分平台即使切换至青少年模式后,涉黄漫画和话题讨论、恐怖短视频等也可正常浏览、参与,会员钻、充值游戏、群收款、理财通等功能均可正常使用。这从一个侧面揭示出色情、暴力等不良信息客观上会带来流量。如果严格设置青少年模式,可能会直接影响平台的获利。

(2)现有青少年模式下的内容缺乏吸引力。当前部分网络平台将打造青少年模式视为应付差事的“公关之举”,没有以未成年人的视角打造青少年模式,导致青少年模式下的内容难以激发青少年的兴趣,更难以真正起到引导其身心健康成长的作用。

(3)缺少常态化、法制化监管。各网络平台运营方的自查自纠效果有一定局限性,缺乏统一的、具有强制约束力的标准,比如更具体的法规、更明晰的内容分级制度、对平台运营方的评估和追责制度等。

(共 12 分。至少列出 3 条原因,每条原因 4 分,原因合理得 2 分,结合材料具体分析得 1 分,逻辑清晰且阐述充分得 1 分)

46. 对于材料二中不同专家学者提出的建议你怎么看?你认为推进网络平台青少年模式提质增效最有效的方法是什么?为什么?

(1)我认为几位专家的建议具有多角度的实用性。①佟丽华主任和蒋俏蕾教授从青少年模式的内容的创新输出方面提出,要重视在青少年模式中做“加法”,这一建议符合未成年人的身心发展规律,能够提高青少年对青少年模式输出内容的兴趣。②关振宇教授从监管模式和手段等过程创新方面建议以 AI、大数据等技术手段持续推进青少年模式完善,有利于通过技术手段提升辨别内容质量的灵敏度、排查管理漏洞,为青少年提供更健康、有益的内容和网络环境。③刘俊海教授从法律规范方面提出出台“青少年网络使用管理条例”,把未成年人保护法的相关惩戒措施进一步具体化,这一建议考虑了青少年模式的法律背景和强制惩戒,有利于促使网络平台主动整改,增强法律威慑力。

(共 6 分。答案完整得满分,分别概括出几位学者的建议可得 3 分,分别针对建议给出评价可得 3 分)

(2)我认为推进网络平台青少年模式提质增效最有效的方法是加强对互联网平台企业的监管和惩戒。

第一,青少年模式“失灵”的背后,已经凸显出平台的失位、失责、失守。推进网络平台青少年模式提质增效亟需加强对互联网平台企业的监管和惩戒。相关部门要加强监管、明确惩戒职责,使推进网络平台青少年模式提质增效从互联网企业平台的一种责任变为一种义务。网络平台也不能将打造青少年模式视为应付差事的“公关之举”,要摆正商业利益和社会责任之间的关系,以社会利益为重,以保护未成年人网络权益为重。

第二,青少年的特点主要表现为:自我意识迅猛发展,认知旺盛,情感丰富且不稳定。而网络具有开放性、隐蔽性和虚拟性等特点。处于网络时代的青少年更容易缺乏自律,沉迷于网络不良信息。加强对互联网平台企业的监管和惩戒,有助于从外部营造青少年成长发展的良好的客观环境,推进网络平台青少年模式提质增效。

第三,相对于创新青少年模式的内容,加强对互联网平台企业的监管和惩戒更加具有威慑力,有利于更直接、高效地推进网络平台青少年模式提质增效。

(共9分。明确列出方法得3分,至少列出3条原因,每条原因2分,依据准确、充分得1分,阐述合理得1分)

河南省教师招聘考试公共基础知识真题试卷Ⅱ

2020年河南省信阳市直事业单位招聘考试公共基础知识真题试卷(七)

答案速查:

1～5	BABCB	6～10	BCCAB	11～15	DCBBA
16～20	CACBC	21～25	DBABC	26～30	BBBDB
31～35	ACACB	36～40	CDCCA	41～45	CABCC
46～50	BBCDB	51～55	CCBBD	56～60	BAADC
61～65	BBCBC		66～70	ABD　BD　BD　AC　ABD	
71～75	ABC　ABCD　AC　CD　ABC		76～80	AABAA	
81～85	BABBB	86～90	BAABA	91～95	BABAA
96～100	BABBB	101～105	AABAB	106～110	ABBAB

一、单项选择题

1. B 【解析】本题考查时政热点。国务院第七次全国人口普查领导小组组长韩正表示,做好第七次全国人口普查,对于贯彻落实新发展理念、推动高质量发展具有重大意义。要以习近平新时代中国特色社会主义思想为指导,认真贯彻落实党中央、国务院决策部署,进一步提高政治站位,切实增强责任感和使命感,扎扎实实做好各项工作,确保高质量完成全国人口普查任务。

2. A 【解析】本题考查时政热点。中国—阿拉伯国家合作论坛第九届部长级会议发表了《中国和阿拉伯国家团结抗击新冠肺炎疫情联合声明》《安曼宣言》和《论坛2020年至2022年行动执行计划》三份成果文件。

3. B 【解析】本题考查时政热点。习近平总书记在中央全面深化改革委员会第十四次会议上强调,胜利完成“十三五”规划主要目标任务、决胜脱贫攻坚、全面建成小康社会,乘势而上开启全面建设社会主义现代化国家新征程,必须发挥好改革的突破和先导作用,依靠改革应对变局、开拓新局,坚持目标引领和问题导向,既善于积势蓄势谋势,又善于识变求变应变,紧紧扭住关键,积极鼓励探索,突出改革实效,推动改革更好服务经济社会发展大局。

4. C 【解析】本题考查哲学知识。在农业生产中,配合季节气候,每种作物都有一定的耕作时间,称为农时。不误农时,就是遵循规律,体现了尊重客观规律是发挥主观能动性的前提。C项最符合题意,当选。

5. B 【解析】本题考查唯物辩证法。整体城市景观风貌跟建筑外观形象之间是整体与部分的关系,“统筹城市建筑布局,协调城市景观风貌”“防止片面追求建筑外观形象”启示我们要正确认识和处理整体与部分的辩证关系,树立全局观念,立足整体,统筹全局,选择最佳方案,实现整体的最优目标,从而达到整体功能大于部分功能之和的理想效果。

6. B 【解析】本题考查科学思维能力。底线思维能力,就是客观地设定最低目标,立足最低点,争取最大期望值的能力。面对严峻的国际疫情和世界经济形势,做好较长时间应对外部环境变化的思想准备和工作准备,需要树立底线思维,客观地设定最低目标,立足最低点,争取最大期望值,B项正确。创新思维能力,就是破除迷信、超越陈规,善于因时制宜、知难而进、开拓创新的能力。历史思维能力,就是以史为鉴、知古鉴今,善于运用历史的眼光认识发展规律、把握前进方向、指导现实工作的能力。AC 两项不符合题意。面对十分复杂的国内外环境,习近平总书记强调要提高战略思维、历史思维、辩证思维、创新思维、法治思维、底线思维等思维能力,不断战胜前进中的风险和困难,并没有“长期思维能力”一说,D 项说法错误。故选 B。

7. C 【解析】本题考查哲学知识。“成功的背后永远是艰辛努力”体现了物质和意识的辩证关系,说明意识具有能动作用;“大事全是由小事积累起来的”“滴水可以穿石”体现了质量互变规律;“只要坚韧不拔、百折不挠,就一定能够成功”体现了因果联系,即原因和结果这一对唯物辩证法的基本范畴。题干未体现个性和共性,故选 C。

8. C 【解析】本题考查质量互变规律。题干中这句话的意思是:千仓万箱的粮食不是耕种一次就能得到的,高耸冲天的树木不是十天就能长成的,反映了质量互变规律。“寄言持重者,微物莫全轻”告诫人们对微小的事物要提高警惕,切不可等闲视之,从反面反映了质量互变规律。故选 C。

9. A 【解析】本题考查马克思主义。习近平总书记在纪念马克思诞辰 200 周年大会上的重要讲话中指出,马克思主义是人民的理论,第一次创立了人民实现自身解放的思想体系。马克思主义博大精深,归根到底就是一句话,为人类求解放。因此,马克思主义的根本价值追求就是人类解放,这就是马克思主义的大“道”。故选 A

10. B 【解析】本题考查历史唯物主义。人民群众是推动事业发展的力量源泉,是推动社会变革的决定性力量。人民群众在创造历史过程中起决定作用。人民是决定党和国家前途命运的根本力量。本题为选非题,B 项说法错误,当选。

易错提示:考生应注意关于人民群众地位的诸多说法。除本题涉及的以外,还有一个易错点:推动社会历史发展的根本动力是社会基本矛盾,而非人民群众。

11. D 【解析】本题考查辩证唯物论。包括自然界和人类社会在内的整个世界,其真正的统一性在于它的物质性,句(1)说法正确。人存在于自然系统之中并给予其重大影响,句(3)说法正确。自然生态与人类发展的矛盾并非不可协调,句(2)说法错误。故选 D。

12. C 【解析】本题考查意识。漫画表明,不同的人对腐败案例有不同的认识,说明了意识的形式是主观的,意识受主体状态的影响,C 项说法正确。意识的内容是客观的,物质决定意识,ABD 项说法错误。故选 C。

13. B 【解析】本题考查十九大知识。要动员全党全国全社会力量,坚持精准扶贫、精准脱贫,坚持中央统筹省负总责市县抓落实的工作机制,强化党政一把手负总责的责任制,坚持大扶贫格局,注重扶贫同扶志、扶智相结合,深入实施东西部扶贫协作,重点攻克深度贫困地区脱贫任务,确保到二〇二〇年我国现行标准下农村贫困人口实现脱贫,贫困县全部摘帽,解决区域性整体贫困,做到脱真贫、真脱贫。

14. B 【解析】本题考查政治常识。强调“生命重于泰山”体现了坚持以人民为中心的发展思想。以人民为中心的发展思想回答了“发展是为了谁”的问题,体现了我们党全心全意为人民服务的根本宗旨,彰显了发展的根本目的。

15. A 【解析】本题考查政治常识。“人不率则不从,身不先则不信”出自《宋史·宋祁传》,“率”就是表率、楷模的意思,“先”可解释为身先士卒、以身作则。这句话的意思是:如果自身不能作出表率,就无法让别人听从;如果不能以身作则,就不会使别人信服。简而言之,树立威信的关键,在于从自身做起。习近平总书记引用这句话是为了强调领导机关和领导干部必须带头冲在前、干在先,要以上率下,示范带动。

16. C 【解析】本题考查政治常识。人生的扣子从一开始就要扣好,说明青少年正处在价值观形成和确立的时期,抓好这一时期的价值观养成十分重要。

17. A 【解析】本题考查诉前财产保全。根据我国《民事诉讼法》第一百零四条规定,利害关系人因情况紧急,不立即申请保全将会使其合法权益受到难以弥补的损害的,可以在提起诉讼或者申请仲裁前向被保全财产所在地、被申请人住所地或者对案件有管辖权的人民法院申请采取保全措施。诉前财产保全属于应急性的保全措施,目的是保护利害关系人不致遭受无法弥补的损失。本题中,由于从债权人起诉到法院受理需要一段时间,需方可以选择的最佳途径是申请诉前财产保全。故选 A。

18. C 【解析】本题考查刑法知识。对于强奸犯出于报复、灭口等动机,在实施强奸的过程中,杀死或者伤害被害妇女的,应分别定为强奸罪、故意杀人罪,按数罪并罚惩处。故选 C。

方法技巧：数罪并罚和择一重罪处罚的不同之处是：数罪并罚是指被告人同时实施了数个违法行为，依法应当被判处多个罪名，罪名之间不相包含，只能合并处罚的制度。而择一重罪处罚是被告人只实施了一个违法行为，但触犯多个罪名，而按照法律规定，一个行为不能重复定罪，因此只能在其所犯罪名中择一重罪处罚。

19. B 【解析】本题考查保险法知识。最大诚信原则，是民法中的诚信原则在保险法中的体现，要求保险活动当事人要向对方充分而准确地告知和保险相关的重要事实。

20. C 【解析】本题考查民事诉讼法知识。我国《民事诉讼法》第一百三十七条规定："人民法院审理民事案件，除涉及国家秘密、个人隐私或者法律另有规定的以外，应当公开进行。离婚案件，涉及商业秘密的案件，当事人申请不公开审理的，可以不公开审理。"C 项的案件涉及个人隐私，不得公开审理，故选 C。

21. D 【解析】本题考查行政诉讼的管辖。根据我国《行政诉讼法》第十八条规定，行政案件由最初作出行政行为的行政机关所在地人民法院管辖。最初作出行政行为的行政机关是 D 地公安局，张某应向 D 地人民法院提起行政诉讼。故选 D。

22. B 【解析】本题考查刑事证据。根据证据的表现形式不同，可以将证据分为言词证据和实物证据。凡是表现为人的陈述，即以言词作为表现形式的证据，是言词证据，它包括被害人陈述，犯罪嫌疑人、被告人供述和辩解，证人证言等。证人证言是指证人就其所了解的案件情况向公安司法机关所作的陈述。证人证言一般是以笔录加以固定的口头陈述，但是经办案人员同意，由证人亲笔书写的书面证词也是证人证言。本题中，目击者刘某向公安机关提供了亲笔书写的书面证言，属于言词证据，B 项正确。书证是指以其内容来证明待证事实的有关情况的文字材料，A 项错误。根据证据是否能够证明犯罪事实的存在或者犯罪行为系犯罪嫌疑人、被告人所为，可以将证据分为有罪证据和无罪证据。凡是能够证明犯罪事实存在和犯罪行为系犯罪嫌疑人、被告人所为的证据，是有罪证据。凡是能够否定犯罪事实存在，或者能够证明犯罪嫌疑人、被告人未实施犯罪行为的证据，是无罪证据。本题中，目击者刘某的书面证言可能是有罪证据，也可能是无罪证据，C 项错误。直接证据是指能够单独证明主要案件事实的证据，间接证据是指只有与其他证据相结合并经过推理才能证明主要案件事实的证据。本题中，目击者刘某的书面证言可能是直接证据，也可能是间接证据，D 项错误。故选 B。

23. A 【解析】本题考查民商法知识。依据废弃物品回收的相关规定，拾得人对拾得的废弃物品可依据先占取得所有权。因此，乙享有电风扇的所有权。A 项正确，BCD 项错误，故选 A。

24. B 【解析】本题考查民法知识。旁系血亲指和己身同源于祖父母、外祖父母的各代旁系血亲。我国现行法律关于亲属关系远近的区分采用传统的世代计算法，即以己身为一代，从己身往上数，父母为二代，祖父母、外祖父母为三代，依此类推。据此，可将三代以内旁系血亲的范围列举如下：(1)同源于父母的兄弟姐妹，包括同父同母的全血缘的兄弟姐妹，同父异母或同母异父的半血缘的兄弟姐妹；(2)同源于祖父母、外祖父母的上下辈旁系亲属；(3)同源于祖父母、外祖父母的平辈旁系亲属。故选 B。

25. C 【解析】本题考查公民的基本权利。监督权是指公民有监督一切国家机关及国家工作人员的公务活动的权利，包括批评权、建议权、申诉权、控告权、检举权。在互联网时代，公民可以随手拍下公权力不作为的现象，体现了公民行使监督权，C 项正确。申诉权指公民对本人及其亲属所受到的有关处罚或者处分不服，或者受到不公正的待遇，向有关国家机关陈述理由、提出要求的权利。控告权指公民向有关国家机关指控或者告发某些国家机关及其工作人员各种违法失职行为的权利。获得赔偿权指由于国家机关和国家工作人员侵犯公民权利而受到损失的人，有依照法律规定取得赔偿的权利。ABD 项不符合题意。故选 C。

26. B 【解析】本题考查行政处罚法知识。行政处罚基本原则包括：处罚法定原则，公正公开原则，处罚与教育相结合原则，保障当事人程序权利原则。保障当事人程序权利原则的基本要求是正确处理惩罚与保护的相互关系，使无辜的人不受行政处罚，使实施违法行为的人受到公正处理，使遭受违法处罚的人得到及时补救。故选 B。

27. B 【解析】本题考查消费者权益保护法知识。我国《消费者权益保护法》第二十六条规定："经营者在经营活动中使用格式条款的,应当以显著方式提请消费者注意商品或者服务的数量和质量、价款或者费用、履行期限和方式、安全注意事项和风险警示、售后服务、民事责任等与消费者有重大利害关系的内容,并按照消费者的要求予以说明。经营者不得以格式条款、通知、声明、店堂告示等方式,作出排除或者限制消费者权利、减轻或者免除经营者责任、加重消费者责任等对消费者不公平、不合理的规定,不得利用格式条款并借助技术手段强制交易。格式条款、通知、声明、店堂告示等含有前款所列内容的,其内容无效。”大型超市对顾客的财产安全作出告示,符合法律规定,B 项正确。A 项的“不予退换”,C 项的“拒绝退货”,D 项的“否则浴场不负责”均不符合法律规定。故选 B。

28. B 【解析】本题考查公文文种。请示适用于向上级机关请求指示、批准。意见适用于对重要问题提出见解和处理办法。批复适用于答复下级机关请示事项。议案适用于各级人民政府按照法律程序向同级人民代表大会或者人民代表大会常务委员会提请审议事项。由“现就政府工作报告确定的重点工作提出部门分工如下……”可知,该公文是布置重点工作分工的公文,故选 B。

29. D 【解析】本题考查意见。意见的特点包括:使用对象的广泛性;内容的参考性;主体内容的均衡性;行文方向的灵活性。本题为选非题,D 项说法错误,故选 D。

30. B 【解析】本题考查公文基础知识。主送机关是指公文的主要受理机关,发文机关是指制发文件的机关。本篇公文的发文机关可能为国务院办公厅,B 项符合题意。

31. A 【解析】本题考查公文行文规则。一般行文均应采取逐级行文的方式,只有在特殊情况下才可以越级行文。这种方式只能在下列特殊情况下采用:(1)由于发生特殊紧急情况,如严重自然灾害等,逐级上报会延误时机,造成更大损失的问题;(2)向具有隶属关系的上一级机关请示多次,长期未能得到解决的问题;(3)属下级机关与上级机关之间有争议而无法解决的问题;(4)上级机关交办的,并指定越级上报的事项;(5)对上一级机关进行检举、揭发的问题;(6)询问与请示极个别的、必要的具体问题等。BCD 项均可采用越级行文。处于同等地位的两个或两个以上机关共同发布公文指的是联合行文,A 项符合题意。

32. C 【解析】本题考查公文处理。工作人员离岗离职时,所在机关应当督促其将暂存、借用的公文按照有关规定移交、清退。

33. A 【解析】本题考查纪要。纪要的特点主要是内容的纪实性、表达的提要性和称谓的特殊性。A 项不属于纪要的特点,符合题意。

34. C 【解析】本题考查公文的语言。题干中的公文语序不当。正确语序为:要逐项编制、完善办事指南,明确受理单位、办理渠道、申请条件、申请材料、办理程序、办理时限、收费依据及标准、评价渠道等要素,推进同一事项无差别受理、同标准办理。

35. B 【解析】本题考查公文发文办理。公文发文办理的主要程序是:复核、登记、印制和核发。核发指的是公文印制完毕,应当对公文的文字、格式和印刷质量进行检查后分发。核发是公文发文办理的最后一个环节,也是杜绝差错、规范印制格式、确保公文质量的重要环节。

36. C 【解析】本题考查报告。题干中需要“向上级反映本机关的某项工作,让上级对此项工作有所了解”,即需要向上级汇报某一专项工作,而非汇报例行工作或者提供调查研究结果,排除 AD 项。综合报告是向上级机关汇报某一时期全面工作情况的公文。专题报告是向上级机关报告某一专项工作、某一工作侧面或某一具体问题、具体事件情况的陈述性公文。由此可见,宜采用专题报告,故选 C。

37. D 【解析】本题考查事业单位管理制度。事业单位管理制度一经公示并实施,就成为单位职工开展工作必须依据的准则,全体职工必须无条件遵守,这体现了事业单位管理制度的权威性。

38. C 【解析】本题考查事业单位工作人员的处分规定。《事业单位工作人员处分暂行规定》规定,有下列行为之一的,给予警告或者记过处分;情节较重的,给予降低岗位等级或者撤职处分;情节严重的,给予开除处分:(1)违反国家财政收入上缴有关规定的;(2)违反规定使用、骗取财政资金或者社会保险基金的;(3)擅自设定收费项目或者擅自改变收费项目的范围、标准和对象的;(4)挥霍、浪费国家资财或者造成国有资产流失的;(5)违反国有资产管理规定,擅自占有、使用、处置国有资产的;(6)在招标投标和物资采购工作中违反有关规定,造成不良影响或者损失的;(7)其他违反财经纪律的行为。本题中,该工作人员的行为属于“在招标投标和物资采购工作中违反有关规定,造成不良影响或者损失”且情节严重,应给予开除处分,故选C。

39. C 【解析】本题考查事业单位的奖励制度。根据《事业单位人事管理条例》第二十五条规定,事业单位工作人员或者集体有下列情形之一的,给予奖励:(1)长期服务基层,爱岗敬业,表现突出的;(2)在执行国家重要任务、应对重大突发事件中表现突出的;(3)在工作中有重大发明创造、技术革新的;(4)在培养人才、传播先进文化中作出突出贡献的;(5)有其他突出贡献的。A项对应情形(2),B项对应情形(1),D项对应情形(3),C项无对应。本题为选非题,故选C。

40. A 【解析】本题考查行政协调。行政协调的最终目的是促成各方主体达成共识,异中求同。

41. C 【解析】本题考查行政管理。A项,了解舆论指的是政府公关部门要了解舆论产生的全过程,把群众的意见、愿望和呼声集中,从中发现问题,作为决策的依据。B项,引导舆论指的是对某些舆论成分加以疏导,分析产生的背景,消除成为隐患的原因,使舆论朝正确方向发展。C项,回应舆论是说政府形象受到损害时,应迅速查清原因,或针对公众的误解、人为的破坏给予及时准确的解释,以澄清事实真相;或针对内部不善因素,诚恳地向公众道歉,求得谅解,并尽快将改进措施公之于众,设法将消极影响减少到最低限度。D项,完善舆论是指政府有了好形象和声誉后,注意完善自身行为,创立更高美誉度。故选C。

42. A 【解析】本题考查公共危机管理。公共危机管理的特征包括:主体的整合性,处置的时效性,过程的阶段性,手段的强制性和技术的专业性。本题为选非题,故选A。

43. B 【解析】本题考查管理知识。专家调查法也被称为德尔菲法,它是指采用匿名发表意见的方式,针对所要预测的问题,调查人员分别对各位专家进行多轮调查,经过反复征询、归纳、修改,最后汇总成基本一致的看法,作为预测的结果的一种定性预测方法。该方法有助于消除参与决策成员间的相互影响,并汇总得出一个能比较反映群体意志的预测分析结果。故选B。

44. C 【解析】本题考查行政监督。事前监督的特点是监督实施于相对方某一行为完成之前。从行政监督的实施时间来看,题干强调的是在行政活动中要做好事前监督。

45. C 【解析】本题考查管理知识。根据指示内容的明晰程度与范围大小,可以将授权分为刚性授权、柔性授权、模糊授权和惰性授权。刚性授权,是指管理者在授权时,试图非常精确地划定授权的范围,授权者对被授权者的职务、责任及权力均有十分明确的规定,下属必须严格遵守,不得渎职,这种授权方式限制了下属的主动性、创造性和个人发展。柔性授权,是指管理者对被授权者不做具体工作的指派,仅指示一个大纲或者轮廓,被授权者有很大的余地做因时因地因人的随机处理。模糊授权指具有明确的工作事项与职权范围,管理者在必须达到的使命和目标方向上有明确的要求,但对怎样实现目标并未做出要求,被授权者在实现目标的手段方面有很大自由发挥和创造的余地。惰性授权是指管理者由于不愿意多管琐碎纷繁的事务,且自己也不知道该如何处理,于是就交给部下处理。故选C。

46. B 【解析】本题考查行政组织的特征。行政组织法制性的实质是依法行政。推进机构法定化,体现了行政组织的法制性与权威性。

47. B 【解析】本题考查行政领导。激励式领导方式是一种最直接服务于提高领导效能的领导方式。它是行政领导者使用物质或精神的手段激发下属的工作积极性,以达到决策目标的推进型领导方式。“破釜沉舟”来源于《史记·项羽本纪》,讲的是项羽在全军渡河之后,带领全军采取了一系列果断的行动:把所有的船只凿沉,击破烧饭用的锅子,烧掉宿营的屋子,只携带三天干粮,以此表示决心死战。它体现了激励式领导方式,故选B。

48. C 【解析】本题考查行政管理。信息公开、透明正逐渐成为现代政府的行为准则和目标。公开、透明的基本要求是:行政权力运作的主体、依据、程序是公开的;行政权力运作的过程是开放的,公众可以依法参与。通过不断完善行政权力运行的监督机制,给权力装上“GPS”监控,增强行政权力运行的公开性和透明度,提升执法形象,赢得老百姓的信任和支持,保证人民赋予的权力真正用来为人民谋利益。

49. D 【解析】本题考查公共政策。公共政策实施偏差是指政策实施者在实施政策的过程中,受主客观因素的影响,其行为效果偏离预定的政策目标导致不良的后果。A 项,替代式实施偏差,即政策在实施过程中,表面上与原政策一致,事实上背离了原政策精神的内容,常用“挂羊头,卖狗肉”“上有政策,下有对策”来形容这种情况。B 项,黏附式实施偏差即附加式实施偏差,即政策在实施中附加了不恰当的内容,使政策的调控对象、范围、力度和目标超越了既定的要求,从而影响了原有政策目标的实现。C 项,选择式实施偏差即一个完整的公共政策在实施时只有部分被贯彻落实。D 项,象征式实施偏差,即政策在实施过程中只宣传不实施,政策未得到具体落实,常用“阳奉阴违”“一纸空文”来形容这种情况。故选 D。

方法技巧:替代式实施偏差可记为“政策替换”,黏附式实施偏差可记为“政策扩大化”,选择式实施偏差可记为“政策缺失”,象征式实施偏差可记为“政策表面化”。

50. B 【解析】本题考查资源配置。在社会化大生产条件下,资源配置有两种方式:(1)计划配置方式,即政府部门根据社会需要和可能,以计划配额、行政命令来统管资源和分配资源。在一定条件下,这种方式可以从整体利益上协调经济发展,集中力量完成重点工程项目。(2)市场配置方式,即依靠市场运行机制进行资源配置的方式。疫情期间,国家征用口罩体现了计划配置方式,故选 B。

51. C 【解析】本题考查经济学词汇。沉没成本是指由于过去的决策已经发生了的,而不能通过其他方式弥补收回的成本。“打翻的牛奶”属于一种沉没成本,故选 C。

52. C 【解析】本题考查地理常识。长白山从山麓到山顶的植物带分布体现了垂直地域分异规律。垂直地域分异规律又叫从山麓到山顶的地域分异规律,形成原因主要是水热状况的变化。

53. B 【解析】本题考查物理常识。晕是由于悬浮在大气中的冰晶把太阳光或月光折射或反射而形成的光学现象。

54. B 【解析】本题考查物理常识。增大摩擦力的办法有:增大压力,增大接触面的粗糙程度等。AD 项能够通过增加汽车轮胎与地面之间接触面的粗糙程度来增大摩擦力,C 项能够通过增大压力来增大摩擦力。本题为选非题,故选 B。

55. D 【解析】本题考查物理常识。海拔越高的地方,气压越低。在气压低于标准大气压时烧水,水的沸点会降低。故选 D。

56. B 【解析】本题考查科技知识。AR(增强现实技术)是一种将虚拟信息与真实世界巧妙融合的技术,广泛运用了多媒体、三维建模、实时跟踪及注册、智能交互、传感等多种技术手段,将计算机生成的文字、图像、三维模型、音乐、视频等虚拟信息模拟仿真后,应用到真实世界中,两种信息互为补充,从而实现对真实世界的“增强”。VR(虚拟现实技术)的基本实现方式是计算机模拟虚拟环境从而给人以环境沉浸感。B 项所述是 VR 技术,而非 AR 技术。本题为选非题,故选 B。

57. A 【解析】本题考查科技知识。4D 打印技术是指由 3D 技术打印出来的结构能够在外界刺激下发生形状或者结构的改变,直接将材料与结构的变形设计内置到物料当中,简化了从设计理念到实物的造物过程,让物体能自动组装构型,实现了产品设计、制造和装配的一体化融合。4D 打印的第四维是指物体在制造出来以后,其形状或性能可以自我变换,也就是多了时间维度。

58. A 【解析】本题考查世界历史。第一次工业革命是指 18 世纪 60 年代从英国发起的技术革命,是技术发展史上的一次巨大革命,它开创了以机器代替手工劳动的时代。

59. D 【解析】本题考查中国近代史。遵义会议是中国共产党第一次独立自主地运用马克思列宁主义基本原理解决自己的路线、方针、政策问题的会议,在极端危险的时刻,挽救了党和红军。这次会议确立了实际以毛泽东为核心的马克思主义的正确路线在中共中央的领导地位,是中国共产党历史上一个生死攸关的转折点,标志着中国共产党从幼稚走向成熟。

易错提示:中国共产党历史上具有转折性的三大会议是八七会议、遵义会议和十一届三中全会。其中,八七会议是由大革命失败到土地革命战争兴起的历史转折点,十一届三中全会是新中国成立以来党的历史上具有深远意义的伟大转折。

60. C 【解析】本题考查文学素养。A 项,《狂人日记》是鲁迅创作的第一个短篇白话日记体小说,小说通过被迫害者“狂人”的形象以及“狂人”的自述式描写,揭示了封建礼教的“吃人”本质,表现了作者对以封建礼教为主体内涵的中国封建文化的反抗。B 项,《阿Q正传》是鲁迅创作的中篇小说,后收入小说集《呐喊》。该小说批判了当时中国社会的封建、保守、庸俗、腐败等特点,有力地彰显出旧中国人民处在水深火热之中的病态。C 项,《朝花夕拾》原名《旧事重提》,是鲁迅的散文集,多侧面地反映了作者鲁迅童年和青少年时期的生活,收录了《从百草园到三味书屋》《藤野先生》等散文。D 项,《野草》是鲁迅创作的一部散文诗集,真实地表达出作者在新文化统一战线分化以后,继续战斗,却又感到孤独、寂寞,在彷徨中探索前进的思想感情。故选 C。

61. B 【解析】本题考查人文素养。梅、兰、竹、菊被称为“四君子”,其品质分别是傲、幽、坚、淡。梅:探波傲雪,剪雪裁冰,一身傲骨,是为高洁志士。兰:空谷幽放,孤芳自赏,香雅怡情,是为世上贤达。竹:筛风弄月,潇洒一生,清雅淡泊,是为谦谦君子。菊:凌霜飘逸,特立独行,不趋炎势,是为世外隐士。

62. B 【解析】本题考查艺术素养。《富春山居图》以浙江富春江为背景,画面用墨淡雅,山和水的布置疏密得当,墨色浓淡干湿并用,极富于变化。前半卷现藏于浙江省博物馆,后半卷现藏于台北故宫博物院。

63. C 【解析】本题考查人文素养。二十四节气始于立春,终于大寒。

64. B 【解析】本题考查人文素养。醍醐是指酥酪上凝聚的酥油。佛家以“醍醐灌顶”比喻灌输智慧,使人得到启发,彻底醒悟,现常用来比喻听了高明的意见使人受到很大启发。

65. C 【解析】本题考查价值评价。无数共产党人通过艰苦奋斗成就了实现中华民族伟大复兴之梦的征途上光辉的历史伟绩,这说明自我价值与社会价值是统一的,C 项正确。ABD 项说法均错误。故选 C。

二、多项选择题

66. ABD 【解析】本题考查实践。虚拟实践的主体是人,对象是虚拟客体,活动领域是赛伯空间(基于全球计算机网络化的由人、机器、信息源之间相互联结而造就的一种新型的社会生活和社会交往的虚拟空间),AD 项正确。人们通过技术手段有意识有目的地创造了一个与现实世界相对应、并且与现实世界相互渗透、相互转化的虚拟世界。从功能上看,虚拟实践活动突出地表明了人类实践活动的创造性,B 项正确。虚拟实践是在虚拟世界里所形成的一种前所未有的新的人类实践活动形式之一,它是社会物质实践的派生形式,具有相对独立性,不具有直接现实性,C 项错误。

67. BD 【解析】本题考查我国外交理念。我国秉持亲诚惠容的周边外交理念,A 项错误。人类命运共同体思想展现出中国领导人面向未来的长远眼光、博大胸襟和历史担当,B 项正确。我国秉持正确义利观和真实亲诚理念加强同发展中国家团结合作,包括义利相兼、以义为先的正确义利观以及结伴而不结盟的国家间伙伴关系,C 项错误,D 项正确。故选 BD。

68. BD 【解析】本题考查习近平新时代中国特色社会主义思想。坚持和发展中国特色社会主义总任务是实现社会主义现代化和中华民族伟大复兴,在全面建成小康社会的基础上,分两步走,在本世纪中叶建成富强民主文明和谐美丽的社会主义现代化强国。

69. AC 【解析】本题考查刑法知识。故意杀人罪是指故意非法剥夺他人生命的行为。过失致人死亡罪是指行为人因疏忽大意没有预见到或者已经预见到而轻信能够避免造成的他人死亡,剥夺他人生命权的行为。甲误将丙当作乙杀死,甲有非法剥夺他人生命的故意,虽然对象错误,但仍实施了杀人的行为,并造成丙死亡,甲构成对丙的故意杀人罪既遂,C 项正确,D 项错误。对象不能犯的未遂是指由于行为人的认识错误,使得犯罪行为所指向的犯罪对象在行为时不在犯罪行为的有效作用范围内,或者具有某种属性而使得犯罪不能既遂,只能未遂。由于认识错误,甲误将丙当作乙,使得对乙的故意杀人不能实现,故成立甲的故意杀人罪对象不能犯的未遂,A 项正确,B 项错误。故选 AC。

易错提示:从行为整体上看,不能犯的未遂情形下,行为人主观上具有犯罪故意,客观上具有这种犯罪故意支配下的行为,虽然其行为不能发生犯罪结果,但还是具备了犯罪构成主客观方面的必备要件,本质上是具有社会危害性的犯罪行为,应当负未遂犯的刑事责任。

70. ABD 【解析】本题考查公文传阅。公文在传阅过程中需要注意的事项主要有:(1)注意随时掌握公文传阅去向和进度;(2)控制公文传阅周期;(3)严格控制公文传阅范围;(4)分轻重缓急及时处理。

71. ABC 【解析】本题考查事业单位人事管理。竞聘上岗与公开招聘一样,需要坚持公开、公平、公正原则。

72. ABCD 【解析】本题考查行政责任。行政主体承担行政责任的具体方式主要有:(1)通报批评;(2)赔礼道歉,承认错误;(3)恢复名誉,消除影响;(4)返还权益;(5)恢复原状;(6)停止违法行为;(7)继续履行职责;(8)撤销违法的行政行为;(9)纠正不适当的行政行为;(10)行政赔偿等。

73. AC 【解析】本题考查管理知识。链式沟通模式又称为直线型沟通,是指若干沟通参与者,从最初的发信者到最终的受信者,环环衔接,形成信息沟通的链条。它的特点是机制比较简单、速度较快、有明确领导人、适合等级结构、满意度低、失真度高。AC 项正确,当选。

74. CD 【解析】本题考查经济学原理。“三个和尚没水喝”体现了经济学中的“搭便车”,即不承担任何成本而消费或使用公共物品的行为;“不入虎穴,焉得虎子”体现了经济学中的风险成本,即由于风险的存在和风险事故发生后人们所必须支出的费用和减少的预期经济利益;“棋错一着,满盘皆输”“鱼与熊掌不可兼得”均体现了经济学中的机会成本。故选 CD。

75. ABC 【解析】本题考查安全急救常识。泡沫灭火器的灭火原理是灭火时能喷射出大量二氧化碳及泡沫,它们能黏附在可燃物上,使可燃物与空气隔绝,达到灭火的目的。泡沫灭火器可用于扑救 A 类火灾,如木材、棉花、织物、纸张等引起的火灾,也可用于扑救 B 类火灾,如汽油、煤油、植物油等引起的火灾,但不能扑救 B 类火灾中的水溶性可燃、易燃液体的火灾,如醇、酯、醚、酮等物质的火灾。E 类火灾即带电物体和精密仪器等物质的火灾,一般使用不导电的干粉灭火器或者二氧化碳灭火器。故选 ABC。

三、判断题

76. A 【解析】本题考查时政热点。2020 年 6 月 5 日是世界环境日,2020 年我国环境日的主题是“美丽中国,我是行动者”,旨在推动社会各界和公众共同参与生态文明建设。

77. A 【解析】本题考查时政热点。经国务院批准,从 2020 年起,我国每两年将举办一届中华人民共和国职业技能大赛。2020 年 7 月,人社部印发《关于举办中华人民共和国第一届职业技能大赛的通知》。职业技能大赛的举办有利于促进技能人才的培养、推动职业技能培训和弘扬工匠精神。

78. B 【解析】本题考查哲学知识。形而上学认为世界上的一切事物和现象都是孤立存在、互无关联的,世界上的一切事物和现象都是静止不动的,否认质变,否认矛盾。题干这句话的意思是:耸入云霄的树木一定有它的根基,环绕山陵的水流一定有它的源头,体现了联系的观点和发展的观点。

79. A 【解析】本题考查马克思主义。马克思主义强调的人民,不是抽象的、超阶级的“人”,是以工人阶级为主的包括广大人民群众的具体的人。马克思主义以前的各种理论流派,只是在人的概念上大做文章,抽象地谈论人性,空谈所谓“人的解放”,鼓吹超阶级的人性,而对以工人阶级为主的包括广大人民群众的具体的人民视而不见。人民性是马克思主义的鲜明特色。

80. A 【解析】本题考查科技常识。核能是安全、洁净、廉价的能源,属于不可再生能源和清洁能源。这一技术能够造福人类,但是如果处理不当也会产生严重的污染,一旦发生核泄漏会对周边的人和其他生物造成伤害,这说明科技革命是一把“双刃剑”。

81. B 【解析】本题考查历史唯物主义。在 5G 还未全面普及的时代,6G 已进入开发阶段,说明科学技术是先进生产力的集中体现和主要标志。

82. A 【解析】本题考查历史唯物主义。社会存在决定社会意识,社会意识是社会存在的反映,并反作用于社会存在。文化作为一种精神现象,从根本上说,源于社会生活,尤其源于一定社会的物质生产活动,文化是社会生活、社会存在的反映。

83. B 【解析】本题考查十九届四中全会知识。党的十九届四中全会提出,鼓励勤劳致富,保护合法收入,增加低收入者收入,扩大中等收入群体,调节过高收入,清理规范隐性收入,取缔非法收入。题干中的“缩小中等收入群体”说法错误。

84. B 【解析】本题考查“四个全面”。在“四个全面”中,全面依法治国具有基础性、保障性作用。全面从严治党则是各项工作顺利推进、各项目标顺利实现的根本保证。

85. B 【解析】本题考查政治常识。我国高度重视制造业发展,坚持创新驱动发展战略,把推动制造业高质量发展作为构建现代化经济体系的重要一环。题干中的“高效率发展”说法错误。

86. B 【解析】本题考查行政强制。行政强制包括行政强制措施和行政强制执行。行政强制措施,是指行政机关在行政管理过程中,为制止违法行为、防止证据损毁、避免危害发生、控制危险扩大等情形,依法对公民的人身自由实施暂时性限制,或者对公民、法人或者其他组织的财物实施暂时性控制的行为。行政强制执行,是指行政机关或者行政机关申请人民法院,对不履行行政决定的公民、法人或者其他组织,依法强制履行义务的行为。题干所述为行政强制措施。

易错提示:行政强制措施与行政强制执行容易混淆。行政强制措施具有预防性、制止性、临时性、中间性的特点,常常是行政机关作出最终处理决定的前奏和准备。

87. A 【解析】本题考查刑法知识。假冒注册商标罪的法定构成条件包括:(1)该罪的犯罪主体为一般主体,即任何企业事业单位或者个人假冒他人注册商标,情节达到犯罪标准的即构成本罪。(2)该罪侵犯的客体为他人合法的注册商标专用权,以及国家商标管理秩序。(3)该罪主观方面为故意,且以营利为目的。过失不构成本罪。(4)该罪的客观方面为行为人实施了刑法所禁止的假冒商标行为,且情节严重。

88. A 【解析】本题考查刑法知识。我国《刑法》第十三条规定:"一切危害国家主权、领土完整和安全,分裂国家、颠覆人民民主专政的政权和推翻社会主义制度,破坏社会秩序和经济秩序,侵犯国有财产或者劳动群众集体所有的财产,侵犯公民私人所有的财产,侵犯公民的人身权利、民主权利和其他权利,以及其他危害社会的行为,依照法律应当受刑罚处罚的,都是犯罪,但是情节显著轻微危害不大的,不认为是犯罪。"

89. B 【解析】本题考查政治常识。衡量任何一种思想观点、活动以及制度、事业是否合乎正义的最终标准,就是看它们是否促进社会进步,是否符合最大多数人的最大利益。题干中的"所有人的最大利益"说法错误。

90. A 【解析】本题考查宪法知识。根据我国《宪法》第三十二条的规定,中华人民共和国对于因为政治原因要求避难的外国人,可以给予受庇护的权利。

91. B 【解析】本题考查公文格式。不是每份公文都有附件。

92. A 【解析】本题考查函。公函的内容比较重要,行文郑重,有完整的公文格式。便函大多适用于一般性的事务性工作,没有完整的公文格式。事实上,公函与便函只是内容重要程度以及公文格式上的区别,写法实质上几乎没有差异。

93. B 【解析】本题考查公文的修辞。公文的修辞手法以消极修辞手法为主,以积极修辞手法为辅。所谓消极修辞,是以内容上明确、通顺,形式上平匀、稳密为标准。但有些文件,例如调查报告、专用书信、工作总结、工作研究等,特别是一些讲话稿,为了表达的需要,也要积极、恰当地利用各种语言手段来增强所要表达内容的具体性、生动性和形象性,因而其所运用的各种修辞方式都是积极修辞。

94. A 【解析】本题考查请示。请示一般不直接送交领导个人,而是由单位的秘书相关部门等统一办理,送交办公厅(室),除非是领导直接交办的事项。

95. A 【解析】本题考查政府职能。实现政府职能的主要手段包括:行政手段、经济手段、法律手段等。法律手段具有严肃性、权威性、规范性的特点,使行政管理统一化和稳定化,但其只能在有限范围内发生作用,很多经济关系、社会关系需结合其他手段才能发挥作用。行政手段具有强制性、垂直性、无偿性、稳定性和具体性的特点,其优点是统一集中、迅速有效。但它易产生与"人治"相联系的一些弊病,影响横向联系及下级的积极性、创造性。经济手段具有间接性、有偿性、平等性和关联性的特点,最适于管理经济活动,但因其只能调节经济利益关系,不能靠它解决所有问题。

96. B 【解析】本题考查管理知识。管理幅度与管理层次是相互制约的,其中管理幅度起主导作用。管理幅度决定管理层次,管理层次的多少取决于管理幅度的大小。同时,管理层次对管理幅度也存在一定的制约作用。

97. A 【解析】本题考查行政管理。实行电子政务,能简化行政环节和程序,提高行政效率,降低行政成本;有利于提高行政透明度,方便公众监督,有利于廉政、勤政建设;有利于政府管理模式从集权管理型向集散管理型转变;有利于整合政务信息资源,推动政府信息资源对社会开放,发挥其巨大的社会效益和经济效益。

98. B 【解析】本题考查行政管理。文化环境由意识形态、道德伦理、价值观念、社会心理、教育、科学、文学艺术等要素的总和构成。文化环境为公共行政提供智力支持和精神动力,提供行政价值观和行为规范。

99. B 【解析】本题考查管理知识。内激励是指工作任务本身给工作者带来的激励,如对任务的好奇心、对任务的喜爱和全身心投入等。外激励是与工作任务无关的、由任务下达者提供的激励，如提高工资、增加奖金、提升职务等。题干中的“获得工作满足感”属于内激励。

100. B 【解析】本题考查宏观经济。虚拟经济是市场经济高度发达的产物，以服务于实体经济为最终目的。与实体经济相比，虚拟经济具有明显不同的特征。概括起来，主要表现为高度流动性、不稳定性、高风险性和高投机性四个方面。

101. A 【解析】本题考查宏观经济。泡沫经济指资产价值超越实体经济，极易丧失持续发展能力的宏观经济状态。泡沫经济发展到一定的程度，通常会由于支撑投机活动的市场预期或者神话的破灭，而导致资产价值迅速下跌，这在经济学上被称为泡沫破裂。

102. A 【解析】本题考查计算机知识。局域网是一种在小范围内实现的计算机网络，是一种私有网络，一般在一个建筑物内或建筑物附近，比如家庭、办公室或工厂。

103. B 【解析】本题考查物理常识。蝙蝠是雷达的仿生学原型。蝙蝠会释放出一种超声波，这种声波遇见物体时就会反弹回来，而人类听不见。雷达就是根据蝙蝠的这种特性发明出来的。

104. A 【解析】本题考查中国历史。抗美援朝是新中国成立后中国人民同世界上最强大的敌人进行军事较量并取得胜利的一次保家卫国战争，大大提高了新中国的国际地位。

105. B 【解析】本题考查中国历史。在中国历史上，康有为首次倡导了政治体制上的中西结合，最早在中国提出了立宪政体。

106. A 【解析】本题考查世界历史。太平洋上的珍珠港是交通的主要枢纽，具有重要的战略地位。偷袭珍珠港是指二战时期由日本政府策划的一起偷袭美国太平洋海军舰队基地——珍珠港的军事事件，它成为第二次世界大战中太平洋战争爆发的导火索。

107. B 【解析】本题考查文学素养。《双城记》是英国作家查尔斯·狄更斯所著的一部以法国大革命为背景的长篇历史小说。

108. B 【解析】本题考查文学素养。“咬定青山不放松，立根原在破岩中”出自清代郑燮的《竹石》，赞颂了竹子的刚毅。

109. A 【解析】本题考查人文知识。蒙古包看起来虽小，但包内使用面积却很大，而且室内空气流通，采光条件好，冬暖夏凉，不怕风吹雨打，是经常转场放牧的牧民和游客居住的理想场所。

110. B 【解析】本题考查礼仪知识。拨打电话应选择对方方便的时间，休息和用餐时间、节假日一般不宜打电话，更不宜打谈公务的电话。

2019 年河南省信阳市平桥区教师招聘考试公共基础知识真题试卷(八)

答案速查：

1～5	CBACB	6～10	BACBB	11～15	CDDDC
16～20	CCABD	21～25	ACDCB	26～30	CAACA
31～35	ABCD　BCD　AC　AB　BD		36～40	AC　ABC　AB　ABCD　ABCD	
41～45	AB　ABCD　ABD　BCD　ABC		46～50	ABCD　ABCD　AC　AC　CD	
51～55	√×√××		56～60	√×××√	

一、单项选择题

1. C 【解析】本题考查时政热点。2019 年 7 月 6 日，中国良渚古城遗址在阿塞拜疆巴库举行的世界遗产大会上获准列入世界遗产名录。截至当日，中国世界遗产总数已达 55 处，位居世界第一。

(注：“泉州：宋元中国的世界海洋商贸中心”于 2021 年 7 月 25 日入选《世界遗产名录》。截至 2022 年 8 月，中国已有 56 项世界文化和自然遗产列入《世界遗产名录》。)

2. B 【解析】本题考查时政热点。2019 年 7 月 7 日，从中国最高人民检察院获悉，检察机关将坚决抓好“一号检察建议”，把未成年人综合保护落实到位。

3. A 【解析】本题考查时事政治。2019 年 6 月 29 日，国家主席习近平同美国总统特朗普在大阪举行会晤。两国元首就事关中美关系发展的根本性问题、当前中美经贸摩擦以及共同关心的国际和地区问题深入交换意见,为下阶段两国关系发展定向把舵,同意推进以协调、合作、稳定为基调的中美关系。

4. C 【解析】本题考查时政热点。当地时间6月4日,亚足联在法国巴黎召开特别代表大会,确认中国获得2023年亚洲杯举办权,这是我国继2004年后再度承办该赛事。

5. B 【解析】本题考查时政热点。2019年6月14日,我国新建的“北煤南运”大通道蒙华铁路最长隧道——崤山隧道主体竣工,项目全面进入静态验收阶段。

6. B 【解析】本题考查时政热点。2019年5月11－13日,由中国作家协会、中共浙江省委宣传部和中共杭州市委宣传部主办的第二届中国网络文学周在杭州举行。

7. A 【解析】本题考查人民民主专政。人民民主专政的本质是人民当家作主。

8. C 【解析】本题考查人民民主。人民民主具有真实性和广泛性,广泛性表现在民主的主体具有广泛性和人民享有广泛的民主权利;真实性表现在人民当家作主的权利有制度、法律和物质的保障,也表现在随着社会经济的发展进步,人民的各种权益日益得到充分的实现。随着我国经济社会的发展,城乡居民医保补助标准和报销比例不断提升,表明人民当家作主的权利有物质的保障,人民利益得到日益充分的实现,这表明了人民民主具有真实性。

9. B 【解析】本题考查人民代表大会制度。A项错误,题干能表明全国人大行使最高立法权,但表决权属于人大代表的职权。B项正确,人民代表大会实行民主集中制表现在:在人民代表大会的活动中,法律的制定和重大问题的决策,由人大代表充分讨论,实行少数服从多数原则,民主决定。题干中第十三届全国人大二次会议表决通过了关于政府工作报告的决议、《中华人民共和国外商投资法》,体现了民主集中制。C项说法错误,我国政府由人大产生,对人大负责,人大与政府是监督与被监督的关系,不是领导与被领导的关系。D项说法错误,人民代表大会制度是我国的根本政治制度。人民代表大会是我国的国家权力机关。

10. B 【解析】本题考查依法行政。依法行政,是指国家各级行政机关及其工作人员依据宪法和法律赋予的职责权限,在法律规定的职权范围内,对国家的政治、经济、文化、教育、科技等各项社会事务,依法进行的有效管理活动。

易错提示:C项是易错项。我国政府的权力来自人民,政府的各项工作和决策必须体现人民意志。人民和公民是两个不同的概念,考生应特别注意。

11. C 【解析】本题考查我国现阶段的选举方式。我国人口众多,幅员辽阔,经济文化发展不平衡,这决定了我国现阶段的选举方式是直接选举与间接选举相结合。

12. D 【解析】本题考查区别政府有无权威的标志。区别政府有无权威的标志是政府的管理和服务是否被人民认可和接受。

13. D 【解析】本题考查法律与政治的一般关系。法律与政治都属于上层建筑,一般认为,政治在上层建筑中居于主导地位。故D项说法错误。

14. D 【解析】本题考查身份权。人身权可分为人格权和身份权。身份权是指公民和法人依一定行为或基于相互之间关系所发生的一种人身权利,如亲权、亲属权和配偶权等。D项肖像权属于人格权,不属于身份权,故本题选D。

15. C 【解析】本题考查劳动合同条款。我国《劳动合同法》第十七条规定,劳动合同应当具备以下条款:(1)用人单位的名称、住所和法定代表人或者主要负责人;(2)劳动者的姓名、住址和居民身份证或者其他有效身份证件号码;(3)劳动合同期限;(4)工作内容和工作地点;(5)工作时间和休息休假;(6)劳动报酬;(7)社会保险;(8)劳动保护、劳动条件和职业危害防护;(9)法律、法规规定应当纳入劳动合同的其他事项。劳动合同除前款规定的必备条款外,用人单位与劳动者可以约定试用期、培训、保守秘密、补充保险和福利待遇等其他事项。故C项职业危害防护是必备条款。

16. C 【解析】本题考查违约金和定金罚则。我国《民法典》第五百八十八条规定,当事人既约定违约金,又约定定金的,一方违约时,对方可以选择适用违约金或者定金条款。由此可见,违约金与定金条款不可并用。因此,若选择定金罚则,则乙应双倍返还定金,即10万元;若选择违约金罚则,则乙需支付约定的违约金8万元,同时由于是乙违约,所以必须返还定金5万元,这样甲共获得13万元。可见,选择违约金罚则能最大限度地保护甲的利益,又能得到法院支持。

17. C 【解析】本题考查诉讼时效。《产品质量法》第四十五条规定,因产品存在缺陷造成损害要求赔偿的诉讼时效期间为二年,自当事人知道或者应当知道其权益受到损害时起计算。

18. A 【解析】本题考查故意犯罪形态。盗窃行为既遂与未遂的区别在于,盗窃行为已经使被害人丧失了对财物的控制时,就是既遂。至于行为人是否最终达到了非法占有并任意处置该财物的目的,并不影响既遂的成立。在本案中,陈某在商店盗窃戒指时,已经将戒指"握在手中";由于戒指体积很小,此时陈某已经使被害人丧失了对财物的控制,因此陈某的行为属于盗窃的既遂。既然陈某属于盗窃的既遂,就不可能再出现犯罪中止。陈某将戒指扔回柜台内,只是在盗窃既遂后返还财物的行为。故本题选 A。

19. B 【解析】本题考查决策的类型。非程序性决策通常要处理的是一些偶然发生的、无先例可循的、非常规性的问题。在这种情况下,决策者难以照章行事,需要有创造性思维。

20. D 【解析】本题考查可行性分析。可行性分析一般包括政治可行性、经济可行性、法律可行性、行政可行性、技术可行性和社会可行性,故本题选 D。

21. A 【解析】本题考查"一票否决"。"一票否决"是指决策群体所有成员必须意见完全一致才可最终选定某个备选方案,有任何人持不同意见,方案都不能通过。所以,"一票否决"也被称作"全体一致原则"。

22. C 【解析】本题考查决策目标确定要求。一般说来,越是近期的目标,越要求明确具体,远期目标则允许带有一定的模糊性。

23. D 【解析】本题考查领导者能力。题干所述活动都离不开领导者和下属之间的良好沟通。

24. C 【解析】本题考查问题界定的主要方法。问题界定阶段所涉及的主要方法有类别分析法、类比分析法、假设分析法和层次分析法。

25. B 【解析】本题考查收文处理。拟办:文秘人员对收文应如何办理所提出的初步意见,以供领导批办时参考。批办:领导人对应办的来文由谁或哪一部门办理及如何办理写出的指示性意见。催办:及时了解掌握公文的办理进展情况,督促承办部门按期办结。审核属于公文拟制环节的程序,不属于收文处理环节。故选 B。

26. C 【解析】本题考查公文文种。意见,适用于对重要问题提出见解和处理办法。

27. A 【解析】本题考查公文格式。联合行文时,应当先编排主办机关署名,其余发文机关署名依次向下编排。

28. A 【解析】本题考查报告的类型。综合报告,是指全面汇报本机关工作情况,可以和总结工作、计划安排结合起来。要有分析,有综合,有新意,有重点。《政府工作报告》属于综合报告。

29. C 【解析】本题考查公文最基本的作用和功能。公文的作用主要有:颁布法规、指挥管理、交流信息、宣传教育、商洽协调、凭证依据等。其中,依据和凭证是最基本的作用。

30. A 【解析】本题考查公文语言。公文语言的主要特点是:庄重、准确、朴实、精炼、严谨、规范。故选 A。

二、多项选择题

31. ABCD 【解析】本题考查时政热点。全国公安工作会议 2019 年 5 月 7 日至 8 日在北京召开。习近平强调,新的历史条件下,公安机关要坚持以新时代中国特色社会主义思想为指导,坚持总体国家安全观,坚持以人民为中心的发展思想,坚持稳中求进工作总基调,坚持政治建警、改革强警、科技兴警、从严治警,履行好党和人民赋予的新时代职责使命

32. BCD 【解析】本题考查时政热点。2019 年 5 月 10 日,正值第三个中国品牌日,中国品牌发展国际论坛在上海举行。近千名海内外嘉宾汇聚一堂,围绕持续推动"中国制造"向"中国创造"、"中国速度"向"中国质量"、"中国产品"向"中国品牌"转变的话题展开对话。

33. AC 【解析】本题考查政府职能和行政管理。要进一步激发市场主体的活力,当好"店小二",政府应该优化机构职能设置,全面提高效能,还要激发社会创新活力,理顺政商关系,AC 项正确;政府职能不能市场化,B 项表述错误;减少行政管理职权表述错误,D 项不选。故本题选 AC。

34. AB 【解析】本题考查法律常识。C 项错误,在我国,全国人民代表大会及其常务委员会依法行使立法权。D 项错误,司法机关不是政府的组成部门或所辖机关,政府无权管理或干涉司法机关的工作。AB 项正确且符合题意,故选 AB。

35. BD 【解析】本题考查我国行政系统的外部监督体系。C 项审计部门和法制部门的监督属于行政监督体系中的内部监督;A 项全国政协和各级人民政协是爱国统一战线组织,不是国家机关,不符合题意。故本题选 BD。

36. AC 【解析】本题考查依法行政。B项说法错误，维护国家统一和民族团结是我国顺利进行社会主义现代化建设的根本保证。D项说法错误，全国人民代表大会及其常务委员会依法行使立法权。因此，不能说我国的法律法规由政府制定并实施。AC项说法正确且符合题意，故选AC。

37. ABC 【解析】本题考查政治常识。监督权属于公民基本政治权利，政务微博属于公民的民主监督。政务微博的兴起彰显了社会主义民主政治建设的进步，保障了公民基本政治权利的有效行使，增强了公民主人翁意识和社会责任感。D项错误，公民有知情权和监督权，但只有人大代表有质询权。ABC项说法正确且符合题意，故选ABC。

38. AB 【解析】本题考查乡村振兴战略。AB项正确，乡村振兴战略决策体现了中国共产党坚持以人民为中心，将不断实现人民对美好生活的向往作为始终不渝的奋斗目标，践行立党为公、执政为民的执政理念。CD项说法错误，中国共产党以马克思列宁主义、毛泽东思想、邓小平理论、“三个代表”重要思想、科学发展观、习近平新时代中国特色社会主义思想作为自己的行动指南，最终目标是实现共产主义。故选AB。

39. ABCD 【解析】本题考查法的分类。从不同的标准、角度出发，可对法作不同的分类。常见分类包括：(1)根据法的创制方式和表达形式的不同，可以把法分为成文法和不成文法；(2)根据法的内容的不同，可以把法分为实体法和程序法；(3)根据法的地位、效力、内容和制定主体、程序不同，可以把法分为根本法和普通法；(4)根据法的适用范围的不同，可以把法分为一般法和特别法；(5)根据法的创制主体和适用主体的不同，可以把法分为国内法和国际法。故选ABCD。

40. ABCD 【解析】本题考查经营者应当遵循的原则。我国《消费者权益保护法》第四条规定，经营者与消费者进行交易，应当遵循自愿、平等、公平、诚实信用的原则。故选ABCD。

41. AB 【解析】本题考查劳动试用期。我国《劳动合同法》第十九条规定，劳动合同期限三个月以上不满一年的，试用期不得超过一个月；劳动合同期限一年以上不满三年的，试用期不得超过二个月；三年以上固定期限和无固定期限的劳动合同，试用期不得超过六个月。同一用人单位与同一劳动者只能约定一次试用期。

42. ABCD 【解析】本题考查犯罪认定。根据我国《刑法》第一百四十一条的规定，构成生产假药罪不以“足以严重危害人体健康”为要件，故A项表述错误；根据该法第二百三十二条的规定，构成故意杀人罪并不以“造成严重后果”为要件，故B项表述错误；根据该法第二百三十四条之一的规定，组织他人出卖人体器官构成犯罪并不以“从中牟利”为要件，故C项表述错误；根据该法第二百三十四条的规定，构成故意伤害罪不以“造成严重后果”为要件，故D项表述错误。

43. ABD 【解析】本题考查刑事诉讼的管辖。我国《刑事诉讼法》第二十一条规定，中级人民法院管辖下列第一审刑事案件：(1)危害国家安全、恐怖活动案件；(2)可能判处无期徒刑、死刑的案件。

44. BCD 【解析】本题考查决策的基本特征。决策的基本特征有预见性、选择性和主观性等，这就需要决策者对事情进行预测，并发挥个人主观能动性加以判断和选择。

45. ABC 【解析】本题考查行政许可。我国《行政许可法》第十九条规定，起草法律草案、法规草案和省、自治区、直辖市人民政府规章草案，拟设定行政许可的，起草单位应当采取听证会、论证会等形式听取意见，并向制定机关说明设定该行政许可的必要性、对经济和社会可能产生的影响以及听取和采纳意见的情况。

46. ABCD 【解析】本题考查现代公共行政的功能。现代公共行政自产生以来，在对社会公共事务的管理中履行四个功能：提供公共产品；实现社会公平；实施管制；宏观调控。

47. ABCD 【解析】本题考查通知的适用范围。通知适用于批转下级机关的公文，转发上级机关和不相隶属机关的公文，传达要求下级机关办理和需要有关单位周知或者执行的事项，任免人员。故选ABCD。

48. AC 【解析】本题考查通报的特点和作用。通报适用于表彰先进、批评错误、传达重要精神和告知重要情况。通报具有典型性、时效性、教育性和说理性四大特点。故A、C项正确。

49. AC 【解析】本题考查确定公文成文日期的依据。确定公文成文日期，一般公文，以负责人签发日期为准；经会议讨论通过的公文，以通过日期为准。

易错提示：印发日期又称发文日期，是指公文的印制和发出日期，标识这一要素是为了准确反映公文的生成时效。成文日期与印发日期在时间上可能一致，也可能不一致。在不一致时，印发日期只能晚于成文日期。

50. CD 【解析】本题考查通报的适用范围。A 项错误，公布社会各有关方面应当遵守或者周知的事项应使用“通知”。B 项错误，变更或者撤销下级机关不适当的决定事项应使用“决定”。

三、判断题

51. √ 【解析】本题考查时政热点。第二届数字中国建设峰会于 2019 年 5 月 6 日至 8 日在福建省福州市海峡国际会展中心举行。

52. × 【解析】本题考查时政热点。2019 年 6 月 10 日，博鳌亚洲论坛全球健康论坛大会在青岛世博城开幕。

53. √ 【解析】本题考查时政热点。2019 年 7 月 1 日，在伟大的中国共产党第 98 个生日到来之际，全国首家以“国门党建”命名的党员干部教育培训学院——满洲里国门党建学院揭牌。

54. × 【解析】本题考查法律常识。制定村民自治章程或村规民约是规范村民和村干部行为的有效途径。

55. × 【解析】本题考查民族区域自治地方的自治机关。我国在各少数民族聚居的地方实行区域自治。民族自治地方的自治机关是自治区、自治州、自治县的人民代表大会和人民政府。

56. √ 【解析】本题考查我们党的重要使命。消除贫困、改善民生、逐步实现共同富裕，是社会主义的本质要求，是我们党的重要使命。

57. × 【解析】本题考查法律常识。“平等”不等于“相同”。例如，选举权是公民的基本政治权利之一。根据《中华人民共和国宪法》第三十四条规定，中华人民共和国年满十八周岁的公民，不分民族、种族、性别、职业、家庭出身、宗教信仰、教育程度、财产状况、居住期限，都有选举权和被选举权；但是依照法律被剥夺政治权利的人除外。可见，公民在法律面前一律平等，但是未满十八周岁的公民、依照法律被剥夺政治权利的人都不享有选举权和被选举权。对于这项权利，所有公民就无法相同。

58. × 【解析】本题考查拘役。拘役是指短期剥夺犯罪分子人身自由，就近强制实行劳动改造的刑罚方法。刑事诉讼中的拘留，是指公安机关在紧急情况下，对现行犯或重大嫌疑分子所采取的限制其人身自由的一种临时性强制方法。

59. × 【解析】本题考查管理常识。事后控制是在管理活动中出现最早，历史最久的控制类型。

60. √ 【解析】本题考查归档文件整理。归档文件整理分为装订、分类、排列、编号、编目、装盒六个步骤进行。

2019 年河南省安阳市龙安区教师招聘考试公共基础知识真题试卷（九）

答案速查：

1～5	DBCDC	6～10	BBDDC	11～15	DCDCC	16～20	DDDAC
21～25	AADDA	26～30	CACDD	31～35	BAADA	36～40	BBBCA
41～45	ABCD ABD ACD AC AC			46～50	AC BC ABD BD BC		
51～55	CD ABD ABC ABC ABD						

一、单项选择题

1. D 【解析】本题考查政治常识。①说法错误，发展战略性新兴产业，并不能替代传统产业。②说法错误，应是实现经济发展模式从主要靠物质资源消耗转变为主要靠劳动生产率的提升转变。③④都有利于解决材料中的上述主要矛盾，正确且符合题意，故本题选 D。

2. B 【解析】本题考查国家治理体系和治理能力现代化。A 项错误，政府是行政的主体，政府依法行政，共产党依法执政。B 项正确，我们必须坚持依法治国和以德治国相结合，使法治和德治在国家治理中相互补充、相互促进、相得益彰，推进国家治理体系和治理能力现代化。C 项错误，在我国，人民是国家的主人，国家权力由人民行使，但不是直接行使。人民行使国家权力的机关是全国人民代表大会和地方各级人民代表大会。D 项错误，我国各民主党派是参政党。“参政议政”是各民主党派作为参政党所具有的一项基本职能，也是人民政治协商会议的一项基本职能。参政议政是各民主党派、无党派民主人士和其他爱国人士参与国家政治生活的泛称。因此，“参政”并非“参与执政”。在我国，具有执政权力的只有中国共产党。故本题选 B。

3. C 【解析】本题考查改革开放。A 项错误，建设中国特色社会主义的总任务是实现社会主义现代化和中华民族伟大复兴。B 项错误，党在社会主义初级阶段的基本路线是党和国家的生命线。发展是解决我国一切问题的基础和关键。D 项错误，我国的立国之本、中国特色社会主义事业发展的政治保证是四项基本原则。C 项正确，改革开放是强国之路，是我国社会主义事业发展的强大动力。

4. D 【解析】本题考查乡村振兴战略。党的十九大之所以提出实施乡村振兴战略，就是要正视农业农村发展的阶段性特征和面临的突出问题，对新时代“三农”政策适时进行调整和完善，加快推进农业农村现代化，让农业成为有奔头的产业，让农民成为有吸引力的职业，让农村成为安居乐业的美丽家园。故本题选 D。

5. C 【解析】本题考查民主政治建设。社会主义协商民主是在中国共产党领导下，人民内部各方面围绕改革发展稳定重大问题和涉及群众切身利益的实际问题，在决策之前和决策实施之中开展广泛协商，努力形成共识的重要民主形式。习近平在党的十九大报告中指出：“有事好商量，众人的事情由众人商量，是人民民主的真谛。”深刻理解这一重要科学论断背后的科学逻辑，对推进社会主义协商民主广泛多层制度化发展，坚定中国特色社会主义道路自信、理论自信、制度自信、文化自信具有重要意义。故本题选 C。

6. B 【解析】本题考查党性教育。对党员干部强化党性教育强调的是加强思想道德修养，与科学文化修养无关。因此，②③不符合题意。“增强党性修养、提升品行作风”说到底是树立和坚持正确的世界观、价值观的问题，就是在改变观念，改造主观世界。故①④符合题意，本题选 B。

7. B 【解析】本题考查联系。②说法错误，联系的客观性是指联系是事物本身所固有的本性，不以人的主观意志为转移。无论是自在之物还是人为之物，它们的联系都具有客观性。③说法错误，联系的客观性要求我们必须从事物固有的联系中把握事物的真实联系，切忌主观随意性。①④说法正确且符合题意。故本题选 B。

易错提示：联系不以人的主观意志为转移。人们可以根据固有的联系建立新的具体联系，但不能根据自己的主观愿望创造新的具体联系。

8. D 【解析】本题考查马克思主义哲学。①说法错误，斗争性寓于同一性中。④说法正确，但不是哲学道理，不符合题意。②③说法正确且符合题意。故本题选 D。

9. D 【解析】本题考查政治常识。当前，我国基本公共服务的非均等化问题比较突出，并由此使地区间、城乡之间、不同群体之间在基础教育、公共医疗、社会保障等基本公共服务方面的差距逐步拉大，并已成为社会公平、公正的焦点问题之一。题干中政府注重发展更加公平更有质量的教育，是推进基本公共服务均等化的表现。因此，①符合题意。题干中只体现了对教育方面的发展，没有体现出对公民各项民主权利的维护和经济建设的发展。因此，②③不符合题意，④符合题意。故本题选 D。

10. C 【解析】本题考查中国共产党的初心和使命。①说法错误，物质资料生产是人类社会存在和发展的基础。④说法错误，推动社会发展的根本动力是社会基本矛盾。②③说法正确且符合题意，故本题选 C。

11. D 【解析】本题考查政治常识。题干中并没有涉及中国共产党的执政地位是谁赋予的问题，故排除①。中国特色社会主义的根本保障是中国特色社会主义制度，故②说法不准确。因此，本题选 D。

12. C 【解析】本题考查政治常识。题干论述的主题是监察体制和监察机关，党是中国特色社会主义事业的领导核心，国家机构的设置要在党的领导下进行，要适应国家职能的需要，①③说法正确且符合题意。各级监察委员会是行使国家监察职能的专责机关，不属于政府对公职人员的监督，②说法错误。本题中不涉及党的政治建设，④不符合题意。故本题选 C。

13. D 【解析】本题考查文化生活。①说法错误，教育是培育爱国主义精神的基本途径。②说法错误，一个国家的文化软实力，从根本上说，取决于其核心价值观的生命力、凝聚力、感召力。③④说法正确且符合题意，故本题选 D。

14. C 【解析】本题考查文化生活。①说法错误，文化发展与社会发展是相互促进的。③说法错误，历史和现实的经验表明，人民群众既是文化的创造者，也是推动文化发展的主要力量。党员干部是群众中的先进分子，但也属于人民群众，因此不是新主体。②④说法正确且符合题意，故本题选C。

15. C 【解析】本题考查人生价值。实现人生价值需要充分发挥主观能动性，需要顽强拼搏、自强不息的精神。人的先天条件是无法改变的，后天的努力却人人都能做得到，关键是看我们愿不愿做、怎样去做。王泽山认为，专业无所谓冷热，任何专业只要肯钻研都会大有作为。这体现了其充分发挥主观能动性，认真钻研火炸药技术，最终实现人生价值。在本题中，王泽山说“国家需要就是我研究的方向，火炸药是有国家战略意义的领域。”这体现了其坚持个人与社会的统一。因此，①④符合题意，故本题选C。

16. D 【解析】本题考查马克思主义哲学。②④符合题意，从嫦娥一号到嫦娥四号，中国航天人大胆创新、努力探索，使中国航天逐梦之旅越来越辉煌。这体现了科学态度和革命热情是人类实践成功的必要条件，而人们建立恰当的具体联系方式能够推动事物发展。①与题意不符，题干强调的是中国航天人大胆创新、努力探索，推动航天事业发展，没有体现人类实践的社会历史性推动着科学技术日益进步。③说法错误，自在事物从量变到质变并不需要人的主观能动性的发挥。故本题选D。

17. D 【解析】本题考查马克思主义哲学。①说法错误，应该是坚持主观与客观的具体的历史的统一。②说法错误，应该是坚持“特殊—普遍—特殊”的工作方法。③④说法正确且符合题意，故本题选D。

18. D 【解析】本题考查税制改革。增值税只对增值额征税，这样可以避免对一个经营额重复征税，也可以防止前一生产经营环节企业的偷漏税行为，因此A项搭配错误。继续完善结构性减税政策，能调节企业生产，但可能会减少财政收入，因此B项搭配错误。个人所得税与社会分工没有直接关系，因此C项搭配错误。营业税改征增值税，有利于减轻相关企业税负，促进服务业发展，因此D项搭配正确。故本题选D。

19. A 【解析】本题考查粮食安全。①正确，推进农村土地“三权分置”改革，发展规模化农业，有利于解决粮食供需矛盾。②正确，确保粮食安全始终是国家经济发展的底线，就要确保耕地红线不动摇；在城市化和工业化不断深化的背景下，我国的粮食供需矛盾日益凸显，就要创新土地资源调控手段。③错误，积极拓展国际市场，取消粮食进出口关税会增加进口粮数量，但不是解决粮食供需矛盾和确保国家粮食安全的合理措施。④错误，优化农业种植结构，扩大经济作物种植面积会进一步减少粮食产量，不利于解决粮食供需矛盾。故本题选A。

20. C 【解析】本题考查经济常识。①与题意无关，题干强调的是供给侧，而非需求侧。④错误，发展实体经济应该优化升级传统产业，而非“限制”。②③符合题意，故选C。

21. A 【解析】本题考查就业优先政策。③错误，通过发展经济来扩大就业是有效解决我国就业问题的根本途径。④错误，党和国家的这一重要安排有利于促进劳动者实现就业，但不是劳动者实现就业的内在要求和前提。①②符合题意，故选A。

22. A 【解析】本题考查经济常识。③错误，进博会的举办推动贸易和投资便利化，促进了中外贸易。④错误，进博会的举办激发进口潜力，充分利用国外市场满足人民日益增长的美好生活需要，而非“国内外市场”。①②正确，进博会的举办将对国内相关产业形成压力，倒逼国内产业优化升级，从而推动供给侧结构性改革，以满足居民对美好生活的需要；进博会的举办将丰富国内消费选择，引导境外消费回流。

23. D 【解析】本题考查“去杠杆”。企业依法破产结算并不是取消企业债务，①传导错误。推动兼并重组是去产能的做法，而不是去杠杆的举措，③不符合题意。②④正确且符合题意，故本题选D。

24. D 【解析】本题考查市场优势。①说法错误，社会主义市场经济以共同富裕为根本目标。作为一种资源配置手段，市场不能自发地通过利益引导促进共同富裕。②说法错误，生产资料公有制是我国社会主义经济制度的基础。③④都是市场配置资源的优势，故选D。

25. A 【解析】本题考查埋藏物的处分。根据我国《民法典》第三百一十九条的规定，拾得漂流物、发现埋藏物或者隐藏物的，参照适用拾得遗失物的有关规定。该法第三百一十二条规定，所有权人或者其他权利人有权追回遗失物。该遗失物通过转让被他人占有的，权利人有权向无处分权人请求损害赔偿，或者自知道或者应当知道受让人之日起二年内向受让人请求返还原物；但是，受让人通过拍卖或者向具有经营资格的经营者购得该遗失物的，权利人请求返还原物时应当支付受让人所付的费用。权利人向受让人支付所付费用后，有权向无处分权人追偿。本案中，经过正常转让的是房屋，而不是瓷瓶，所以，瓷瓶的所有权还是归原物主甲所有。可见，甲是瓷瓶的所有权人，丙是无处分权人，丁是受让人。甲有权向丙请求损害赔偿。故A项正确，B项错误。丙是无处分权人，但丙与丁之间的买卖合同有效，故C项错误。发现埋藏物参照拾得遗失物的有关规定，不适用善意取得制度。甲可向丁请求返还原物，但需要支付丁购买瓷瓶所付的价款。因此，丁不能善意取得瓷瓶的所有权，D项错误。

26. C 【解析】本题考查选举权和被选举权。A项错误，中华人民共和国年满十八周岁的公民享有选举权和被选举权，但依法被剥夺政治权利的人除外。B项错误，县级以及县级以下的人大代表选举属于直接选举，而县级以上的人大代表的选举属于间接选举。D项错误，依法被判刑的人如果没有被剥夺政治权利，同样享有选举权与被选举权。

方法技巧：依法被判刑的人不一定是被剥夺政治权利的人，但被判处无期徒刑以及死刑的人应当剥夺政治权利终身。

27. A 【解析】本题考查受教育权。受教育权是公民的基本权利之一，指由宪法确认和保障的公民受教育的权利。我国逐步对家庭经济困难学生实施高中免除学杂费，体现了对公民受教育权的保障。故选A。

28. C 【解析】本题考查人格尊严权。人格尊严权具体表现为名誉权、肖像权、姓名权、隐私权、荣誉权。A项，小李的行为侵犯了小张的姓名权。B项，保安的行为侵犯了小王的隐私权。C项，通缉令上使用抢劫犯的照片是出于维护公共利益的目的，不属于侵犯他人的肖像权。D项，医院的行为侵犯了患者的隐私权。故选C。

29. D 【解析】本题考查儒家思想。材料体现了国和家的密切关系，反映了西周时期的分封制和宗法制下的家国一体理念。

30. D 【解析】本题考查经济常识。A项错误，材料未体现国家定价比重大幅度下降的原因是改革开放深入内地。B项错误，材料未体现市场的主导作用。C项错误，材料中，经济体制改革后，国家定价逐步下降，但并未消失。

31. B 【解析】本题考查五四运动。B项正确，"实际行动上，已经对于中国近代革命历史做了惩前毖后与承先启后的表示"说明作为中国进入新民主主义革命的标志，五四运动与旧民主主义革命缺乏群众基础不同，重视人民群众的力量，是划时代的人民群众救国运动。A项错误，"还没有能够从批判旧世界中找出新世界"说明五四运动不是空前的人民思想觉醒运动。C、D项不符合材料表达的主旨，排除。

32. A 【解析】本题考查思想与文化。"忠义"是儒家思想的内涵之一，而且儒家思想正是汉代以后的统治思想，因此，儒家思想影响了关公形象的塑造。

33. A 【解析】本题考查字词正误。B项，"推心至腹"错误。推心置腹，推出自己的赤心，放置在别人的腹中。表示把自己内心的想法毫无保留地告诉对方。比喻真诚待人。C项，"分庭抗理"错误。分庭抗礼，指的是古代宾主相见，分站在庭的两边，相对行礼，以示平等。比喻双方平起平坐，实力相当，可以抗衡。D项，"估名钓誉"错误。沽名钓誉，意思是使用各种不正当的手段以谋取好的名声和荣誉。

34. D 【解析】本题考查言语理解与表达。"精致的城郭"指代的是前句的"苏州、杭州、桂林"，"荷叶"比喻漂浮在流水上的状态，而非比喻"精致"，故A、B项错误。C项存在语法错误，故选D。

35. A 【解析】本题考查言语理解与表达。B项错误，在广播稿中，"意义"容易被误听成"异议"，令听众产生误解。C项错误，选项中是希望拾得物品者将物品归还，而"璧还"是敬辞，用于归还原物或辞谢赠品，在这里使用不得体。D项错误，"有幸"是谦辞，说受邀者"有幸"不得体。

36. B 【解析】本题考查对联与名楼。①项错误，唐代诗人崔颢在《黄鹤楼》一诗中写道"芳草萋萋鹦鹉洲"；祢衡是东汉末年名士，曾作《鹦鹉赋》，死后葬于鹦鹉洲，因此结合"祢衡"和"崔颢"可推断其对应的名楼为黄鹤楼。②项错误，唐代诗人王之涣在《登鹳雀楼》一诗中写道"黄河入海流""欲穷千里目"，因此由"千里目"和"黄河入海"可联想到鹳雀楼。③项正确，洞庭湖古称"云梦"，有神仙洞府之意，岳阳楼紧邻洞庭湖，因此由"云梦"和"仙人"可知为岳阳楼。④项正确，唐代诗人王勃在《滕王阁序》中写道"落霞与孤鹜齐飞，秋水共长天一色"，因此由"水天一色"可知为滕王阁。

37. B 【解析】本题考查文化常识。服除，意为守丧期满。

38. B 【解析】本题考查公文文种。通知适用于发布、传达要求下级机关执行和有关单位周知或者执行的事项,批转、转发公文。题干中的中学转发政府公文的目的是通知学校人员周知此事,故选B。

39. C 【解析】本题考查非金属元素。A项错误,二氧化氯具有氧化性,可用于自来水的杀菌消毒。B项错误,二氧化硫可用于漂白纸浆是利用了二氧化硫的漂白性,不是氧化性。D项错误,硅是重要的半导体材料,而制造光导纤维的是二氧化硅。

40. A 【解析】本题考查物理知识。短笛是由吹入的空气在笛管内振动发出声音,而非笛子本身震动。

二、多项选择题

41. ABCD 【解析】本题考查习近平新时代中国特色社会主义思想。习近平新时代中国特色社会主义思想是当代中国马克思主义、二十一世纪马克思主义,是中华文化和中国精神的时代精华,是马克思主义中国化的最新成果,是党和人民的实践经验和集体智慧的结晶,是中国特色社会主义理论体系的重要组成部分,是全党全国人民为实现中华民族伟大复兴而奋斗的行动指南。

42. ABD 【解析】本题考查脱贫攻坚。C项说法错误,共产党以科学的思想、制度和方法领导中国特色社会主义事业。A、B、D项正确且符合题意,故本题选ABD。

43. ACD 【解析】本题考查人民代表大会制度。在我国,人民与人民代表大会之间、人民代表大会与其他国家机关之间都存在着监督与被监督的关系,这种关系突出反映了我国一切权力属于人民,体现了民主集中制,有效印证了人民当家作主的地位。故A、C、D三项正确且符合题意。国家性质是由占统治地位的阶级的性质决定的,我国人民民主专政的国家性质决定人民代表大会制度的政体,B项颠倒了二者的关系,故B项说法错误。

44. AC 【解析】本题考查消费。A项正确,完善促进消费的体制机制,有利于创设良好的消费环境,促进消费,培育新增长点。B项错误,生产决定消费,生产是消费的基础。应增强消费对经济发展的基础性作用。C项正确,建立绿色生产和消费的法律制度和政策导向有利于在绿色低碳方面形成新动能。D项错误,"奢侈消费""超前消费"违背勤俭节约、适度消费的要求。故本题选AC。

45. AC 【解析】本题考查民主决策。D项错误,题干强调的是公民通过12340反映社情民意的民主决策活动,而非民主监督。B项在题干中并没有体现,故不选。因此,本题选AC。

46. AC 【解析】本题考查习近平总书记用典。习近平以"河海"为喻,把当今的国际合作可比为江河湖海,各国都是小溪流,只有不排斥、不拒绝细小的力量,才能够成就真正的伟大。体现了全球发展需要一点一滴量的积累实现。经济全球化的历史大势不可阻挡,因此世界各国应遵循全球发展的客观规律,加强合作与交流,最终实现共赢。故A、C项说法正确。B项在题干中没有体现,故不选。全球经济发展的主要矛盾并不是国际合作,D项说法错误。故本题选AC。

47. BC 【解析】本题考查科技与经济。科学技术是文化的重要组成部分,它能够在人们认识和改造世界的过程中转化为物质力量,对社会发展产生深刻的影响。科技进步是促进经济发展的重要因素,也是推动文化发展的重要因素。文化与经济相互交融,在经济发展中,科技的作用日益突出。因此,B、C项说法正确且符合题意。教育是民族振兴和社会进步的基石,A项说法错误。D项说法正确但与题意无关。

48. ABD 【解析】本题考查意识。秋在不同的文人心中有着不同的反映,表明了意识具有主体差异性,意识是人脑对客观存在的主观映象,意识具有自觉选择性和主动创造性。因此,A、B、D项说法正确。C项说法错误,实践是按照创作者的意图改造客观世界的活动,意识是对客观世界的反映。故本题选ABD。

49. BD 【解析】本题考查民族区域自治。实现各民族共同繁荣发展,是一项极其复杂艰巨的任务,我国仍在为了各民族共同繁荣发展而努力奋斗,A项说法错误。各民族之间的差异是客观存在的,不能被消除,C项错误。B、D项说法正确且符合题意。

50. BC 【解析】本题考查政治常识。A项说法错误,当今世界上没有哪一种力量能主导世界格局。D项说法错误,经济全球化推动政治多极化,而不是政治多极化推动经济全球化。

51. CD 【解析】本题考查法律常识。A项错误,根据我国《刑法》第二百六十一条的规定,对于年老、年幼、患病或者其他没有独立生活能力的人,负有扶养义务而拒绝扶养,情节恶劣的,处五年以下有期徒刑、拘役或者管制。黄某长期不归的行为是否符合立案标准,题干无法体现。B项错误,根据我国《民法典》第一千零六十三条的规定,一方因受到人身损害获得的赔偿或者补偿,属于夫妻一方的个人财产。故张某享有这笔赔偿金的处理权。

52. ABD 【解析】本题考查以危险方法危害公共安全罪。危害公共安全罪是一个概括性的罪名,这类犯罪侵犯的客体是公共安全,客观表现为实施了各种危害公共安全的行为。以危险方法危害公共安全罪是指故意以放火、决水、爆炸以及投放毒害性、放射性、传染病病原体等物质之外并与之相当的危险方法,足以危害公共安全的行为。故C项错误,投放微生物或放射性物质进行破坏的行为构成投放危险物质罪,但不属于以危险方法危害公共安全罪。故选ABD。

53. ABC 【解析】本题考查权利和义务。法律保护公民的合法权益,而非一切利益。D项说法错误。

54. ABC 【解析】本题考查人文素养。D项诗句出自杜甫的《江村》,描绘了一派恬静幽雅的田园景象,表达了诗人的愉悦之情,与爱国情感无关。

55. ABD 【解析】本题考查生物技术。C项错误,培育太空椒属于诱变育种。A项正确,利用组织培养技术可在短时间大批量地培育出所需要的植物新个体。B项正确,转基因技术是指利用DNA重组、转化等技术将特定的外源目的基因转移到受体生物中,并使之产生可预期的、定向的遗传改变。转基因技术可培育产生人胰岛素的大肠杆菌。D项正确,制醋要用到醋酸菌,制泡菜要用到乳酸菌,二者在加工生产中利用了同一类微生物——细菌。

三、材料分析题(参考答案)

56. 结合材料,分析说明“中国共产党的领导是中国特色社会主义制度的最大优势”这一观点的正确性。

与资本主义社会、传统的社会主义相比,中国特色社会主义制度具有自身的基本特征和制度优势。在这些制度优势中,党的领导是最大优势。中国共产党是中国特色社会主义事业的领导核心。

(1)中国特色社会主义制度的制度优势,依赖于党的社会领导。中国共产党的性质、立场和价值追求使其具有强大的社会公信力和凝聚力,能将个体的利益、意志凝聚为社会合力,彰显出中国特色社会主义制度的强大优势。

(2)中国特色社会主义制度的制度优势,依赖于党的政治领导。党的政治领导决定国家改革发展的政治立场、政治方向、政治原则。中国共产党鲜明的政治立场,就是坚决维护和实现无产阶级和最广大人民群众的根本利益,国家政策、方针都要符合人民群众的意志,权力不能成为少数利益集团的代言人。党带领全国人民把方向、谋大局、定政策、促改革,离不开党的意志和人民的意志的一致性。党的意志代表人民意志,人民的意志是党的意志的根据和遵循。

(3)中国特色社会主义制度的制度优势,依赖于党确立的正确思想路线。我们党始终高度重视思想建设、理论建设,在实践中坚持和发展真理,不断研究新情况、总结新经验、解决新问题,在实践中丰富和发展马克思主义,使党的理论、路线、方针和政策顺应时代发展的潮流和我国社会发展进步的要求,永远走在时代前列。

(共10分。对题干观点进行解释说明得1分。至少列出3条分析说明,每条分析说明得3分,说明合理准确得2分,逻辑清晰且阐述充分得1分。)

57. 结合材料,分析说明我们“坚定文化自信,推动社会主义文化繁荣兴盛”的原因。

(1)坚定文化自信,推动社会主义文化繁荣兴盛,有利于弘扬中华优秀传统文化。

(2)坚定文化自信,推动社会主义文化繁荣兴盛,可以推动社会主义精神文明和物质文明协调发展,更好地坚持中国特色社会主义文化发展道路。

(3)文化自信是民族复兴的昂扬动力。实现中华民族伟大复兴,需要坚定文化自信,积极推动社会文化繁荣兴盛。

(4)坚定文化自信,推动社会主义文化繁荣兴盛,有利于激发全民族文化创新创造活力,建设社会主义文化强国。

(共10分。至少写4点原因,每点原因2.5分,理论依据准确并阐述合理即可得满分。)

58. 结合材料,运用思想道德建设的有关知识,分析如何培养担当民族复兴大任的时代新人。

(1)必须站在理想信念这个制高点上,弘扬主旋律,唱响正气歌。

(2)要深入实施公民道德建设工程,推进社会公德、职业道德、家庭美德、个人品德建设,激励人们向上向善、孝老爱亲、忠于祖国、忠于人民。

(3)要加强和改进思想政治工作,深化群众性精神文明创建活动。

(4)要弘扬科学精神,普及科学知识,开展移风易俗、弘扬时代新风行动,抵制腐朽落后文化侵蚀。

(5)要推进诚信建设和志愿服务制度化,强化社会责任意识、规则意识、奉献意识。

(6)必须脚踏实地、不尚空谈、重在行动、从我做起、从现在做起、从点滴小事做起。

(共12分。至少写6点措施,每点措施2分,理论依据准确并阐述合理即可得满分。)

2019年河南省平顶山市教师招聘考试公共基础知识真题试卷(十)

答案速查:

1~5	DABDB	6~10	BBDCA	11~15	CABDC
16~20	CDCBD	21~25	DCBAB	26~30	CAACC
31~35	ABDBC	36~40	BADCC	41~45	BBCDA
46~50	BDADC	51~55	BBCDC	56~60	DADCB
61~65	ACD AD AC AB ABC		66~70	ABD ABD ABD ABC AB	
71~75	ABCD ACD ABD BD ABC		76~78	ABCD ABD CD	
79~82	××√×				

一、单项选择题

1.D 【解析】本题考查安全与急救常识。地震发生时,大地剧烈晃动,人往往无法稳定行走,而且家具、门窗玻璃、天花板、吊灯、吊柜等可能掉落砸伤人,此时若盲目行动,受伤概率很大。地震来临时,应先就近避险,保护好头部,如把靠垫举在头顶,蹲到坚固的桌子下面,待晃动停止、确认安全后再撤离到安全地带。地震发生时不要使用电梯;如果地震时刚好在电梯里,需赶紧按下所有楼层按钮使电梯停下,尽快离开。

2.A 【解析】本题考查人文素养。《女神》是中国现代文学史上的第一部新诗集。在诗歌形式上,它突破了旧格套的束缚,创造了雄浑奔放的自由诗体,为“五四”以后自由诗的发展开拓了新的天地,成为中国新诗的奠基之作。《野草》写于五四运动后期,是鲁迅唯一的一本散文诗集,反映了鲁迅彷徨、思索、坚韧战斗的心路历程。《尝试集》是中国现代文学史上第一部白话诗集,开新文学运动之风气,是胡适里程碑式的著作。《尝试集》中主要是表现个性解放、人道主义和民主自由的诗,具有反封建的时代色彩和积极意义。《红烛》是闻一多的诗集,该诗集题材广泛,内容丰富,或抒发诗人的爱国之情,或批判封建统治下的黑暗,或反映劳动人民的苦难,或描绘自然的美景。

3.B 【解析】本题考查全民国家安全教育日。《中华人民共和国国家安全法》第十四条规定,每年4月15日为全民国家安全教育日。

4.D 【解析】本题考查我国古代数学成就。李冶,金元时期的数学家。李冶在数学上的主要贡献是天元术(设未知数并列方程的方法),用以研究直角三角形内切圆和旁切圆的性质。李冶与杨辉、秦九韶、朱世杰并称为“宋元数学四大家”。

5.B 【解析】本题考查地理常识。云贵高原的贵州一带,年平均阴雨日数在200天以上,有“天无三日晴”之说;又因山脉绵延,河谷深切,地形崎岖,交通不便,有“地无三尺平”之说。

6.B 【解析】本题考查我国古代数学成就。《九章算术》成书于东汉前期,它的出现标志着我国古代数学完整体系的形成。

7.B 【解析】本题考查生物常识。鳄鱼肾脏的排泄功能很不完善,体内多余的盐分要靠一种特殊的盐腺来排泄,而鳄鱼的盐腺正好位于眼睛附近。

8.D 【解析】本题考查全国人民代表大会常务委员会的职权。D项“解释宪法,监督宪法的实施”是全国人民代表大会常务委员会的职权;ABC三项均为全国人民代表大会的职权。故答案选D。

9.C 【解析】本题考查能源。联合国开发计划署把新能源分为以下三大类:大中型水电;新可再生能源,包括小水电、太阳能、风能、现代生物质能、地热能、海洋能;传统生物质能。

10.A 【解析】本题考查八大行星。在地球上看,太阳系八大行星中,金星是夜空中最亮的一颗。

11. C 【解析】本题考查人文素养。“成吉思”是“大海”的意思,用来颂扬他和海洋一样伟大。

12. A 【解析】本题考查哲学常识。“山近月远觉月小,便道此山大于月。若人有眼大如天,还见山小月更阔”和“不识庐山真面目,只缘身在此山中”均体现了人们的认识受各种条件的限制,说明人们之所以被事物的假象所迷惑,是因为没有全面、客观、正确地观察事物,认识事物。故选 A。

13. B 【解析】本题考查古代著名战役。“纸上谈兵”指的是在纸面上谈论打仗,比喻空谈理论,不能解决实际问题。这个成语出自《史记・廉颇蔺相如列传》:战国时赵国名将赵奢之子赵括,年轻时学兵法,谈起兵事来父亲也难不倒他。后来他接替廉颇为赵将,在长平之战中,只知道根据兵书办,不知道变通,结果被秦军打败。

14. D 【解析】本题考查科学社会主义诞生的标志。1848 年《共产党宣言》的发表,标志着科学社会主义的诞生。

15. C 【解析】本题考查唯物史观和唯心史观。在历史创造者问题上,唯物史观认为,人民群众是推动历史发展的决定力量。唯心史观则认为,思想动机在社会发展中起决定作用。二者的根本对立在于是否承认人民群众是推动历史发展的决定力量。

16. C 【解析】本题考查君主立宪制类型。君主立宪制分为议会君主制和二元君主制两种类型。

17. D 【解析】本题考查国际垄断组织形式。卡特尔、辛迪加、托拉斯在第二次世界大战之前就发展起来了,跨国公司在第二次世界大战后得到迅速发展。

18. C 【解析】本题考查经济特区。1980 年,我国设立深圳、珠海、汕头、厦门四个经济特区。1988 年增设海南经济特区,它是我国最大的经济特区。

19. B 【解析】本题考查云贵高原。云贵高原地面高低不平,地势比较平坦的山间小盆地,被当地人称之为“坝子”。

20. D 【解析】本题考查物理常识。紫外线能够使荧光物质发光,具有杀菌作用;红外线具有热效应等特点。验钞机发出的是紫外线,电视遥控器发出的是红外线。

21. D 【解析】本题考查人文素养。炎黄子孙是中华民族的自称,“炎”指炎帝,“黄”指黄帝。

22. C 【解析】本题考查诸子百家。这个观点是荀子提出的,体现了荀子哲学观中尊重自然规律的思想。

23. B 【解析】本题考查甲骨文。清朝光绪年间,国子监祭酒王懿荣治病时在一味中药——龙骨上发现了甲骨文,这是中国已发现的古代文字中时代最早、体系较为完整的文字。

24. A 【解析】本题考查现代信息技术的基石。微电子技术是建立在以集成电路为核心的各种半导体器件基础上的高新电子技术,它是现代信息技术的基石。

25. B 【解析】本题考查十九大报告。十九大报告指出:当前,国内外形势正在发生深刻复杂变化,我国发展仍处于重要战略机遇期,前景十分光明,挑战也十分严峻。

26. C 【解析】本题考查时政热点。2019 年 5 月,第二届中国网络文学周在杭州举行。

27. A 【解析】本题考查劳动者的权利。根据《中华人民共和国就业促进法》第三条的规定:“劳动者依法享有平等就业和自主择业的权利。”

28. A 【解析】本题考查就业促进法。根据《中华人民共和国就业促进法》第六条的规定:“国务院建立全国促进就业工作协调机制,研究就业工作中的重大问题,协调推动全国的促进就业工作。国务院劳动行政部门具体负责全国的促进就业工作。”

29. C 【解析】本题考查我国的科考站。昆仑站、中山站、泰山站是我国在南极地区的科考站,黄河站是我国在北极地区的科考站。

30. C 【解析】本题考查著作权法。我国《著作权法》第十三条规定:“改编、翻译、注释、整理已有作品而产生的作品,其著作权由改编、翻译、注释、整理人享有,但行使著作权时不得侵犯原作品的著作权。”AB 项错误。该法第十六条规定:“使用改编、翻译、注释、整理、汇编已有作品而产生的作品进行出版、演出和制作录音录像制品,应当取得该作品的著作权人和原作品的著作权人许可,并支付报酬。”C 项正确,D 项错误。故选 C。

31. A 【解析】本题考查管理常识。“虎”代表决策权和话语权,从管理的角度看,组织管理需要集中统一,如果有多名领导者,且他们的意见不统一,必将导致下属在工作过程中无所适从,降低管理效率,严重的还可能影响到管理的正常进行。选项 BCD 说法均不正确,故答案选 A。

32. B 【解析】本题考查人文素养。冬至吃饺子是为了纪念“医圣”张仲景冬至舍药。

33. D 【解析】本题考查四书。四书是指《论语》《孟子》《大学》《中庸》。

34. B 【解析】本题考查四大悲剧。莎士比亚的四大悲剧包括《哈姆雷特》《奥赛罗》《李尔王》《麦克白》。

35. C 【解析】本题考查文学素养。苏轼曾说:“味摩诘之诗,诗中有画;观摩诘之画,画中有诗。”王维,字摩诘,号摩诘居士。故选 C。

36. B 【解析】本题考查文学素养。“尔曹身与名俱灭,不废江河万古流”出自杜甫《戏为六绝句》。

37. A 【解析】本题考查文学素养。“孺子牛”是《左传·哀公六年》中记载的一个典故,原意表示父母对子女的过分疼爱。

38. D 【解析】本题考查古代四大美女。我国古代四大美女中,沉鱼代指西施,落雁代指王昭君,闭月代指貂蝉,羞花代指杨玉环。

39. C 【解析】本题考查扑克牌上的人物。在扑克牌中,梅花 K 代指亚历山大大帝,方块 K 代指恺撒大帝,红桃 K 代指查理大帝,黑桃 K 代指大卫王。

40. C 【解析】本题考查革命旧址。1941 年 3 月,八路军三五九旅在南泥湾开展了著名的大生产运动。南泥湾精神是延安精神的重要组成部分。

41. B 【解析】本题考查生活常识。日出前温度最低,这时候长时间没有太阳辐射,温度值慢慢下降到最低点。

42. B 【解析】本题考查地质时期。侏罗纪介于三叠纪与白垩纪之间,是中生代的第二个纪。

43. C 【解析】本题考查文化建设。教育科学文化建设是先进文化建设的基础工程。

44. D 【解析】本题考查职业道德修养。职业道德修养是指从业人员在职业活动实践中,按照职业道德基本原则和规范,在职业道德品质方面的自我锻炼和自我改造,借以形成高尚的职业道德品质和达到较高的境界。

45. A 【解析】本题考查习近平的重要文章。2019 年 7 月 1 日出版的第 13 期《求是》杂志发表中共中央总书记、国家主席、中央军委主席习近平的重要文章《在“不忘初心、牢记使命”主题教育工作会议上的讲话》。

46. B 【解析】本题考查时政热点。第十一届海峡论坛于 2019 年 6 月 15 日开始在福建省举办,集中活动为期一周。

47. D 【解析】本题考查认识与实践的关系。人们获得认识的途径是多方面的。通过亲身实践获得的知识是直接经验;通过读书等渠道学习他人实践的经验即间接经验,也是人们获得认识的重要途径。人的时间、精力是有限的,每次都亲自实践获得认识是不必要的,也是不可能的。因此实践不是获得认识的唯一途径,要把认识的来源和获得认识的途径区别开来。

48. A 【解析】本题考查唯物辩证法。唯物辩证法认为矛盾是普遍存在的,矛盾是事物发展的动力和源泉;形而上学则否认事物内部存在的矛盾,把事物变化的原因归结为外部力量的推动。唯物辩证法和形而上学的根本分歧和斗争焦点在于是否承认矛盾,是否承认矛盾是事物发展的动力和源泉。

49. D 【解析】本题考查恩格尔系数。恩格尔定律的主要内容是指一个家庭或个人收入越少,用于购买生存性的食物的支出在家庭或个人收入中所占的比重就越大。对一个国家而言,一个国家越穷,每个国民的平均支出中用来购买食物的费用所占比例就越大。恩格尔系数则由食物支出金额在总支出金额中所占的比重来最后决定。恩格尔系数达 59% 以上为贫困。

50. C 【解析】本题考查宣告失踪。我国《民法典》第四十条规定:“自然人下落不明满二年的,利害关系人可以向人民法院申请宣告该自然人为失踪人。”

51. B 【解析】本题考查宪法知识。根据《中华人民共和国宪法》第八条规定:“农村集体经济组织实行家庭承包经营为基础、统分结合的双层经营体制。”

52. B 【解析】本题考查文学素养。《汉书》是中国第一部纪传体断代史史书,由东汉史学家班固编撰。《史记》是由司马迁撰写的中国第一部纪传体通史。《后汉书》是由南朝范晔编撰的记载东汉历史的纪传体断代史书。《资治通鉴》是北宋司马光主编的一部多卷本编年体史书。故选 B。

易错提示:编年体、国别体、纪传体等属于史书体例,通史、断代史属于史书类别(以时空区分)。考生应注意区和识记分史学著作中不同体例和类别的“第一部”。

53. C 【解析】本题考查寒食节。“寒食”是冬至以后第一百零五日,这个节日是为了纪念春秋时期晋国名士介子推而创设的。介子推对晋国公子重耳有恩,重耳成为晋文公之后,想要请介子推出山做官,介子推不愿,后来就躲入山中。重耳为了逼他出山,遂放火烧山,结果介子推宁愿被烧死,也未出山。重耳后悔不已,后来为了纪念他,就把这天定为“寒食节”,即要禁火和吃冷食的意思。

54. D 【解析】本题考查河南省情。河南,古称中原、中州、豫州,简称“豫”,因历史上大部分位于黄河以南,故名河南。安徽阜阳,古称“颍州”。

55. C 【解析】本题考查河南旅游景点。孔庙,位于山东省曲阜市,初建于公元前478年,是第一座祭祀孔子的庙宇。

56. D 【解析】本题考查中国土地资源的基本特点。中国土地资源有四个基本特点:绝对数量大,人均占有少;类型复杂多样,耕地比重小;利用情况复杂,生产力地区差异明显;地区分布不均,保护和开发问题突出。

57. A 【解析】本题考查依法治国。有法可依是依法治国的前提,有法必依是依法治国的中心环节,执法必严是依法治国的关键,违法必究是依法治国的必要保证。

58. D 【解析】本题考查人民代表大会制度。实行人民代表大会制度是中国特色社会主义民主政治最鲜明的特点。在我国,人民内部虽然还存在各种复杂的矛盾,但全国人民根本利益的一致性,决定了人民可以统一行使自己的国家权力。

59. C 【解析】本题考查文学素养。提出著名的“知己知彼,百战不殆”“攻其不备,出其不意”“兵无常势,水无常形”等许多战争原则的著作是《孙子兵法》。

60. B 【解析】本题考查安全常识。用湿毛巾捂住口鼻可以防止有害气体和粉尘进入呼吸道,所以逃生时应该用湿毛巾捂住口鼻,蹲下靠近地面或沿墙壁跑离着火区域。

二、多项选择题

61. ACD 【解析】本题考查十九大报告。党的十九大报告指出:“全党要充分认识这场伟大斗争的长期性、复杂性、艰巨性,发扬斗争精神,提高斗争本领,不断夺取伟大斗争新胜利。”

62. AD 【解析】本题考查地理常识。岩溶地貌相当于喀斯特地貌,A正确。新疆的魔鬼城是风力侵蚀形成的,B错误。云南石林是喀斯特地貌,雅丹地貌(风蚀地貌的一种典型特征)主要在西北地区,C错误。武夷山在我国东南地区,属于丹霞地貌,D正确。

63. AC 【解析】本题考查宪法知识。依据《宪法》规定,矿藏、水流、城市的土地属于国家所有。

64. AB 【解析】本题考查诸子百家。韩非子和李斯都是法家代表人物,荀子是儒家代表人物,庄周是道家代表人物。

65. ABC 【解析】本题考查文学素养。《永乐大典》由永乐年间解缙主编,《不列颠百科全书》称其是“世界有史以来最大的百科全书”,A正确。《四库全书》由乾隆皇帝主持,纪昀参与编撰,分为经(儒家经典)、史(史书)、子(诸子百家)、集(文集)四部,B正确。司马光主编了《资治通鉴》,C正确。《说文解字》的作者是许慎,D错误。

66. ABD 【解析】本题考查我国社会组织。我国社会组织,主要包括社会团体、民办非企业单位(社会服务机构)、基金会等,以非营利为特征,以公益性或互益性为活动方式,是独立于党政体系、企业之外的正式组织。

67. ABD 【解析】本题考查科举制。科举考试中,分别称乡试、会试、殿试的第一名为解元、会元、状元,合称“三元”。接连在乡试、会试、殿试中考了第一名,称“连中三元”。

68. ABD 【解析】本题考查地理常识。东面与我国隔海相望的国家有韩国和日本,南面与我国隔海相望的国家有菲律宾、马来西亚、文莱和印度尼西亚。

方法技巧:考生可以通过口诀来记忆我国的邻国:俄蒙朝,越老缅,印尼不出汗,四个斯坦看一看;隔海六国要记全,印西马文菲日韩。

69. ABC 【解析】本题考查十九大报告。党的十九大报告提出,培养造就一大批具有国际水平的战略科技人才、科技领军人才、青年科技人才和高水平创新团队。

70. AB 【解析】本题考查全面推进依法治国的总目标。十八届四中全会提出,全面推进依法治国,总目标是建设中国特色社会主义法治体系,建设社会主义法治国家。

71. ABCD 【解析】本题考查供给侧结构性改革。习近平总书记强调:供给侧结构性改革,重点是解放和发展社会生产力,用改革的办法推进结构调整;减少无效和低效供给,扩大有效和中高端供给;增强供给结构对需求变化的适应性和灵活性;提高全要素生产率。

72. ACD 【解析】本题考查三权分立。三权分立是西方一种关于国家政权架构和权力资源配置的政治学说,主张立法、行政和司法三种国家权力分别由不同机关掌握,各自独立行使、相互制约制衡。

73. ABD 【解析】本题考查社会主义发展道路。社会主义发展道路多样化的原因有:第一,各国生产力的发展状况是社会主义发展道路多样性的经济原因。已经取得胜利的社会主义国家,经济文化都比较落后,各国之间也有较大差别。每个国家都必须根据本国生产力的发展状况,制定相应发展战略,采取不同的方式进行社会主义建设。第二,各国历史文化传统的差异性是社会主义发展道路多样性的历史原因。各个民族的历史文化传统,是人们进行活动的既定前提和基础,每个国家只有把马克思主义的普遍原理与本国的具体实践相结合,才能取得成功。第三,时代的不断发展是社会主义发展道路多样性的现实原因。每个国家应该根据时代和实践的发展要求,选择适合本国国情的社会主义发展道路。这是社会主义制度保持生机活力、永远立于不败之地的重要保证。

74. BD 【解析】本题考查古代改革与变法。管仲改革和商鞅变法发生在春秋战国时期,实质是推动国家由奴隶制向封建制过渡,而非封建社会内部的调整。

75. ABC 【解析】本题考查宪法。国家主席、副主席、最高人民法院院长、最高人民检察院检察长由全国人大直接选举产生。国务院总理的人选由全国人大根据国家主席的提名来决定。

76. ABCD 【解析】本题考查河南省历史人物。袁绍,汝南汝阳(今河南省周口市商水县)人,东汉末年军阀,汉末群雄之一。司马昭,河内温县(今属河南)人,三国时期曹魏权臣,西晋王朝的奠基人之一。赵匡义,即宋太宗,宋朝的第二位皇帝,生于浚仪(今河南开封)。商鞅,战国时期政治家,法家代表人物,卫国(今河南濮阳)人。

77. ABD 【解析】本题考查古代名著。“三顾茅庐”是长篇历史小说《三国演义》中的一个经典情节。“倒拔垂杨柳”“景阳冈打虎”均出自长篇小说《水浒传》。“流水葬花”是长篇小说《红楼梦》的情节。

78. CD 【解析】本题考查汉赋四大家。汉赋四大家是指司马相如、扬雄、班固、张衡四人。

三、判断题

79. × 【解析】本题考查时政热点。2019 年 6 月 28 日,3000 吨级海洋渔业综合科学调查船“蓝海 101”号在上海正式交付。这是我国海洋科学研究的“国之重器”和“农业现代化标志性工程”之一。

80. × 【解析】本题考查人权和主权。主权高于人权:(1)人权问题本质上属于一国范围内的事,一国人权状况的改善归根结底取决于该国政府和人民,取决于经济、社会、文化的发展。(2)一个国家如果失去主权,就难以改善人权状况。(3)“人权高于主权”论违背国际法基本准则,是对别国内政的粗暴干涉,其特点是以“人权高于主权”为标榜,以军事威胁与军事打击为手段,强调使用武力的必要性、合法性与有效性。

81. √ 【解析】本题考查宪法知识。1954 年颁布的《中华人民共和国宪法》,是我国第一部社会主义类型的宪法。

82. × 【解析】本题考查人文素养。苏轼的《念奴娇·赤壁怀古》中,概括描写周瑜当年指挥赤壁之战时作为指挥家从容风貌的语句是:“遥想公瑾当年,小乔初嫁了,雄姿英发。羽扇纶巾,谈笑间,樯橹灰飞烟灭。”

河南省教师招聘考试公共基础知识预测试卷

河南省教师招聘考试公共基础知识预测试卷(十一)

答案速查:

1 ~ 5	BABCA	6 ~ 10	DDBDC	11 ~ 15	CBCDA	16 ~ 20	CAADD
21 ~ 25	ABD ABC ACD ABC BCD			26 ~ 30	ACD ABC BD BC AD		
31 ~ 35	×√√××			36 ~ 40	×××√×		

一、单项选择题

1. B 【解析】在庆祝中国共产党成立 100 周年大会上,习近平总书记强调,坚持把马克思主义基本原理同中国具体实际相结合、同中华优秀传统文化相结合。这是习近平总书记关于马克思主义中国化的重要论述,为新时代继续推进马克思主义中国化指明了方向和路径,是当代中国和21世纪马克思主义理论的又一重大创新。故选B。

2. A 【解析】《中共中央关于党的百年奋斗重大成就和历史经验的决议》中指出,"一百年来,党领导人民浴血奋战、百折不挠,创造了新民主主义革命的伟大成就;自力更生、发愤图强,创造了社会主义革命和建设的伟大成就;解放思想、锐意进取,创造了改革开放和社会主义现代化建设的伟大成就;自信自强、守正创新,创造了新时代中国特色社会主义的伟大成就。"故选A。

3. B 【解析】我国"十四五"时期经济社会发展主要目标有:经济发展取得新成效;改革开放迈出新步伐;社会文明程度得到新提高;生态文明建设实现新进步;民生福祉达到新水平;国家治理效能得到新提升。ACD三项表述正确,B项表述错误。本题为选非题。故选B。

4. C 【解析】公序良俗原则的本质在于:(1)限制私权的行使,维护个人与社会共同体的和谐;(2)在民法规范、公共政策不能周全的私生活领域,可依习惯处置;(3)体现民法规范与传统伦理在价值取向上的一致性,即所谓的法以德为本。C项说法错误,本题为选非题,故选C。

5. A 【解析】降低存款利率会促使人们更为积极地投资于股票和债券市场,有利于减少储蓄存款,刺激消费,扩大内需,拉动经济增长。因此,降低存款利率不利于增加储蓄存款,故选A。

6. D 【解析】题干的用典出自东晋葛洪的道家理论著作《抱朴子》。在《抱朴子·外篇·广譬》中,葛洪提出:"常制不可以待变化,一途不可以应无方,刻船不可以索遗剑。"意思是,固定不变的制度不能应对千变万化的社会,一条道路不可以通达无数的目的地,在行船上刻记号无法找到落入水中的宝剑。

7. D 【解析】菲利普斯曲线是用来表示失业与通货膨胀之间的反向关系的曲线。库兹涅茨曲线是用来表示经济发展水平与收入分配状况的关系的曲线。洛伦斯曲线是用来反映社会收入分配或财产分配平均程度的曲线。拉弗曲线是用来表示政府税收收入与税率的关系的曲线。故选D。

8. B 【解析】党的政治领导是党在政治立场、政治方向、政治道路、政治原则方面的领导。在中国特色社会主义新时代,坚持党的政治领导,就是要确保党和国家的事业沿着正确的方向前进。党的思想领导是党在思想理论和意识形态上的领导。在中国特色社会主义新时代,坚持党的思想领导就是要统一思想、集中智慧、凝聚力量,最重要的是以习近平新时代中国特色社会主义思想为行动指南。党的组织领导是党在组织体系和组织工作方面的领导。在中国特色社会主义新时代,坚持党的组织领导,就是要保证党的路线、方针、政策和重大工作部署得到贯彻执行。故选B。

9. D 【解析】奉献社会是社会主义职业道德的本质特征,也是社会主义职业道德中最高层次的要求。奉献社会自始至终体现在爱岗敬业、诚实守信、办事公道和热情服务的各种要求之中。故选D。

10. C 【解析】首先把握张之洞话里的两个关键地点:旅顺、台湾。旅顺位于辽东半岛最南端。四个选项中,同时包含割让辽东半岛和台湾的相关内容的只有《马关条约》。根据《马关条约》的规定,中国割让辽东半岛、台湾岛及其附属岛屿、澎湖列岛给日本,开放沙市、重庆、苏州、杭州为通商口岸,并允许日本在中国的通商口岸投资办厂等。故选C。

11. C 【解析】"养兵千日,用在一时"是说长时期地培养训练战士,是为了急需之时使用,体现了使用人才应遵循重视培养,用养结合的原则。

12. B 【解析】在Excel工作表中,使用连接符"&"可以将多个单元格数据连接在一起,A3、B3单元格中的数据分别是20、30,则公式"=A3&B3"的计算结果是2030。故选B。

13. C 【解析】初次分配是指国民总收入直接与生产要素相联系的分配,比如工资、地租等。再分配是在初次分配的基础上,对部分国民收入进行的重新分配,主要由政府调节机制起作用,主要包括个人所得税、退休人员养老金和其他转移收支。第三次分配是指动员社会力量建立起的社会救助、民间捐赠、慈善事业、志愿者行动等多种形式的制度和机制,是对政府调控的补充。政府向困难家庭发放低保属于再分配,A项错误。企业员工获取加班劳动报酬属于初次分配,B项错误。中国红十字会出资救助患病儿童是社会公益事业属于第三次分配,C项正确。银行为家庭困难学生办理助学贷款属于再分配,D项错误。故选C。

14. D 【解析】根据《党政机关公文格式》的规定,题干中该公文由河南省人民政府办公厅发出,发文机关代字应为豫政办发;年份由六角括号括入;序号不加第字,不标虚位。故选D。

15. A 【解析】我国《民法典》第一千二百零九条规定:

“因租赁、借用等情形机动车所有人、管理人与使用人不是同一人时,发生交通事故造成损害,属于该机动车一方责任的,由机动车使用人承担赔偿责任;机动车所有人、管理人对损害的发生有过错的,承担相应的赔偿责任。”本题中,甲是机动车使用人,应当对丙的损失承担赔偿责任。故选 A。

16. C 【解析】特别行政区直辖于中央人民政府,中央人民政府与特别行政区的关系是单一制国家结构形式内中央与地方之间的关系。我国宪法和法律规定,特别行政区的设立及其所实行的制度由全国人民代表大会以法律来规定。

17. A 【解析】影响需求价格弹性的因素主要包括:商品对消费者生活的重要程度,商品的可替代性,商品用途的广泛性,考察时间的长短,商品的消费支出在消费者预算总支出中所占的比重,等等。替代品指能带给消费者相近的满足度、具有能够相互替代的性质的商品。一种商品的替代品越多,相近程度越高,则该商品的需求量对价格变动的反应程度越大,即该商品的需求价格弹性就越大。A 项正确。当一种商品的需求量变动的程度大于价格变动的程度时,表明需求量对价格的变动反应较为灵敏,说明该商品富有弹性。当一种商品的需求量变动的程度小于价格变动的程度时,说明该商品缺乏弹性。B 项错误。一般来说,生活必需品的需求价格弹性小,即价格变动对其需求量的影响较小;非必需品的需求价格弹性大,即价格变动对其需求量的影响较大。C 项错误。一般来说,考察的时间越长,需求价格弹性越大,而考察的时间越短,需求价格弹性越小。D 项错误。故选 A。

18. A 【解析】国家在不同的历史时期,根据不同的出生人口状况,采取不同的人口政策。这体现了矛盾的特殊性原理及其方法论——具体问题具体分析,A 项正确。题干中没有体现矛盾的两面性,B 项排除。社会存在决定社会意识,社会意识对社会存在具有能动的反作用。先进的社会意识对社会发展起积极的促进作用,落后的社会意识对社会发展起消极的阻碍作用,C 项说法片面,排除。D 项与题意不符,排除。故选 A。

19. D 【解析】9 月 3 日是中国人民抗日战争胜利纪念日,A 项错误。12 月 13 日是南京大屠杀死难者国家公祭日,9 月 30 日为烈士纪念日,B 项错误。4 月 15 日为全民国家安全教育日,C 项错误。故选 D。

20. D 【解析】利用蒸馏法将海水变为蒸气,再通过冷凝得到的蒸馏水就是淡化的海水,在这个过程中没有发生化学反应,A 项说法正确。开发和推广新的绿色清洁能源是实现低碳生活的途径之一,B 项说法正确。寻找高效催化剂,利用太阳能分解水制取氢气,能够节约能源,且对环境无污染,是较理想的制取氢气的方法,C 项说法正确。二氧化硅是工业上制造光导纤维的主要原料,D 项说法错误。故选 D。

二、多项选择题

21. ABD 【解析】2022 年 7 月,中央军委主席习近平签署命令,授予南部战区陆军某扫雷排爆大队战士杜富国、中国人民解放军陆军工程大学教授钱七虎、中国人民解放军航天员大队特级航天员聂海胜等同志“八一勋章”。ABD 项正确。程开甲是中国核武器事业的开拓者之一,于 2017 年被授予“八一勋章”。故选 ABD。

22. ABC 【解析】《中华人民共和国国民经济和社会发展第十四个五年规划和 2035 年远景目标纲要》明确指出,深入实施扩大内需战略,增强消费对经济发展的基础性作用和投资对优化供给结构的关键性作用,建设消费和投资需求旺盛的强大国内市场。《纲要》同时指出,提升传统消费,加快推动汽车等消费品由购买管理向使用管理转变,健全强制报废制度和废旧家电、消费电子等耐用消费品回收处理体系,促进住房消费健康发展;培育新型消费,发展信息消费、数字消费、绿色消费,鼓励定制、体验、智能、时尚消费等新模式新业态发展;适当增加公共消费,提高公共服务支出效率;完善城乡融合消费网络,扩大电子商务进农村覆盖面,改善县域消费环境,推动农村消费梯次升级等等。D 项错误,故选 ABC。

23. ACD 【解析】航天员中心问天实验舱环控生保分系统主任设计师表示,发射并完成对接后,航天员是不能直接进驻问天实验舱的。航天员首次进驻至少需要以下步骤:首先是提前启动舱内有害气体净化功能,建立满足进人条件的环境,包括舱内的压力、温度、湿度和风速等;第二步是检查天和核心舱和问天实验舱的对接位置、对接过道是否密封完好,然后充气,依次确保天和核心舱、过道和问天实验舱的压力都一致,才可以打开舱门。B 项错误,故选 ACD。

24. ABC 【解析】非正式沟通中的小道消息既有对组织有利的一面,也有给管理层带来麻烦的一面,A

项说法错误。男性和女性对于传播小道消息有同等的爱好,B 项说法错误。小道消息的功能包括:建构和缓解焦虑;使支离破碎的信息能说得通;把群体成员甚至局外人组织成一个整体;表明信息发送者的地位和权力等。我们应客观对待小道消息,改善人际关系,形成感情融洽、相互关心、彼此信任、协调一致的群体气氛和组织情境。C 项所述不是小道消息的积极作用,而是管理者对于小道消息应采取的做法,说法错误。小道消息具有过滤和反馈双重机制,领导者应该对它进行分析并预测其流向。小道消息可以说明工作人员在关心什么,他们认为哪些事情更重要,哪些事情激起了他们的焦虑感等。领导者可以据此开展相应的工作,D 项说法正确。故选 ABC。

25. BCD 【解析】齐桓公称霸于春秋时期。秦孝公重用商鞅实行变法,使秦国发展成为战国后期最富强的诸侯国。秦王嬴政于公元前 221 年实现统一,建立秦朝。A 项正确。司马迁修《史记》发生在汉武帝时期,文景之治是西汉初年汉文帝、汉景帝统治时期的治世,王莽篡权发生于西汉末年。B 项错误,正确顺序是:文景之治—司马迁修《史记》—王莽篡权。玄武门之变发生于唐高祖武德九年(626年),黄巢起义发生于唐朝末年,安史之乱开始于唐玄宗天宝年间。C 项错误,正确顺序是:玄武门之变—安史之乱—黄巢起义。杯酒释兵权发生在北宋初期,王安石变法发生在北宋中期,岳飞抗金发生在南宋时期。D 项错误,正确顺序是:杯酒释兵权—王安石变法—岳飞抗金。本题为选非题,故选 BCD。

26. ACD 【解析】"抱布贸丝"的意思是拿着布来换丝,属于物物交换。这里的"布"和"丝"具备了使用价值和价值的基本雏形,都属于商品,在交换过程中更看重其使用价值,故在互换之时往往存在着价值不对等的现象。ACD 三项说法正确。商品流通是以货币为媒介的连续不断的商品交换,在此时没有货币这种媒介,所以不属于商品流通,B 项错误。故选 ACD。

27. ABC 【解析】在 AED 分析心率的过程中,不要接触患者,因为即使是轻微的触动都有可能影响 AED 的分析,D 项说法错误。故选 ABC。

28. BD 【解析】题干限定"扩大内需""国内经济循环"。"吸引外商投资→促进国际收支基本平衡"没有直接关联,A 项传导错误。加大新型基础设施研发投入,有利于提升经费投入的有效性和针对性,增强自主创新能力,推动技术创新,从而促进产业结构优化升级,提升产业链完整性,B 项传导正确。扩大国债发行规模属于财政政策,而非稳健的货币政策,C 项传导错误。加强新型城镇化建设,有利于提升城镇公共设施服务能力,以适应农民日益增加的到城市就业的需求,从而带动就业,增加居民收入,释放新的需求,D 项传导正确。故选 BD。

29. BC 【解析】享有选举权需具备 3 个条件:(1)具有中华人民共和国国籍;(2)年满 18 周岁;(3)依法享有政治权利(没有被剥夺政治权利)。A 项,刘某未满 18 周岁,不享有选举权。D 项,齐某不是我国公民,因此也无法享有选举权。故选 BC。

30. AD 【解析】禁止在主送的同时抄送给下级机关的文件有:主送给上级机关的请求批准的请示,主送给上级机关的请求指示的请示。故选 AD。

三、判断题

31. × 【解析】人民群众作为坚持和发展中国特色社会主义的根本力量,是中国特色社会主义事业的创造者,也应该成为中国特色社会主义发展成果的享有者。这是中国特色社会主义发展的内在逻辑。

32. √ 【解析】习近平总书记指出,我们中国共产党人干革命、搞建设、抓改革,从来都是为了解决中国的现实问题。

33. √ 【解析】邓小平是马克思主义发展史上第一个正面提出并系统论述社会主义本质的无产阶级革命家。邓小平指出,社会主义的本质是解放生产力,发展生产力,消灭剥削,消除两极分化,最终达到共同富裕。

34. × 【解析】根据我国《宪法》的规定,国务院有权根据宪法和法律,规定行政措施,制定行政法规,发布决定和命令。也就是说,国务院有权制定和发布教育行政法规,但没有制定和发布教育法律的权力。全国人民代表大会及其常务委员会行使国家立法权。

35. × 【解析】错误的社会意识之所以错误,并不是因为它脱离多数人的觉悟程度,不能被多数人接受,而是因为它错误地反映了社会存在。

36. × 【解析】根据《中国共产党章程》第三十条的规定,企业、农村、机关、学校、科研院所、街道社区、社会组织、人民解放军连队和其他基层单位,凡是有正式党员三人以上的,都应当成立党的基层组织。题干中"二人"的说法错误。

37. × 【解析】前馈控制即事前控制、预防控制。采用前馈控制的关键是要在实际问题发生之前就采取管理行动,防患于未然。反馈控制,又称事后控制,指的是计划活动执行完成之后的控制活动。讲卫生是在患病之前就提前采取措施从而预防疾病的发生,所以应当是前馈控制。

38. × 【解析】1936 年 10 月,中国工农红军第一、二、四方面军在甘肃会宁胜利会师,标志着二万五千里长征的胜利结束。

39. √ 【解析】《党政机关公文处理工作条例》规定,公文的主要受理机关,应当使用机关全称、规范化简称或者同类型机关统称。

40. × 【解析】Windows 系统中一般以“Ctrl + Shift”组合键切换输入法。切换中文输入法和英文输入法的快捷键是“Shift”按键,或者“Ctrl + Space”组合键。“Ctrl + F4”是关闭当前应用程序中的当前文本的快捷键。

四、简述题

41. 如何理解习近平新时代中国特色社会主义思想是当代中国马克思主义、21 世纪马克思主义?

(1)党的十八大以来,以习近平同志为主要代表的中国共产党人,顺应时代发展,从理论和实践结合上系统回答了新时代坚持和发展什么样的中国特色社会主义、怎样坚持和发展中国特色社会主义这个重大时代课题,创立了习近平新时代中国特色社会主义思想。这一思想,是对马克思列宁主义、毛泽东思想、邓小平理论、“三个代表”重要思想、科学发展观的继承和发展,是马克思主义中国化最新成果,是当今时代最现实、最鲜活的马克思主义。

(2)习近平新时代中国特色社会主义思想一以贯之坚持马克思主义,在当代中国、在 21 世纪的世界高高举起了马克思主义的光辉旗帜。这一思想始终坚持把马克思主义作为我们党和国家的指导思想,强调对马克思主义的信仰、对社会主义和共产主义的信念,是共产党人的政治灵魂,是共产党人经受住任何考验的精神支柱,集中体现了马克思主义鲜明的理论品格和精神实质,充分彰显了当代中国共产党人强大的政治定力和理论自信。

(3)习近平新时代中国特色社会主义思想与时俱进发展马克思主义,在当代中国、在 21 世纪的世界开辟了马克思主义的崭新境界。这一思想站在真理和道义的制高点上,结合新的时代和实践作出新的理论创造,以全新的视野深化了对共产党执政规律、社会主义建设规律、人类社会发展规律的认识,实现了马克思主义中国化的历史性飞跃、创造性升华。

(4)习近平新时代中国特色社会主义思想立足于为人民谋幸福、为民族谋复兴、为世界谋大同,在当代中国、在 21 世纪的世界展现了强大的真理力量。这一思想,坚守中国共产党人为人民谋幸福的初心,承载中国共产党人为民族谋复兴的使命,担当中国共产党人为世界谋大同的责任,为马克思主义在当今时代的大发展作出了开创性、全面性、历史性贡献。

42. 运用管理学理论,论述组织的管理层次与管理幅度的关系。

(1)管理层次亦称组织层次,指从最高层的直接主管到最底层的基层具体工作人员之间形成的层次。

(2)管理幅度,又称管理跨度或管理宽度,指一名主管人员能够有效直接管理的下属的人数。

(3)管理幅度与管理层次共同决定组织规模。管理幅度与管理层次相互制约,且管理幅度起主导作用。

(4)在组织规模一定的条件下,管理层次与管理幅度成反比。主管直接控制的下属越多,管理层次越少;相反,管理幅度减小,则管理层次增加。

43. 如何理解只有构建人类命运共同体才是人间正道?

(1)人类命运共同体是指每个民族、每个国家的前途命运都紧紧联系在一起,应该风雨同舟,荣辱与共,努力把我们所在的星球建成一个和睦的大家庭,把世界各国人民对美好生活的向往变成现实。

(2)构建人类命运共同体是顺应世界历史发展趋势的必然要求。当今时代,和平、发展、合作、共赢已成为时代潮流。世界各国只有顺应历史大势,推动构建人类命运共同体,才能实现共同发展、共享繁荣。

(3)构建人类命运共同体是应对全球性问题的必由之路。当今世界正经历百年未有之大变局,国际环境日趋复杂,人类面临严峻挑战。世界各国只有通力合作,携手构建人类命运共同体,才能有效应对各种风险挑战,维护人类共同家园,建设更加美好的世界。

(4)构建人类命运共同体是经过实践证明的正确选择。为了推动构建人类命运共同体,中国锲而不舍、驰而不息地进行努力。构建人类命运共同体已被多次写入联合国文件,国际社会高度评价中国推动构建人类命运共同体的实践。

44. 如何理解和把握伟大抗疫精神?

(1)在同严重疫情的殊死较量中,中国人民和中华民族铸就了生命至上、举国同心、舍生忘死、尊重科学、命运与共的伟大抗疫精神。生命至上,集中体现了中国人民深厚的仁爱传统和中国共产党人以人民为中心的价值追求。举国同心,集中体现了中国人民万众一心、同甘共苦的团结伟力。舍生忘死,集中体现了中国人民敢于压倒一切困难而不被任何困难所压倒的顽强意志。尊重科学,集中体现了中国人民求真务实、开拓创新的实践品格。命运与共,集中体现了中国人民和衷共济、爱好和平的道义担当。

(2)伟大抗疫精神高度凝练了中国人民在伟大抗疫斗争中展现的崇高精神风貌,极大地丰富发展了中国共产党人的精神谱系,是社会主义核心价值观在新时代最生动的表达,是党和人民战胜各种风险挑战、不断夺取新的伟大胜利的宝贵精神财富。

45. 试述建设生态文明可运用哪些唯物史观原理作指导。

(1)唯物史观认为,社会存在主要包括自然地理环境、人口因素和物质资料的生产方式。其中,自然地理环境的优劣对劳动生产率的提高产生积极或消极的影响,并对社会发展起着促进或延缓的作用。保护环境就是保护生产力,改善生态环境就是发展生产力。因此,建设生态文明必须正确处理好经济发展同生态环境保护的关系,坚持走可持续发展之路。

(2)唯物史观认为,人民群众是历史的创造者、社会物质财富和社会精神财富的创造者,是社会变革的决定力量。这要求我们重视人民群众的作用。环境问题是当前和今后一段时间重大的民生问题。环境就是民生,改善环境就是改善民生,建设生态文明才能更好地保障广大人民群众的生命、健康等最基本权利,满足他们的现实要求和长远需要。同时,建设生态文明需要调动人民群众的积极性、创造性和主动性,需要全社会共同努力。

五、综合分析题(参考答案)

46. 某美术馆正在策划艺术家黎明的作品展,请试着总结黎明的作品都有哪些特点。

(1)黎明的创作宗旨是中国精神,他的创作以中国元素、中国符号为支撑,实现艺术精神与中国精神的共振。(2)黎明善于借助行为、装置、水墨试验、油画、综合材料等不同的艺术材质和媒介展现他的“中国精神”。他的作品采用布面、牛皮卡纸、水墨、长城风化的泥土、油墨、丙烯、工业胶粘剂、中药等材料;他还用现代化机械制造冰砖,以冰雕的技法制作装置作品。(3)黎明的每幅作品都传达出他深远的艺术追求。早期油画作品隐含着艺术家对历史的挖掘以及与历史对话的强烈要求;装置作品凸显了百年中国现代化进程中裹挟的极度不安的民族自尊与殖民语境中的主体性精神;巨幅综合材料系列作品展示出他对中国精神和本土语言的强烈自信,以中国精神的文化想象,展开大国意识的责任抱负;行为水墨实验作品隐含着博大精深的东方文化精神;宗教作品表达出浮躁焦虑心理,指证西方存在主义以人为中心的无端无助,展现了天人合一的中国精神内核。

47. “中国的教育技术层面已经走得太快了,‘灵魂’跟不上了。”请根据给定资料,指出这句话的含义。

(1)这句话是指中国教育在技术层面不断地改变,忽视了教育规律和教育自身内在的东西。(2)真正的教育不是去适应外界,而是丰富内心,适合的才是最好的教育。(3)但当前教育浮躁功利,一味地去适应外界,忘记了主流价值,让老师、领导无所适从。(4)因此,教育应该转向爱、转向善、转向智慧,摒弃浮躁、功利,遵循中庸、可能、适当的原则,符合教育规律。

48. 你认为推动“灵魂”跟上“中国的教育技术层面”可采取哪些有效措施?

(1)教育要解放心灵,关键在于使心灵转向爱、转向善、转向智慧。教育的发展不能一味注重技术层面上的进步,更需要关注受教育者的心理健康,关注他们精神方面的发展。(2)教育要摒弃浮躁、功利,回归教育规律。要不忘初心、潜心育人,把受教育者的成长而非分数当作教育的目的,使他们的灵魂更加丰满。(3)教育要基于中庸原则。中庸之道讲究不偏不倚、调和折中。做教育太过头会适得其反,因此要在遵循规律的基础上进行改革。(4)教育要基于可能原则。不能拿受教育者现在的表现去假定他的未来,要保护受教育者未来的可能性。(5)教育要基于适当原则。教育的方式方法要适合受教育者,要从受教育者的兴趣出发。

六、综合写作题(参考范文)

49. 请以“不学礼,无以立”为中心话题,联系社会现实,自拟题目,写一篇文章。(要求:自选角度,见解深刻；思路清晰，语言流畅；总字数800～1000字。）

学礼以立中国范儿

自古以来，中国就被称为"礼仪之邦"。学礼不仅是提高国民素质的要求，也是对我们民族优秀传统文化的传承，更事关中华民族的复兴大业，关系到中国在世界上的地位和形象。两千多年前，孔子提出的"不学礼，无以立"，对后世影响极为深远。在我国开启全面建设社会主义现代化国家新征程，向实现第二个百年奋斗目标奋勇前进的关键时期，"礼"的作用将更加凸显。

崇尚礼仪，是个人修养的重要内容。古人云："身修而后家齐，家齐而后国治，国治而后天下平。"礼仪规范的学习是修身的重要内容，它不仅是人际关系的润滑剂，还能达到内强素质、外塑形象的良好效果，甚至有助于治国、平天下。反之，若缺失了礼仪规范的约束，就算拥有较高的知识水平、丰富的物质财富，也只能沦为金钱的俘虏，成为粗野、暴力的拥趸。近年来国内媒体对国人低素质事件的曝光，国外媒体对中国游客不文明举动的争议便是例证。因此，我们要学习礼仪规范，从自身做起，从现在做起，要明白个人修养的高低，不在于拥有多少知识和财富，而在于是否常有涵养礼仪之举。

崇尚礼仪，是政府施政的立信之根。社会的快速发展，一方面取决于财富积累的程度，另一方面则取决于良好的社会环境。在现实生活中，后者往往发挥着更为重要的作用。如果一个社会没有崇尚礼仪之风，反而假冒伪劣现象日盛，欺行霸市之徒横行，那么社会的发展自然也就无从谈起。而政府行为的本身就是一面镜子，重礼仪、讲诚信的政府，廉洁、勤政的官员，必然会赢得群众的支持和拥护，形成经济发展、社会和谐的良性循环。

崇尚礼仪，是国家发展的立国之基。五千年来，中国坚守友好而和平的"丰碑"，发扬尊重与平等的"大国范儿"，体现出宽广的视野和胸怀。尤其是近几年来，我国在边界谈判中采取实事求是的态度，秉持互谅互让、平等协商的原则，既坚持睦邻友好，又不惧"霸权"，在国际社会生活中发挥了重要作用。在"中国威胁论"甚嚣尘上的不和谐声调中，向世界展示了中国"和为贵"的发展理念，在提高国家软实力的同时也赢得了世界的普遍尊重。

"道虽迩，不行不至。"礼仪规范要求的内容，看似微不足道，但点滴见智慧。在崇尚礼仪中，灵魂被洗礼，个人修养一点点提升；陋习被摒弃，社会文明程度一点点进步；力量在蓄积，国家社会一点点前行。这些"一点点"，如星光般灿烂，冉冉升起，交相辉映，闪耀在人类文明的史册上，彰显着礼仪的力量。

河南省教师招聘考试公共基础知识预测试卷（十二）

答案速查：

1～5	BADBD	6～10	CDDAC	11～15	CBACB
16～20	DCADB	21～25	DBBAA	26～30	CBCCC
31～35	ABCD AB AB ABD BD		36～40	ABC ABD AB ABCD ABC	
41～45	AB AC BD BC BC		46～50	ABD ABC ABC ABD ACD	
51～55	×××√×		56～60	√×√××	

一、单项选择题

1.B 【解析】2022年，教育部正式印发《义务教育课程方案（2022年版）》，将劳动从原来的综合实践活动课程中完全独立出来，并发布《义务教育劳动课程标准（2022年版）》。

2.A 【解析】《中华人民共和国国民经济和社会发展第十四个五年规划和2035年远景目标纲要》指出，展望2035年，我国将基本实现社会主义现代化。人均国内生产总值达到中等发达国家水平，中等收入群体显著扩大，基本公共服务实现均等化，城乡区域发展差距和居民生活水平差距显著缩小。

3.D 【解析】"双碳"是碳达峰与碳中和的简称。实现碳达峰、碳中和，是一场广泛而深刻的经济社会系统性变革。这意味着，在我国现有的能源结构中，化石燃料与非化石能源的消耗占比需要完全逆转，AB项说法正确。我国国民经济对能源消耗的依赖性的系数远高于欧洲等发达国家，因此要想在经济增长的同时实现碳排放量的减少，需大幅提高能源效率，C项说法正确。我国已明确提出2030年"碳达峰"与2060年"碳中和"的目标。其中，碳中和是指某个地区在一定时间内,人类活动直接和间接排放的碳总量,与通过植树造林、工业固碳等方式吸收的碳总量相互抵消,实现碳“净零排放”。这里的“净零排放”不代表不再向环境排碳,D 项说法错误。本题为选非题,故选 D。

4. B 【解析】毛泽东思想关于党的建设理论中,始终把加强党的思想建设放在首位。

5. D 【解析】社会主义初级阶段不是泛指任何国家进入社会主义都要经历的起始阶段,而是特指我国在生产力落后、商品经济不发达的条件下建设社会主义所要经历的特定阶段。

6. C 【解析】党的十九大报告指出,实施乡村振兴战略,要坚持农业农村优先发展,按照产业兴旺、生态宜居、乡风文明、治理有效、生活富裕的总要求,建立健全城乡融合发展体制机制和政策体系,加快推进农业农村现代化。

7. D 【解析】“富强、民主、文明、和谐”是我国社会主义现代化国家的建设目标,也是从国家层面对社会主义核心价值观基本理念的凝练。“自由、平等、公正、法治”是对美好社会的生动表述,也是从社会层面对社会主义核心价值观基本理念的凝练。“爱国、敬业、诚信、友善”是公民基本道德规范,也是从个人行为层面对社会主义核心价值观基本理念的凝练。

8. D 【解析】“天”是指自然界的最高主宰或天意,“道”是指三纲五常等封建社会准则。这句话的意思是:封建社会的最高原则是由天决定的,天是永恒不变的,因而按天意建立的封建社会之道也是永恒不变的。这句话把客观精神(天)看作世界的主宰和本原,是客观唯心主义的哲学观点。

9. A 【解析】运动是无条件的、永恒的、绝对的,B 项错误。题干中未体现“曲折性”,C 项不符合题意。量变是质变的必要准备,质变是量变的必然结果,D 项错误。通信从 2G 发展到 5G,给人们带来越来越好的网络体验,说明发展是事物运动变化过程中内在具有的、前进的、上升的运动。故选 A。

10. C 【解析】习近平总书记的话中,“世界上伟大的哲学社会科学成果”属于社会意识,“人与社会面临的重大问题”则属于社会存在,充分体现出社会意识是社会存在的反映。故选 C。

11. C 【解析】商品是人类社会生产力发展到一定历史阶段的产物,是用于交换的劳动产品。国家紧急调动的医疗物资没有用于交换,不是商品。故选 C。

12. B 【解析】“生产者总是根据上一期的价格来决定下一期的产量,这常常会导致实际的产量过剩或不足”表明了市场调节是一种事后调节,从价格形成、价格信号传递到商品生产的调整有一定的时间差。市场调节的自发性表现为“以经济利益为最高追求”;盲目性表现为“跟风”;滞后性表现为“事后诸葛亮”。故选 B。

13. A 【解析】基尼系数是国际上通用的用以衡量一个国家或地区居民收入差距的常用指标。基尼系数越接近 0,表明收入分配越是趋向平等。A 项符合题意。恩格尔系数是衡量生活水平高低的指标。幸福指数是衡量人们对自身生存和发展状况的感受和体验,即人们的幸福感的一种指数。居民消费价格指数是一个反映居民家庭一般所购买的消费品和服务项目价格水平变动情况的宏观经济指标。故选 A。

14. C 【解析】《中华人民共和国宪法》是中华人民共和国的根本大法。我国的现行宪法为 1982 年宪法,历经了 1988 年、1993 年、1999 年、2004 年、2018 年共五次修订。故选 C。

15. B 【解析】根据我国《刑法》的规定,刑罚分为主刑和附加刑。其中,主刑的种类包括:管制、拘役、有期徒刑、无期徒刑、死刑。附加刑的种类包括:罚金、剥夺政治权利、没收财产。对于犯罪的外国人,可以独立适用或者附加适用驱逐出境。拘留不属于刑罚的主刑,本题为选非题,故选 B。

16. D 【解析】行为人与相对人恶意串通,损害他人合法权益的民事法律行为无效,A 项中的行为属于无效的民事法律行为,不符合题意。不满八周岁的未成年人为无民事行为能力人。无民事行为能力人实施的民事法律行为无效,B 项不符合题意。一方或者第三人以胁迫手段,使对方在违背真实意思的情况下实施的民事法律行为,受胁迫方有权请求人民法院或者仲裁机构予以撤销。C 项中的行为属于可撤销的民事法律行为,不符合题意。八周岁以上的未成年人为限制民事行为能力人,实施的民事法律行为经其法定代理人同意、追认后有效;但是,可以独立实施纯获利益的民事法律行为或者与其年龄、智力相适应的民事法律行为。12 岁的小王是限制民事行为能力人,其购买智能手机的行为与其年龄不相符,属于效力待定的民事法律行为,需要经其法定代理人同意、追认,D 项正确。

17. C 【解析】我国《著作权法》规定的著作权的合理

使用情形中,包括为个人学习、研究或者欣赏,使用他人已经发表的作品。小王复制音乐作品后,只是放在车中供自己欣赏,属于著作权的合理使用。故选 C。

18. A 【解析】根据我国《公务员法》的规定,下列人员不得录用为公务员:(1)因犯罪受过刑事处罚的;(2)被开除中国共产党党籍的;(3)被开除公职的;(4)被依法列为失信联合惩戒对象的;(5)有法律规定不得录用为公务员的其他情形的。A 项正确,D 项错误。公务员定期考核的结果分为优秀、称职、基本称职和不称职四个等次,B 项错误。公务员领导职务实行选任制、委任制和聘任制,公务员职级实行委任制和聘任制,C 项错误。故选 A。

19. D 【解析】我国《民事诉讼法》第六十六条规定:“证据包括:(一)当事人的陈述;(二)书证;(三)物证;(四)视听资料;(五)电子数据;(六)证人证言;(七)鉴定意见;(八)勘验笔录。证据必须查证属实,才能作为认定事实的根据。”律师代理意见不属于证据,本题为选非题,故选 D。

20. B 【解析】社会公共服务职能是指除政治、经济、文化职能以外政府必须承担的其他职能,这类事务一般具有社会公共性,无法完全由市场解决,应当由政府从全社会的角度加以引导、调节和管理。题干中强调教育的社会公益性和教育公平,属于政府履行社会公共服务职能的要求,故选 B。

21. D 【解析】秦岭—淮河一线的地理意义包括:(1)1 月份 0℃ 等温线;(2)南方和北方的地理分界线;(3)暖温带和亚热带分界线;(4)800 毫米年等降水量线;(5)湿润区与半湿润区分界线;(6)亚热带常绿阔叶林与温带落叶阔叶林分界线,等等。

22. B 【解析】官渡之战奠定了曹操统一中国北方的基础,是中国历史上以少胜多战役的典范。

23. B 【解析】党对军队绝对领导的根本原则和制度,发端于南昌起义,奠基于三湾改编,定型于古田会议,是人民军队完全区别于一切旧军队的政治特质和根本优势。

24. A 【解析】《左传》,《春秋左氏传》的省称,又称《左氏春秋》,旧传为春秋时期左丘明所作,近人认为是战国时人所编。《左传》是中国第一部叙事详备的编年体史书,A 项正确。

25. A 【解析】《骆驼祥子》是长篇小说,《寒夜》的作者是巴金,B 项错误。《平凡的世界》的作者是路遥,C 项错误。《子夜》《林家铺子》的作者是茅盾,D 项错误。故选 A。

26. C 【解析】东晋时期的王羲之被称为“书圣”,其代表作有楷书《黄庭经》《乐毅论》、草书《十七帖》《初月帖》、行书《兰亭序》《快雪时晴帖》等。其中,《兰亭序》被誉为“天下第一行书”。故选 C。

27. B 【解析】“群峰倒影山浮水”的意思是群山叠立在水中,水中有群山的倒影,是光的反射现象。

28. C 【解析】福建舰是我国完全自主设计建造的首艘弹射型航空母舰,也是我国第三艘航空母舰,采用平直通长飞行甲板,配置电磁弹射和阻拦装置,满载排水量 8 万余吨。C 项正确。辽宁舰是我国第一艘航空母舰,山东舰是我国第一艘国产航空母舰,郑州号驱逐舰简称郑州舰,是我国海军隶下的一艘导弹驱逐舰,ABD 项错误。故选 C。

29. C 【解析】计算机病毒是编制者在计算机程序中插入的能破坏计算机程序或者数据,影响计算机使用,能自我复制的一组计算机指令或者程序代码。故选 C。

30. C 【解析】公告适用于向国内外宣布重要事项或者法定事项。通告适用于在一定范围内公布应当遵守或者周知的事项。通知适用于发布、传达要求下级机关执行和有关单位周知或者执行的事项,批转、转发公文。布告不是我国法定的公文文种。故选 C。

二、多项选择题

31. ABCD 【解析】一代代兵团人艰苦奋斗、开拓进取,在戈壁滩上开良田、建新城,将青春热血洒在天山南北的亘古荒原,铸就了热爱祖国、无私奉献、艰苦创业、开拓进取的兵团精神。故选 ABCD。

32. AB 【解析】《中共中央关于党的百年奋斗重大成就和历史经验的决议》指出:“党确立习近平同志党中央的核心、全党的核心地位,确立习近平新时代中国特色社会主义思想的指导地位,反映了全党全军全国各族人民共同心愿,对新时代党和国家事业发展、对推进中华民族伟大复兴历史进程具有决定性意义。”故选 AB。

33. AB 【解析】从辩证法的角度讲,重视创新是因为事物是变化发展的;从认识论上讲,重视创新是因为认识在实践的基础上不断扩展、深化、向前推移,认识具有反复性、无限性和上升性。CD 项与题意无关。

34. ABD 【解析】人生价值包括自我价值和社会价值,人生价值是自我价值和社会价值的统一,A 项正确。劳动以及通过劳动对社会和他人作出的贡献,是社会评价一个人的人生价值的普遍标准,B 项正确。实现人生价值要志存高远,创造尽可能多的物质财富和精神财富,C 项说法片面。每个人的能力有高低之分,实现人生价值要从个体自身条件出发,不断提高自身的能力,增强实现人生价值的本领,D 项正确。故选 ABD。

35. BD 【解析】不可申请行政复议的情形如下:(1)不服行政机关作出的行政处分或者其他人事处理决定。(2)对抽象行政行为不可以提起行政复议。但可以在对具体行政行为申请行政复议时就部分法定范围的抽象行政行为提起附带性审查。(3)不服行政机关对民事纠纷作出的调解或者其他处理的。(4)国防、外交等国家行为。AC 不符合题意。我国《行政复议法》第六条规定:"有下列情形之一的,公民、法人或者其他组织可以依照本法申请行政复议:……(二)对行政机关作出的限制人身自由或者查封、扣押、冻结财产等行政强制措施决定不服的……(五)认为行政机关侵犯合法的经营自主权的……"故选 BD。

36. ABC 【解析】根据我国《消费者权益保护法》的规定,消费者的权利包括:人身财产安全权,知情权,自主选择权,公平交易权,求偿权,结社权,获取知识权,人格尊严、民族风俗习惯得到尊重的权利,个人信息依法得到保护的权利,监督权等。D 项不属于消费者的权利。故选 ABC。

37. ABD 【解析】一般情况下,商品的需求量与价格成反比。商品价格升高,则该商品需求量减少;反之,则该商品需求量增加,A 项正确。消费者收入水平是影响商品需求量的因素之一,正常商品的需求量与消费者收入水平成正比,即收入越高,需求量越多;收入降低,则需求量减少,B 项正确。互为替代品的两个商品需求量呈反向变动,一种商品价格提高,则该商品的需求量减少,它的替代品的需求量就会增加,C 项错误。互补的两个商品的需求量则呈同向变动,一种商品价格提高,则该商品的需求量减少,它的互补品需求量也会随之减少,D 项正确。

38. AB 【解析】垄断竞争市场中有众多的生产者和消费者,消费者具有明显的偏好;商品有差别,但并没有本质区别;其他厂商进出比较容易。在各行各业中,属于垄断竞争市场的有服装业、食品行业、食品零售业等。电力行业属于完全垄断市场,钢铁行业属于寡头垄断市场。故选 AB。

39. ABCD 【解析】概念技能包含着一系列的能力,包括能够提出新的想法和新的思想的能力,能够进行抽象思维的能力,能够把一个组织看成一个整体的能力,以及能够识别在某一个领域的决策对其他领域将产生何种影响的能力。

40. ABC 【解析】《辛德勒的名单》讲述了一名身在波兰的德国人奥斯卡·辛德勒,在第二次世界大战期间保护了一千多名犹太人免遭法西斯杀害的真实历史事件,A 项正确。《珍珠港》是一部以珍珠港事件为背景的电影。珍珠港事件是第二次世界大战期间日本政府策划的一起偷袭美国太平洋海军舰队基地——珍珠港的军事事件,B 项正确。《拯救大兵瑞恩》是以诺曼底登陆为时代背景的战争电影。诺曼底登陆是第二次世界大战中美英盟军在欧洲西线战场发起的一场大规模登陆战役,C 项正确。《战争与和平》是俄国作家列夫·托尔斯泰创作的长篇小说,该作以 1812 年的卫国战争为中心。第二次世界大战全面爆发于 1939 年。D 项错误。故选 ABC。

41. AB 【解析】李贺的诗作想象极为丰富,多引用神话传说,托古寓今,故李贺被后人誉为"诗鬼"。贺知章生性豪放,人称"诗狂"。CD 项对应错误,AB 项对应正确。故选 AB。

42. AC 【解析】京剧中的角色划分为生、旦、净、丑四种行当。生是除了花脸以及丑角以外的男性正面角色的统称,分老生、武生、小生、红生、娃娃生等。旦是女性正面角色的统称,分青衣(正旦)、花旦、刀马旦、武旦等。净俗称花脸,大多是扮演性格、品质或相貌上有些特异的男性人物,主要分为文净、武净两大类。因此,老生和武净属于男性角色,青衣和刀马旦属于女性角色,故选 AC。

43. BD 【解析】健康码能够灵活地进行颜色变换,需要多方面的技术支持:(1)大数据技术。数据的采集、储存、分析以及整合,都离不开大数据技术。(2)定位技术。一方面是卫星定位,GPS、北斗卫星导航系统等定位系统,都会对我们的手机进行定位;另一方面,正常情况下手机会被多个无线基站的信号覆盖,并对这些来自不同基站的信号进行收集,从而计算出基站与手机之间的距离,定位手机所在位置。(3)二维码技术。健康码是一个二维码,是基于给定的数据通过信息技术的处理而生成的。故选 BD。

44. BC 【解析】物理变化与化学变化的主要区别在于是否有新物质产生。A 项,诗句描写的是下落的树叶和奔腾的江水,没有新物质生成,不属于化学变化,排除。B 项,诗句描写的是冶炼的场景,包含燃烧现象,属于化学变化。C 项,“铁未销”涉及铁戟生锈,属于化学变化。D 项描写的是下雪的场景。下雪是一种凝华现象,属于物理变化,D 项错误。故选 BC。

45. BC 【解析】用湿抹布擦拭正在使用的电器,可能会因为湿抹布导电造成触电事故,A 项不符合安全用电原则。湿衣物是导体,一旦电线漏电,人接触衣服就会发生触电事故,D 项不符合安全用电原则。BC 项均符合安全用电原则,故选 BC。

46. ABD 【解析】世界最高峰是珠穆朗玛峰。珠穆朗玛峰位于中国与尼泊尔的边界上,A 项正确。世界陆地最低点是西亚的死海,B 项正确。世界最大的沙漠是位于非洲北部的撒哈拉沙漠,C 项错误。世界最大的半岛是位于西亚的阿拉伯半岛,D 项正确。故选 ABD。

47. ABC 【解析】发文字号包括发文机关代字、年份、发文顺序号。

48. ABC 【解析】公文拟制包括公文的起草、审核和签发等程序。故选 ABC。

49. ABD 【解析】爱国主义的基本内涵包括:爱祖国的大好河山、爱自己的骨肉同胞、爱祖国的灿烂文化和爱自己的国家。“非我族类,其心必异”是一种片面的种族主义观点,不符合爱国主义的内涵,C 项错误。

50. ACD 【解析】事业单位岗位分为管理岗位、专业技术岗位和工勤技能岗位三种类别。

三、判断题

51. × 【解析】我国的法律是人民意志的体现,社会主义法律的实现主要依靠广大人民群众的自觉守法。

52. × 【解析】《民法典》婚姻家庭编删除了原《婚姻法》中“患有医学上认为不应当结婚的疾病”的禁止结婚情形,并相应增加规定一方隐瞒重大疾病的,另一方可以向人民法院请求撤销婚姻;同时规定直系血亲或者三代以内的旁系血亲禁止结婚。

53. × 【解析】已经着手实行犯罪,由于犯罪分子意志以外的原因而未得逞的,是犯罪未遂。在犯罪过程中,自动放弃犯罪或者自动有效地防止犯罪结果发生的,是犯罪中止。

54. √ 【解析】如地震时在室内,应躲在结构结实的物体下,如坚固的桌子底下,以及墙角、小房间等三角形空间内。

55. × 【解析】运动是物质的存在方式,这是对运动的辩证唯物主义理解。

56. √ 【解析】抗生素只能针对细菌引起的感染,而对于病毒引起的感染以及无菌性炎症是不起作用的。也就是说,抗生素能杀死细菌,但不能杀死病毒。

57. × 【解析】古代所说的“三更”指的是二十三点至凌晨一点。二十一点到二十三点用“二更”表示。

58. √ 【解析】在中国福建福州举办的第 44 届世界遗产大会上,“泉州:宋元中国的世界海洋商贸中心”被批准作为文化遗产列入《世界遗产名录》。这是中国第 56 项世界遗产。

59. × 【解析】降低利率、降低存款准备金率会增加银行可贷资金,使货币供应量增加,是扩张性的货币政策。

60. × 【解析】根据《党政机关公文处理工作条例》第十七条的规定,同级党政机关、党政机关与其他同级机关必要时可以联合行文。故联合行文的基本原则必须是同级,不一定是同一系统。

河南省教师招聘考试公共基础知识预测试卷(十三)

答案速查:

1 ~ 5	CCBDB	6 ~ 10	ADCDB	11 ~ 15	CBCDC
16 ~ 20	DBDAA	21 ~ 25	DCCCD	26 ~ 30	BDDCD
31 ~ 35	ABCD AD CD AD ACD		36 ~ 40	BD ACD ACD CD BCD	
41 ~ 45	ABCD BCD CD ABC ABC		46 ~ 50	ABD ABC BC AC BC	
51 ~ 55	××√××		56 ~ 60	××√××	

一、单项选择题

1. C 【解析】2022 年,教育部等八部门联合印发了《新时代基础教育强师计划》。该计划明确,到 2025 年,建成一批国家师范教育基地,形成一批可复制可推广的教师队伍建设改革经验,培养一批硕士层次中小学教师和教育领军人才。完善部属师范大学示范、地方师范院校为主体的农村教师培养支持服务体系,为中西部欠发达地区定向培养一批优秀中小学教师。

2. C 【解析】王亚平是我国第一个进驻中国空间站的女航天员,C 项错误。本题为选非题,故选 C。

3. B 【解析】红船精神指的是开天辟地、敢为人先的首创精神,坚定理想、百折不挠的奋斗精神,立党为公、忠诚为民的奉献精神。红船精神是中国革命精神之源,B 项正确。伟大建党精神,指的是坚持真理、坚守理想,践行初心、担当使命,不怕牺牲、英勇斗争,对党忠诚、不负人民的精神。井冈山精神指的是坚定信念、艰苦奋斗、实事求是、敢闯新路、依靠群众、勇于胜利的精神。延安精神是指坚定正确的政治方向、解放思想实事求是的思想路线、全心全意为人民服务的根本宗旨、自力更生艰苦奋斗的创业精神。

4. D 【解析】1941 年,毛泽东在《改造我们的学习》中明确界定了"实事求是"的科学含义。

5. B 【解析】党的思想路线的基本内容是:一切从实际出发,理论联系实际,实事求是,在实践中检验真理和发展真理。邓小平同志在毛泽东同志提出的"实事求是"的基础上,把党的思想路线进一步概括为"解放思想,实事求是",强调了解放思想。故选 B。

6. A 【解析】十九大报告指出,实现中华民族伟大复兴是近代以来中华民族最伟大的梦想。中国共产党一经成立,就把实现共产主义作为党的最高理想和最终目标,义无反顾肩负起实现中华民族伟大复兴的历史使命,团结带领人民进行了艰苦卓绝的斗争,谱写了气吞山河的壮丽史诗。

7. D 【解析】习近平新时代中国特色社会主义思想的基本方略共 14 条:(1)坚持党对一切工作的领导;(2)坚持以人民为中心;(3)坚持全面深化改革;(4)坚持新发展理念;(5)坚持人民当家作主;(6)坚持全面依法治国;(7)坚持社会主义核心价值体系;(8)坚持在发展中保障和改善民生;(9)坚持人与自然和谐共生;(10)坚持总体国家安全观;(11)坚持党对人民军队的绝对领导;(12)坚持"一国两制"和推进祖国统一;(13)坚持推动构建人类命运共同体;(14)坚持全面从严治党。D 项不属于基本方略,本题为选非题,故选 D。

8. C 【解析】规律是客观的,不以人的意志为转移,它既不能被创造,也不能被消灭。规律是普遍的,自然界、人类社会和人的思维,在其运动变化和发展过程中,都遵循其固有的规律。超标超前培训违背了学生个体身心发展规律,教育部的规定反映了规律具有普遍性和客观性,说明教育必须遵循规律,按照客观规律办事,C 项正确。主观能动性的发挥有正确与错误之分,发挥主观能动性不一定能利用规律,A 项错误。规律是客观的,人不能改造规律,不能改变规律。人可以在认识和把握规律的基础上,根据规律发生作用的条件和形式利用规律,BD 两项错误。故选 C。

9. D 【解析】题干中的话意在说明,我们不能挥霍地球上的生存资源,否则将透支和压缩子孙后代的生存空间,启示我们不能只顾眼前利益,而要用联系和发展的观点看问题,D 项符合题意。题干中没有体现客观规律性与主观能动性的辩证关系,也没有体现质量互变规律或矛盾的普遍性和特殊性原理,ABC 三项不符合题意,排除。故选 D。

10. B 【解析】在马克思主义辩证法中,作为辩证法的本质特征、作为事物联系和发展的重要环节的否定并不是断然的否定,而是"扬弃",是一种辩证的、包含肯定的否定,是螺旋式上升或波浪式前进的过程。ACD 三项均属于这种观点。阿多诺认为否定是辩证法的核心,宣扬绝对的否定性。在否定的辩证法中矛盾双方是不可调和的绝对否定,它们本身不具有对立统一关系。阿多诺宣称,否定的辩证法本质上就是一种崩溃的逻辑。故选 B。

11. C 【解析】按照制定和实施法的主体的不同,可以把法划分为国内法和国际法,C 项正确。按照法的地位、效力、内容和制定程序的不同,可以把法划分为根本法和普通法。按照法的适用范围的不同,可以把法划分为一般法和特别法。按照法的内容的不同,可以把法划分为实体法和程序法。ABD 三项不符合题意。故选 C。

12. B 【解析】根据我国《宪法》的规定,依照法律规定决定省、自治区、直辖市的范围内部分地区进入紧急状态是国务院的职权之一,B 项错误。本题为选非题,故选 B。

13. C 【解析】我国《宪法》第五十一条规定:"中华人民共和国公民在行使自由和权利的时候,不得损害国家的、社会的、集体的利益和其他公民的合法的自由和权利。”故选 C。

14. D 【解析】我国《民法典》第十九条规定:“八周岁以上的未成年人为限制民事行为能力人,实施民事法律行为由其法定代理人代理或者经其法定代理人同意、追认;但是,可以独立实施纯获利益的民事法律行为或者与其年龄、智力相适应的民事法律行为。”小天属于限制民事行为能力人,A 项错误。获赠小提琴属于纯获利益的民事法律行为,小天可以独立实施,不需要父母追认,BC 项错误,D 项正确。故选 D。

15. C 【解析】我国《行政处罚法》规定,实施行政处罚,纠正违法行为,应当坚持处罚与教育相结合,教育公民、法人或者其他组织自觉守法。

16. D 【解析】我国《刑法》第九十条规定:“民族自治地方不能全部适用本法规定的,可以由自治区或者省的人民代表大会根据当地民族的政治、经济、文化的特点和本法规定的基本原则,制定变通或者补充的规定,报请全国人民代表大会常务委员会批准施行。”A 项错误。凡在我国船舶或者航空器内犯罪的,也适用本法。犯罪的行为或者结果有一项发生在我国领域内的,就认为是在我国领域内犯罪,BC 项错误,均排除。享有外交特权和豁免权的外国人的刑事责任,通过外交途径解决。D 项正确。故选 D。

17. B 【解析】妨害社会管理秩序罪是指妨害国家机关对社会的管理活动,破坏社会正常秩序,情节严重的行为。B 项,乙是以暴力袭击正在依法执行职务的人民警察的行为,属于袭警罪,也属于我国《刑法》规定的妨害社会管理秩序罪。A 项构成抢劫罪,C 项构成侵占罪,D 项构成拒不支付劳动报酬罪,都属于侵犯财产罪。故选 B。

18. D 【解析】公文是指党政机关、社会团体和企事业单位在行政管理活动或处理公务活动中产生的,按照严格的、法定的生效程序和规范的体式制定的具有传递信息和记录事务作用的载体。公文区别于其他信息记录的特点是具有法定权威与现行效用。故选 D。

19. A 【解析】请示、报告都是下级机关向上级机关的行文,都属于上行文,A 项正确。请示的内容要求一文一事,报告的内容可一文一事也可一文多事,B 项错误。请示常用“当否,请批示”“妥否,请批复”“以上请示,请予审批”之类的结尾语;报告因为不需要批复,一般用“专此报告”“特此报告”等结尾语,C 项错误。报告的内容可以是综合性的,也可以是专题性的,内容范围较广,相对来说篇幅较长;请示一般篇幅较短,D 项错误。故选 A。

20. A 【解析】B 项,请示的结语一般有“当否,请批示”“以上请示,请予审批”“以上请示如无不妥,请批转各地区、各部门研究执行”等。“着即批转各有关单位认真遵照执行”一般用于意见的结语,B 项错误。C 项存在“我们”和“东方贸易商厦”两个主语,正确写法为“我们排除了种种不利因素,终于在第一季度建成了东方贸易商厦”。C 项错误。D 项,“约 6 万元左右”不明确,D 项错误。故选 A。

21. D 【解析】“垂拱”指垂衣拱手,古时多指统治者以无所作为、顺其自然的方式治理天下。放任式领导方式是指领导只对下级工作作出必要的原则、方针和政策规定,其余自行决定的领导方式。垂拱而治体现了放任式领导方式,D 项正确。激励式领导方式是指行政领导者使用物质或精神的手段激发下属的工作积极性,以达到决策目标的推进型领导方式。民主式领导方式是指领导者的决策建立在充分讨论的基础上,下级广泛参与决策并自觉自愿地执行,领导者采取积极的激励、引导、协调等方法指挥下级的领导方式。集权式领导方式是指一切权力集中于领导集团或个人,偏重于运用集权形式推行工作,而不注意授权的领导方式。ABC 三项均不符合题意。故选 D。

22. C 【解析】从监督的对象和内容上划分,行政监督可分为内部监督和外部监督。内部监督是行政机关内部的自我监督。外部监督是行政组织系统外部力量对行政组织的监督,如来自国家权力机关、党组织、社会团体和人民群众的监督。故选 C。

23. C 【解析】限定条件“劳动量不变”的意思是,在生产商品的过程中,劳动者的劳动耗费量不变。当社会劳动生产率提高,单位劳动时间内生产的商品数量会增加,但生产的商品价值总量不变,则单位商品价值量必然减少。故选 C。

24. C 【解析】衡量通货膨胀率的价格指数一般有三种:消费者物价指数、生产者价格指数和国民生产总值价格折算指数。ABD 三项均可以衡量通货膨胀,不符合题意。商品价格指数不是通货膨胀的衡量指标,故选 C。

25. D 【解析】按劳分配是社会主义公有制的分配形式。在国有企业工作的小张的工资收入属于按劳分配收入,D 项正确。A 项属于按劳动要素分配的收入。B 项属于按个体劳动者劳动成果分配的收入。C 项,股份制企业不能笼统说是公有制还是私有制,要看投资主体的具体状况而定,也不能判断为按劳分配收入。故选 D。

26. B 【解析】按下功能键 F5 可以刷新电脑打开的网页或者桌面,但不能实现“全选”功能,故选 B。

27. D 【解析】在人造卫星、宇宙飞船或航天飞机等环绕地球运行时,其中的物体和航天员都会失重并处于长时间的微重力状态,即在航天器上感受到的只有残余的重力。因此,在空间站中进行与重力有关的体育锻炼是无效的,比如举重、跳高、立定跳远、跳绳、引体向上等。但航天员可以运用弹簧拉力器进行体育锻炼,这种拉力锻炼与重力无关,因此是较为有效且适宜的运动方式。故选 D。

28. D 【解析】题干中的诗句出自《沁园春·长沙》,是毛泽东于 1925 年在长沙所作,描绘了美丽壮观的湘江景色,表现出乐观的革命精神。

29. C 【解析】“终古高云簇此城,秋风吹散马蹄声”出自谭嗣同的《潼关》,意思是:自古以来的高高云层簇拥着城隘,萧瑟的秋风将马蹄声吹散。诗句描述的是陕西潼关的景色,排除②。历史上先后有东吴、东晋,南朝的宋、齐、梁、陈等王朝在南京建都。因此,南京被称为“六朝古都”。①④正确。秦淮河是南京的“母亲河”,③正确。故选 C。

30. D 【解析】喀斯特地貌是地表水和地下水对可溶性岩石(多为石灰岩)进行溶蚀等作用所形成的地表和地下形态的总称,也称为岩溶地貌。喀斯特地貌在中国集中分布于桂、黔、滇等省区,川、渝、湘、晋、甘、赣等省区部分地区亦有分布,比如云南昆明石林风景区、广西桂林山水、江西鄱阳湖口石钟山景区、四川九寨沟、湖南武陵源黄龙洞等都是典型的喀斯特地貌。福建武夷山属于典型的丹霞地貌,故选 D。

二、多项选择题

31. ABCD 【解析】习近平新时代中国特色社会主义思想具有实践性、时代性、创造性的鲜明品格,是从新时代中国特色社会主义全部实践中产生的理论结晶,是推动新时代党和国家事业不断向前发展的科学指南。全党要坚持用这一科学理论武装头脑、指导实践、推动工作,不断开创事业发展新局面。

32. AD 【解析】“自古逢秋悲寂寥,我言秋日胜春朝”的意思是:自古以来人们每逢秋天都会感到悲凉寂寥,我却认为秋天要胜过春天。诗句说明不同的人对秋天的感觉和认识不同,体现了认识具有主体差异性。A 项意为:从正面看庐山则山岭连绵起伏,侧面看则山峰耸立,从远处、近处、高处、低处看都呈现不同的样子,说明认识具有主体差异性。B 项强调的是规律的客观性。C 项强调的是实践是检验认识真理性的唯一标准,D 项是指不同的人从不同的立场或角度去看同一事物有不同的看法,说明认识具有主体差异性。故选 AD。

33. CD 【解析】自然人享有生命权、身体权、健康权、姓名权、肖像权、名誉权、荣誉权、隐私权、婚姻自主权等人格权。AB 项不符合题意。亲属权属于身份权,C 项符合题意。名称权指法人及其他非法人组织对其用意确定和代表自身并区别于他人的符号和标记所享有的权利,D 项符合题意。

34. AD 【解析】我国《劳动合同法》第二十五条规定:“除本法第二十二条和第二十三条规定的情形外,用人单位不得与劳动者约定由劳动者承担违约金。”该法第二十二条规定:“用人单位为劳动者提供专项培训费用,对其进行专业技术培训的,可以与该劳动者订立协议,约定服务期。劳动者违反服务期约定的,应当按照约定向用人单位支付违约金……”该法第二十三条规定:“用人单位与劳动者可以在劳动合同中约定保守用人单位的商业秘密和与知识产权相关的保密事项。对负有保密义务的劳动者,用人单位可以在劳动合同或者保密协议中与劳动者约定竞业限制条款,并约定在解除或者终止劳动合同后,在竞业限制期限内按月给予劳动者经济补偿。劳动者违反竞业限制约定的,应当按照约定向用人单位支付违约金。”故本题选 AD。

35. ACD 【解析】通知适用于发布、传达要求下级机关执行和有关单位周知或者执行的事项,批转、转发公文。上级机关对下级机关可以用通知;同级机关之间有时也可以用通知。公布社会各有关方面应当遵守或者周知的事项也应使用通知,AC 项正确。“实行秋季作息时间”是要求下级机关执行的事项,D 项正确。通告适用于在一定范围内公布应当遵守或者周知的事项,实施交通管制适宜用通告行文,B 项错误。故选 ACD。

36. BD 【解析】不具备归档和保存价值的公文,经批准后可以销毁,A 项说法错误。销毁涉密公文必须严格按照有关规定履行审批登记手续,确保不丢失、不漏销,B 项说法正确。个人不得私自销毁、留存涉密公文,C 项说法错误。工作人员离职时,所在机关应督促其将暂存、借用的公文按照规定移交、清退,D 项说法正确。故选 BD。

37. ACD 【解析】根据《事业单位人事管理条例》的规定,处分分为警告、记过、降低岗位等级或者撤职、开除。记大过不属于事业单位的处分种类,B 项错误。故选 ACD。

38. ACD 【解析】八七会议是在中国革命的危急关头召开的,会议正式确定了实行土地革命和武装斗争的方针,中国革命从此开始由大革命失败到土地革命兴起的历史性转变,是中国共产党历史上有着重大转折意义的事件。A 项正确。中共一大的召开标志着中国共产党的成立,中国革命的面貌从此焕然一新,但不是中国共产党历史转折点,B 项错误。中共十一届三中全会作出了把全党的工作中心转移到社会主义现代化建设上来的决策,是新中国成立以来党的历史转折点,C 项正确。遵义会议是中国共产党历史上开始独立自主地解决中国革命和战争的重大问题的会议,实际确立了毛泽东在中共中央和红军的领导地位,在极端危急的关头挽救了党、挽救了红军、挽救了中国革命,是党的历史上一个生死攸关的转折点,D 项正确。故选 ACD。

39. CD 【解析】襁褓意思为包裹婴儿的被子和带子,用来代指未满周岁的婴儿,A 项错误。孩提代指两三岁的幼儿,B 项错误。不惑为四十岁的代称,C 项正确。耄耋代指八九十岁,D 项正确。故选 CD。

40. BCD 【解析】京剧脸谱是根据某种性格、性情或某种特殊类型的人物,采用某些色彩来表示的一种特殊的化妆方法。红脸代表忠勇,代表人物有关羽等;白脸偏向于奸诈,代表人物有曹操等;蓝脸代表刚强、骁勇,代表人物有窦尔敦等;黑脸代表正直、无私、猛智,代表人物有包公、张飞等。故选 BCD。

41. ABCD 【解析】河南省地势西高东低,北、西、南三面有太行山、伏牛山、桐柏山、大别山沿省界呈半环形分布,中东部为黄淮海冲积平原,西南部为南阳盆地。

42. BCD 【解析】进入公共场所,应注意观察安全出口位置、疏散楼梯位置、进出口位置,以便发生火灾时能够紧急逃生。发生火灾时不能乘坐电梯逃生。故选 BCD。

43. CD 【解析】食物中含有糖类、脂类、蛋白质、水、无机盐和维生素六类营养物质。糖类,又称碳水化合物,一般由碳、氢和氧三种元素组成。碳水化合物的主要食物来源有:糖类、谷物、水果、干果类、干豆类、根茎蔬菜类等。故选 CD。

44. ABC 【解析】一个力要涉及两个物体,即施力物体和受力物体。对别的物体施加了力的物体叫施力物体,受到力的作用的物体叫受力物体。“以卵击石”中,相对于石头来说,是卵给它施了一个力,所以卵是施力物体,D 项错误。故选 ABC。

45. ABC 【解析】按开发利用状况,可将能源分为常规能源和新能源。已经被广泛利用的煤炭、石油、天然气等能源,称为常规能源。而核能、地热能、海洋能、太阳能、氢能等属于新能源。故选 ABC。

46. ABD 【解析】AR(Augmented Reality,增强现实)是一种将虚拟信息与真实世界巧妙融合的技术,可以在真实环境中增添或者移除由计算机实时生成的可以交互的虚拟物体或信息。VR(Virtual Reality,虚拟现实)可以让用户沉浸于由计算机生成的三维虚拟环境,并与现实环境相隔绝,C 项错误。ABD 项说法正确,故选 ABD。

47. ABC 【解析】毫不动摇巩固和发展公有制经济,毫不动摇鼓励、支持和引导非公有制经济发展。D 项错误。故选 ABC。

48. BC 【解析】机会成本是指为从事某项经营活动而放弃从事另一项经营活动的机会,或利用一定资源获得某种收入时所放弃的另一种收入。“棋错一着,满盘皆输”“鱼与熊掌不可兼得”都属于机会成本。AD 项错误。沉没成本是指由于过去的决策已经发生了的,而不能通过其他方式弥补收回的成本。“覆水难收”“不要为打翻的牛奶哭泣”属于沉没成本。BC 项正确。故选 BC。

49. AC 【解析】象征式政策执行(政策表面化)指在执行公共政策的过程中,只重视表面文章和形象包装,阳奉阴违,敷衍塞责,前松后紧,使公共政策变成一纸空文,A 项正确。选择式政策执行(政策缺失)指在执行行政决策时,执行主体对上级决策进行过滤,只选择对自身有利的内容来执行而产生的执行偏差,即“断章取义,为我所用”。替代式政策执行(政策替换)是在执行政策的过程中,执行者用自己的一套政策替代既定政策,也就是“挂羊头卖狗肉”。BD 项错误。附加式政策执行(政策扩大化)是在执行公共政策的过程中,人为地附加与政策目标相背离的其他内容,使政策执行超出了政策的基本要求。“土政策”就是附加式政策执行的典型表现,C 项正确。故选 AC。

50. BC 【解析】题干观点是说，科学文化知识在不同道德修养的人手中，可以发挥不同的作用，好的更好，坏的更坏。这说明思想道德修养可以制约科学文化知识的作用的发挥，思想道德修养与科学文化修养相互促进。BC 项正确，AD 项错误。故选 BC。

三、判断题

51. × 【解析】党的十九届六中全会通过的《中共中央关于党的百年奋斗重大成就和历史经验的决议》，在党的十九大报告“八个明确”的基础上，用“十个明确”对习近平新时代中国特色社会主义思想的核心内容作了进一步概括。

52. × 【解析】在马克思主义哲学产生之前，人类思维领域没有历史唯物主义和历史唯心主义的对立。

53. √ 【解析】人民群众是社会精神财富的创造者。人民群众的实践为精神财富的创造提供了必要的物质条件。因此，人民群众的生活和实践是一切精神财富形成和发展的源泉。

54. × 【解析】根据我国《民事诉讼法》第一百五十一条的规定，人民法院对公开审理或者不公开审理的案件，一律公开宣告判决。

55. × 【解析】共同犯罪在主观方面必须具有共同的犯罪故意，在客观方面各共同犯罪人必须具有共同的犯罪行为，共同犯罪成立的主体条件是两人以上。

56. × 【解析】张仲景是东汉末年著名医学家。

57. × 【解析】“春花秋月何时了，往事知多少”出自南唐后主李煜的代表作《虞美人》。

58. √ 【解析】五四爱国运动，是一次彻底的反帝反封建的爱国运动，是中国新民主主义革命的开端，为中国共产党的成立奠定了基础。

59. × 【解析】首先，由诗句中对“南下”“北行”的不同描述，可知诗句所描写的山脉将南北分隔，初步推断此山脉为东西走向。其次，由“蜀客秦人各断肠”可知诗句中描写的山脉分隔蜀国和秦国，由此定位到秦岭。秦岭是东西走向，自古为兵家必争之地。

60. × 【解析】买东西“货比三家”是求实心理主导下的消费，属于理性消费。

河南省教师招聘考试公共基础知识预测试卷(十四)

答案速查：

1 ~ 5	DABDC	6 ~ 10	DDDAB	11 ~ 15	DBDBC
16 ~ 20	CBCBB	21 ~ 25	DDBCD	26 ~ 30	CDBAB
31 ~ 35	ABC ABC ABD BCD BC		36 ~ 40	ACD ABCD ABC ABCD ABD	
41 ~ 45	BC BCD BD BCD BC		46 ~ 50	ABC BC ABD ABCD ACD	
51 ~ 55	×××√×		56 ~ 60	√×√××	

一、单项选择题

1. D 【解析】《中共中央关于党的百年奋斗重大成就和历史经验的决议》指出，毛泽东思想是马克思主义中国化的第一次历史性飞跃，中国特色社会主义理论体系实现了马克思主义中国化新的飞跃，习近平新时代中国特色社会主义思想实现了马克思主义中国化新的飞跃。②错误，①③④正确，故选 D。

2. A 【解析】《中华人民共和国国民经济和社会发展第十四个五年规划和 2035 年远景目标纲要》提出了我国经济社会发展必须遵循的原则是：坚持党的全面领导，坚持以人民为中心，坚持新发展理念，坚持深化改革开放，坚持系统观念。故选 A。

3. B 【解析】1930 年，毛泽东在《反对本本主义》一文中首次提出了“从斗争中创造新局面的思想路线”的科学命题，从而初步界定了党的思想路线的基本含义。故选 B。

4. D 【解析】矛盾的同一性是指矛盾双方相互依存、相互贯通的性质和趋势。自相矛盾是指人物言行不一，言语前后冲突，行为相互抵触，体现了朴素辩证法思想；鱼与熊掌是不可兼得的两样东西，体现了矛盾的斗争性；水滴石穿体现的是质量互变规律。ABC 三项均不能体现矛盾同一性，排除。居安思危体现了矛盾双方的转化趋势，体现了矛盾同一性。故选 D 项。

5. C 【解析】科学社会主义是马克思、恩格斯通过对历史的分析和对现实社会的批判，实现了社会主义从空想到科学的历史性飞跃而创立的科学理论。故选 C。

6. D 【解析】实践决定认识,实践是认识的来源,实践是认识发展的动力,实践是检验认识真理性的唯一标准,实践是认识的目的和归宿。题干所述现象在孩子们中间愈来愈普遍,这是因为孩子们缺乏产生正确认识的社会实践经验,说明社会实践是认识的基础,故选 D。

7. D 【解析】在新发展理念中,“共享发展”揭示了发展的价值取向,揭示了当代中国发展的根本出发点和落脚点。坚持共享发展是中国特色社会主义的本质要求。故选 D。

8. D 【解析】2022 年 4 月 25 日,习近平总书记在中国人民大学考察调研。习近平强调,“为谁培养人、培养什么人、怎样培养人”始终是教育的根本问题。

9. A 【解析】习近平总书记强调要发扬为民服务孺子牛、创新发展拓荒牛、艰苦奋斗老黄牛的精神,在全面建设社会主义现代化国家新征程上奋勇前进。本题为选非题,故选 A。

10. B 【解析】党的政策建立在对客观经济、政治形势的科学分析基础之上,反映着社会主义经济发展的需要,体现了工人阶级和广大人民群众的意志和利益,所以执政党的政策是社会主义法的核心内容。法律受党的政策的领导,并不意味着法律只是简单地、被动地把政策“翻译”为法律条文。实际上,立法过程中有大量的创造性工作要做。B 项正确,A 项错误。社会主义法是贯彻执政党政策,完善和加强党的领导的不可或缺的基本手段。CD 项错误。故选 B。

11. D 【解析】我国民族自治区与特别行政区的共同点是:(1)都享有自治权。(2)都受中央人民政府管辖,与中央的关系都是中央与地方的关系。不同点是:(1)设立的地区不同。特别行政区是在港、澳地区设立的,而民族自治区是在少数民族聚居区设立的。(2)自治程度不同。特别行政区享有“高度的自治权”,而民族自治区有“一定的自治权”。(3)社会制度不同。特别行政区实行资本主义制度,而民族自治区则坚持社会主义制度。(4)解决问题不同。特别行政区是为了解决历史遗留问题,实现祖国和平统一而设立的,民族自治区是为了解决民族问题,实现少数民族人民当家作主,管理本民族地区事务的愿望而设立的。故选 D。

12. B 【解析】我国《民法典》第四十九条规定:“自然人被宣告死亡但是并未死亡的,不影响该自然人在被宣告死亡期间实施的民事法律行为的效力。”因此,有民事行为能力的公民在被宣告死亡期间实施的民事法律行为有效。

13. D 【解析】我国《民法典》第九百九十四条规定:“死者的姓名、肖像、名誉、荣誉、隐私、遗体等受到侵害的,其配偶、子女、父母有权依法请求行为人承担民事责任;死者没有配偶、子女且父母已经死亡的,其他近亲属有权依法请求行为人承担民事责任。”题干中并未提及胡某是该艺人的哪种近亲属。如果该艺人有第一顺序权利人(配偶、子女、父母),则其他近亲属无权主张,也无权与第一顺序权利人同时主张;只有在死者没有配偶、子女且父母已经死亡的情形下,其他近亲属方享有请求权。D 项说法不准确,忽略了近亲属请求权的顺序。故选 D。

14. B 【解析】根据我国《刑法》可知,正当防卫需要满足五个条件:(1)起因条件——有不法侵害行为发生;(2)时间条件——对正在进行的不法侵害进行防卫;(3)对象条件——防卫行为必须是针对不法侵害者本人实行;(4)主观条件——防卫必须是基于保护合法权利免受不法侵害的目的;(5)限度条件——正当防卫不能明显超过必要限度造成重大损害。A 项中通奸没有对当事人的人身、财产和其他权利造成直接侵害,应当将李某的行为认定为故意犯罪;B 项属于正当防卫;C 项属于事先防卫,应当认定为故意犯罪;D 项属于假想防卫,应当认定为过失犯罪。故选 B。

15. C 【解析】贪污罪和职务侵占罪在犯罪构成上都要求将财物据为己有,题干未体现,排除 B、D 项。挪用特定款物罪,是指挪用国家用于救灾、抢险、防汛、优抚、扶贫、移民、救济款物,情节严重,致使国家和人民群众利益遭受重大损害的行为,即专款不专用的行为,但本质上并没有改变款物的“公用”性质,A 项不符合题意。国家工作人员利用职务上的便利,挪用公款归个人使用,进行非法活动的,或者挪用公款数额较大、进行营利活动的,或者挪用公款数额较大、超过三个月未还的,是挪用公款罪。题干中提到“以个人名义”,这本质上属于公款私用,构成挪用公款罪。故选 C。

16. C 【解析】我国《民法典》第一百九十六条规定："下列请求权不适用诉讼时效的规定：(一)请求停止侵害、排除妨碍、消除危险；(二)不动产物权和登记的动产物权的权利人请求返还财产；(三)请求支付抚养费、赡养费或者扶养费；(四)依法不适用诉讼时效的其他请求权。"撤销合同请求权属于形成权，而非债权请求权，不适用诉讼时效的规定。因此，ABD 三项均属于不适用诉讼时效的情形，排除。故选 C。

17. B 【解析】经济环节主要有四个：生产、分配、交换、消费。其中，生产是指把投入变为产出的行为或活动；分配是指社会经济资源的配置过程；交换是指人们相互交换劳动和劳动产品的过程；消费是指利用社会产品来满足人们各种需要的过程。老李种菜对应的是生产环节；老李卖菜是用自己的劳动产品——菜，交换得到 5000 元钱的过程，对应的是交换环节；老李买空调是用自己拥有的一般等价物——货币，交换得到一台空调的过程，对应的也是交换环节。故选 B。

18. C 【解析】经济手段指按照客观经济规律的要求，依靠各种经济组织，实施各种经济政策和运用各种经济杠杆，来调控经济的手段，包括调整价格、利率、税率、汇率等。行政手段是政府采取强制性的命令、指示、规定等行政方式来调节经济活动的手段。法律手段指政府依靠经济立法和经济司法来监督管理经济的手段，具有权威性和强制性。A 项，提高小规模纳税人增值税起征点属于对财政政策工具的运用。B 项，扩大地方专项债规模也是对财政政策工具的运用；C 项，国家相关部门投放中央储备冻猪肉属于行政手段；D 项，中国人民银行下调存款准备金率属于对货币政策工具的运用。财政政策和货币政策都属于经济手段，因此 ABD 三项的国家宏观调控手段相同。故选 C。

19. B 【解析】通货膨胀是指整个社会物价水平的持续和普遍上涨的现象。通货膨胀有利于债务人，不利于债权人。通货膨胀有利于雇主，不利于固定工资的人。通货膨胀对储蓄者不利。同样，像养老金、保险金以及其他有价值的财产证券等，其实际价值在通货膨胀中也会下降。故选 B。

20. B 【解析】一般而言，公共危机管理活动主要包括指挥、控制和沟通，称为"3C"活动。

21. D 【解析】报告、请示属于上行文，函属于平行文，排除 ABC 三项。下行文主要有：命令、决议、决定、通报、批复等，故选 D。

22. D 【解析】发文字号应编排在眉首，红色分隔线以上、发文机关标志下空二行位置，居中排布。故选 D。

23. B 【解析】①表现的是中秋节(农历八月十五)望月怀人的习俗；②表现的是重阳节(农历九月初九)登高的习俗；③表达了作者在端午节这天对屈原的怀念；④表现的是春节(农历正月初一)放爆竹的习俗。所以正确的排序是④③①②，故选 B。

24. C 【解析】A 项出自李清照的《夏日绝句》。B 项出自辛弃疾的《贺新郎 · 甚矣吾衰矣》。D 项出自辛弃疾的《青玉案 · 元夕》。C 项出自苏轼的《蝶恋花 · 春景》，故选 C。

25. D 【解析】全心全意为人民服务的根本宗旨是延安精神的本质，A 项说法错误。中共七大在延安胜利召开，第一次明确地把毛泽东思想确立为全党的指导思想，并写入党章。遵义会议开始确立实际以毛泽东为主要代表的马克思主义的正确路线在中共中央的领导地位，是中国共产党历史上一个生死攸关的转折点，标志着中国共产党从幼稚走向成熟。B 项说法错误。中国共产党创建的第一个农村革命根据地是井冈山革命根据地，但是，党在抗战时期创建的第一个农村革命根据地是陕甘宁抗日根据地，C 项说法错误。中国共产党在西柏坡召开了具有历史意义的七届二中全会。故选 D。

26. C 【解析】中国人民解放军海军东海舰队负责防卫中国东海水域的安全，司令部设在浙江省宁波市，A 项正确。2019 年，"山东号"航空母舰在海南三亚正式交付海军，隶属于南海舰队，B 项正确。中国人民解放军海军南海舰队司令部驻地在广东省湛江市，C 项错误。中国人民解放军海军北海舰队的司令部驻地在山东省青岛市，海上防区为连云港以北的黄海海域和渤海湾，D 项正确。本题为选非题，故选 C。

27. D 【解析】汽化是指物质从液态变为气态的过程。液化是指物质由气态转变为液态的过程，会对外界放热。升华是指物质从固态不经过液态直接变成气态的过程。凝华是指物质跳过液态直接从气态变为固态的过程。冰晶是水汽在冰核上凝华增长而形成的固态水合物，题干所述是由气体直接变成固体的物态变化，属于凝华。故选 D。

28. B 【解析】蜻蜓翅膀末端的前缘有一块深色的角质加厚区——翼眼，或称翅痣。它能调整翅膀的振动，使蜻蜓在高速飞行中避免发生折断翅膀的"颤振"现象。

29. A 【解析】太阳直射的最北界线是北回归线，最南界线是南回归线。在南北回归线上，太阳每年直射一次；在南北回归线之间的地区，太阳每年直射两次；南北回归线之外的地区，太阳不会直射。太阳直射赤道时，北半球的节气为春分或秋分；太阳直射北回归线时是北半球的夏至日；太阳直射南回归线时是北半球的冬至日。A 项说法错误，本题为选非题，故选 A。

30. B 【解析】鹳雀楼位于山西省永济市蒲州古城西面的黄河东岸，不在长江以南，故选 B。

二、多项选择题

31. ABC 【解析】习近平总书记指出，在 5000 多年文明发展中孕育的中华优秀传统文化，在党和人民伟大斗争中孕育的革命文化和社会主义先进文化，积淀着中华民族最深层的精神追求，代表着中华民族独特的精神标识。

32. ABC 【解析】历史人物及其作用要受社会历史条件的制约，受人民群众及其实践活动的制约。任何历史人物的出现都体现了必然性和偶然性的统一，A 项说法正确。历史人物的作用的性质取决于他们的思想、行为是否符合社会发展的规律，是否符合人民群众的意愿。只有顺应历史发展的要求和人民群众的意愿，历史人物才能起到推动社会前进的积极作用；如果违背了社会历史发展的规律性或必然性，历史人物也会走向反面。B 项说法正确。相对于历史发展的必然趋势而言，历史人物只能够推进或延缓一定的历史进程，但不能改变历史发展的基本方向。因此，C 项说法正确，D 项说法片面。故选 ABC。

33. ABD 【解析】辩证唯物主义认为，真理具有一元性。真理的一元性是指对于特定认识客体来说，真理只有一个，它不因主体认识的差别和变化而改变。真理是一元性与多样性的辩证统一，而非一元性和多元性的统一，C 项说法错误。故选 ABD。

34. BCD 【解析】犯罪以后自动投案，如实供述自己的罪行的，是自首。对于自首的犯罪分子，可以从轻或者减轻处罚。其中，犯罪较轻的，可以免除处罚。A 项错误，B 项正确。犯罪分子有揭发他人犯罪行为，查证属实的，或者提供重要线索，从而得以侦破其他案件等立功表现的，可以从轻或者减轻处罚；有重大立功表现的，可以减轻或者免除处罚。CD 项正确。故选 BCD。

35. BC 【解析】根据我国《宪法》第九条的规定，矿藏、水流、森林、山岭、草原、荒地、滩涂等自然资源，都属于国家所有，即全民所有；由法律规定属于集体所有的森林和山岭、草原、荒地、滩涂除外。由此可见，矿藏和水流只能归国家所有；森林和山岭既可以由国家所有，又可以由集体所有，A 项错误，B 项正确。该法第十条规定，城市的土地属于国家所有。农村和城市郊区的土地，除由法律规定属于国家所有的以外，属于集体所有；宅基地和自留地、自留山，也属于集体所有。可见，城市的土地只能归国家所有，农村和城市郊区的土地既可以由国家所有，又可以由集体所有，C 项正确，D 项错误。故选 BC。

36. ACD 【解析】小明是限制民事行为能力人，本案适用过错责任原则，受害人小明需要进行过错证明，而非学校。C 项属于过错推定原则，适用于无民事行为能力人。D 项属于无过错责任原则。CD 项说法错误。无民事行为能力人或者限制民事行为能力人在幼儿园、学校或者其他教育机构学习、生活期间，受到幼儿园、学校或者其他教育机构以外的第三人人身损害的，由第三人承担侵权责任；幼儿园、学校或者其他教育机构未尽到管理职责的，承担相应的补充责任。幼儿园、学校或者其他教育机构承担补充责任后，可以向第三人追偿。由此可见，学校对第三人在教育机构造成人身损害的侵权责任适用过错责任原则并承担补充责任。只有 B 项说法正确。故选 ACD。

37. ABCD 【解析】政府的管理运行职能是指按照管理运行程序划分的政府职能。政府的管理运行职能包括计划职能、组织职能、领导职能和控制职能。故选 ABCD。

38. ABC 【解析】请示的正文，其结构一般由开头、主体、结语构成。开头主要交代请示的原因；主体主要说明请示事项；结语另起一段，其习惯用语有"当否,请批示”“妥否,请批复”等。故选 ABC。

39. ABCD 【解析】《党政机关公文格式》规定,如有附注,居左空二字加圆括号编排在成文日期下一行。当公文排版后所剩空白处不能容下印章或签发人签名章、成文日期时,可以采取调整行距、字距的措施解决。附件应当另面编排,并在版记之前,与公文正文一起装订。“附件”二字及附件顺序号用3号黑体字顶格编排在版心左上角第一行。如附件与正文不能一起装订,应当在附件左上角第一行顶格编排公文的发文字号并在其后标注“附件”二字及附件顺序号。

40. ABD 【解析】资本在生产过程中以不变资本和可变资本两种形态存在。(1)不变资本是以厂房、机器设备、原材料等生产资料形态存在的那部分资本,其价值在生产过程中一次或多次转移到新产品中去,不会发生增殖。(2)可变资本是资本家用于购买劳动力的那部分资本。在生产过程中,劳动力不仅再生产出自身的价值,而且生产出剩余价值,即发生了价值增殖,所以叫作可变资本。故选 ABD。

41. BC 【解析】通货膨胀是指整个社会物价水平持续和普遍上涨的现象。通货膨胀的实质是社会总需求大于社会总供给。因此,出现通货膨胀时,政府可以采用适度从紧的财政政策和货币政策,这样做的目的是回笼市场中流通的货币,从而达到抑制社会总需求的目的。此外,政府还应增加商品的有效供给,调整经济结构,缓解因供需失衡引发的物价上涨压力。故选 BC。

42. BCD 【解析】太阳耀斑是太阳活动最激烈的显示,发生在色球层。太阳黑子发生在光球层。A 项说法错误。故选 BCD。

43. BD 【解析】《三国演义》是中国第一部长篇章回体历史演义小说,是历史演义小说的经典之作,作者为罗贯中。清代学者章学诚评价《三国演义》具有“七分事实,三分虚构”的特点。故选 BD。

44. BCD 【解析】参加中共一大的代表有:上海的李达、李汉俊,北京的张国焘、刘仁静,长沙的毛泽东、何叔衡,武汉的董必武、陈潭秋,济南的王尽美、邓恩铭,广州的陈公博,旅日的周佛海;由陈独秀指定出席会议的包惠僧。陈独秀本人未出席中共一大。故选 BCD。

45. BC 【解析】墨家思想主要体现为兼爱、非攻、尚贤、尚同、非命、天志、明鬼、节用、节葬、非乐等方面,反映了下层劳动者的利益和要求,也代表了当时小生产者阶层的社会政治理想。“致良知”是明代王阳明的心学主旨,“道法自然”是道家老子的哲学思想,都不属于墨家思想,BC 项符合题意。

46. ABC 【解析】科举制度是中国古代通过考试选拔官吏的制度。乡试,又称秋闱,在明、清两代是每三年一次的地方考试,考中的称举人,第一名称解元。会试,又称春闱,是由礼部主持的全国考试,考中的称贡士,第一名称会元。殿试由皇帝亲自主持。殿试录取分三甲,通称进士。其中,一甲三名,第一名称状元,第二名称榜眼,第三名称探花。解元、会元、状元,合称三元。故选 ABC。

47. BC 【解析】《时间简史》《果壳中的宇宙》是霍金的作品。爱因斯坦提出狭义相对论和广义相对论,《自然哲学的数学原理》是牛顿的作品。故选 BC。

48. ABD 【解析】盗窃行为既遂与未遂的区别在于,盗窃行为使被害人丧失了对财物的控制时,就是既遂。至于行为人最终是否达到了非法占有并任意处置该财物的目的,并不影响既遂的成立。因此,虽然王某最终没有成功占有货物,但依旧成立盗窃罪既遂,AD 项说法错误。侵占罪是指以非法占有为目的,将代为保管的他人财物非法占为己有,数额较大,拒不退还的,或者将他人的遗忘物或者埋藏物非法占为己有,数额较大且拒不交出的行为。因此,刘某将暂时无人看管的货物据为己有的行为构成侵占罪,C 项说法正确。共同犯罪是指二人以上共同故意犯罪。王某和刘某并非同谋实施盗窃,不能成立盗窃罪共犯,B 项说法错误。本题为选非题,故选 ABD。

49. ABCD 【解析】我国《著作权法》第十四条规定:“两人以上合作创作的作品,著作权由合作作者共同享有。没有参加创作的人,不能成为合作作者。合作作品的著作权由合作作者通过协商一致行使;不能协商一致,又无正当理由的,任何一方不得阻止他方行使除转让、许可他人专有使用、出质以外的其他权利,但是所得收益应当合理分配给所有合作作者。合作作品可以分割使用的,作者对各自创作的部分可以单独享有著作权,但行使著作权时不得侵犯合作作品整体的著作权。”这里所强调的“参加创作的人”，指的是对该作品的思想立意、创作观点、表达形式等付出过创造性的智力劳动的人，比如构思策划、执笔操作等。在作品中为他人的创作进行组织工作，提供咨询意见、物质条件，或者进行了其他辅助工作的，不能成为合作作者。本题中，薛某和董某是合作作者，董某有权发表该小说，C 项说法错误。在该小说的创作过程中，钟某提供了生活素材、A 公司提供了资金、宋某作为组织者并提供了咨询意见，但三者都没有参与实际的创作，并不是作者。因此，ABD 三项说法错误。故选 ABCD。

50. ACD 【解析】“B 超”又叫 B 型超声检查，是一种利用超声波来进行检查的方式，可以清晰地显示各脏器及周围器官的各种断面像，没有利用电磁波，B 项错误。故选 ACD。

三、判断题

51. × 【解析】我国《刑法》第二百九十九条第一款规定：“在公共场合，故意以焚烧、毁损、涂划、玷污、践踏等方式侮辱中华人民共和国国旗、国徽的，处三年以下有期徒刑、拘役、管制或者剥夺政治权利。”

52. × 【解析】根据我国《民法典》第一千一百四十二条的规定，立有数份遗嘱，内容相抵触的，以最后的遗嘱为准。

53. × 【解析】投影仪是利用凸透镜成倒立、放大实像的原理来工作的。当凸透镜成实像时，物距越小，成的像越大。

54. √ 【解析】《区域全面经济伙伴关系协定》（RCEP），是 2012 年由东盟发起，由包括中国、日本、韩国、澳大利亚、新西兰和东盟十国共 15 方成员制定的协定。2022 年 1 月 1 日，该协定正式生效，标志着全球人口最多、经贸规模最大、最具发展潜力的自由贸易区正式落地。加拿大不属于其成员国。

55. × 【解析】经验主义片面夸大了感性认识的作用，轻视理性认识的指导作用，把狭隘的局部经验当作普遍真理。而教条主义片面夸大了理性认识的作用，轻视感性认识，把科学的理论当作僵死的教条生搬硬套。感性认识和理性认识是辩证统一的，如果割裂二者的辩证统一关系，就会走向唯理论或经验论，在实际工作中就会犯教条主义或经验主义的错误。

56. √ 【解析】河流“凹岸侵蚀、凸岸堆积”，因此河流的凹岸河道较深，适宜船舶的航行和停靠，适宜建设码头。

57. × 【解析】香烟中引起吸烟成瘾的主要物质是尼古丁。

58. √ 【解析】二十四节气分别是立春、雨水、惊蛰、春分、清明、谷雨、立夏、小满、芒种、夏至、小暑、大暑、立秋、处暑、白露、秋分、寒露、霜降、立冬、小雪、大雪、冬至、小寒、大寒。因此，在“处暑”与“秋分”之间的节气是“白露”。

59. × 【解析】“东山高卧”讲的是东晋谢安隐居东山，不肯出仕的故事，后用以比喻隐居不仕。

60. × 【解析】为人民服务是社会主义道德建设的核心。

河南省教师招聘考试公共基础知识预测试卷（十五）

答案速查：

1～5	AAADA	6～10	AACCA	11～15	DBCBC
16～20	ABCBB	21～25	CBACB	26～30	BACAC
31～35	ABCD ABC AD BCD ABCD		36～40	ACD BC BD ACD AC	
41～45	ABD BCD ABD BCD BC		46～50	BCD BC ABC BC CD	
51～55	√×√××		56～60	×√××√	

一、单项选择题

1. A 【解析】习近平在重要文章《努力成为世界主要科学中心和创新高地》中指出，创新从来都是九死一生，但我们必须有“亦余心之所善兮，虽九死其犹未悔”的豪情。我国广大科技工作者要有强烈的创新信心和决心，既不妄自菲薄，也不妄自尊大，勇于攻坚克难、追求卓越、赢得胜利，积极抢占科技竞争和未来发展制高点。A 项出自屈原的《离骚》，体现出诗人坚定追求美好理想的精神，当选。

2. A 【解析】中国依靠自身力量端牢自己的饭碗，实现了由"吃不饱"到"吃得饱"，并且"吃得好"的历史性转变。这归根结底取决于农业发展方式的转变。农业的根本出路在于现代化，保障粮食安全、端牢"中国饭碗"，必须加快转变农业发展方式，推进农业现代化。故我国要加快由传统农业向现代农业转变，走产出高效、产品安全、资源节约、环境友好的农业现代化道路。故选 A。

3. A 【解析】国家发展改革委印发的《"十四五"循环经济发展规划》指出，到 2025 年，废旧物资回收网络更加完善，再生资源循环利用能力进一步提升，覆盖全社会的资源循环利用体系基本建成。资源利用效率大幅提高，再生资源对原生资源的替代比例进一步提高，循环经济对资源安全的支撑保障作用进一步凸显。故选 A。

4. D 【解析】十九大报告提出，从 2020 年到 2035 年，在全面建成小康社会的基础上，再奋斗 15 年，基本实现社会主义现代化；从 2035 年到本世纪中叶，在基本实现现代化的基础上，再奋斗 15 年，把我国建成富强民主文明和谐美丽的社会主义现代化强国。

5. A 【解析】"人不能两次踏进同一条河流"承认了运动是绝对的，也没有否定静止，是辩证法的观点。"人一次也不能踏进同一条河流"只承认了绝对运动，而否定了相对静止，是相对主义的诡辩论。故选 A。

6. A 【解析】习近平主席在庆祝中国共产主义青年团成立 100 周年大会上的讲话中指出，共青团要增强引领力、组织力、服务力，团结带领广大团员青年成长为有理想、敢担当、能吃苦、肯奋斗的新时代好青年。故选 A。

7. A 【解析】"底线"其实就是一种度，"坚守底线"就是要在做人做事时把握住事物发展的限度，避免产生意想不到的后果。度是区分事物量变和质变的根本标志。因此，"底线"就是事物质变的临界点。故选 A。

8. C 【解析】习近平总书记指出，科技创新、科学普及是实现创新发展的两翼，要把科学普及放在与科技创新同等重要的位置。故选 C。

9. C 【解析】交换价值表现为一种使用价值同另一种使用价值相交换的数量上的关系或比例。价值是交换价值的基础和内容，交换价值是价值的表现形式。因此决定商品交换比例的，不是商品的使用价值或供求关系，而是它们内在的价值。故选 C。

10. A 【解析】数字人民币是由中国人民银行发行的一种法定数字货币，全称是数字货币电子支付。它与纸币都具有货币的职能，没有优劣之分，A 项错误。本题为选非题，故选 A。

11. D 【解析】劳动力在劳动过程中，不仅能创造价值，而且能创造出比自身价值更大的价值，这部分超出劳动力价值的价值就是剩余价值。剩余价值和劳动力价值统称为新价值。故选 D。

12. B 【解析】外汇汇率的提高意味着一定数额的本币能兑换的外币数额比前期少，这表明外币币值上升，本币币值下降，进口成本提高，不利于扩大进口。A 项错误。降低进口关税税率有利于降低商品的进口成本，扩大进口规模，B 项符合题意。提高出口关税税率对商品的进口没有明显的直接影响，C 项不符合题意，排除。提高存款准备金率会削弱商业银行对存款的支配程度，减少贷款规模，从而抑制投资消费需求，不利于扩大进口，D 项不符合题意，排除。故选 B。

13. C 【解析】C 项错误，"通报"和"决定"是公文的两个文种，不能同时出现在公文标题中。故选 C。

14. B 【解析】多级行文是指下级机关同时向自己的直属上级机关和更高级的上级领导机关行文。这种情况往往事关重大，需同时报请上级领导机关和更高一级领导机关，使其及时地了解情况、及时地做出答复。故选 B。

15. C 【解析】决定适用于对重要事项作出决策和部署、奖惩有关单位和人员、变更或者撤销下级机关不适当的决定事项。公告适用于向国内外宣布重要事项或者法定事项。意见适用于对重要问题提出见解和处理办法。通报适用于表彰先进、批评错误、传达重要精神和告知重要情况。学校对王某的替考行为进行处理，使用通报可以起到批评错误、教育本人、警示他人的作用，最为恰当。故选 C。

16. A 【解析】中共二大于 1922 年 7 月在上海举行，第一次提出明确的反帝反封建的民主革命纲领。国民党一大的召开标志着第一次国共合作的正式形成，B 项错误。瓦窑堡会议确定了建立抗日民族统一战线的政策，C 项错误。秋收起义后，毛泽东提出“农村包围城市”的路线方针，D项错误。故选A。

17. B 【解析】题干材料的意思是：（他）小时候就很聪慧敏捷，广泛地阅读了经书、史书，擅长草书和隶书，也善于写文章。十八岁时，（他）在家乡所在的州参加进士科考试，朝廷授予其羽骑尉的官职。隋文帝时期，废除九品中正制，开始采用分科考试的方式选拔官员。隋炀帝时期，设进士科，科举制形成。从材料中的“进士”一词可以推断出材料体现的是科举制，故选B。

18. C 【解析】中国象棋的棋盘上有10条横线，9条竖线，所以一共有90个交叉点。

19. B 【解析】A项中的“癸丑”、D项中的“辛亥”都直接使用了干支纪年。C项中的“淳熙丙申”指的是宋孝宗淳熙三年，兼用了年号和干支纪年。B项中的“四月辛巳”指农历四月十三日，使用了干支纪日，而非干支纪年。故选B。

20. B 【解析】陇海线和京广线交汇处的城市是郑州。陇海线和京沪线交汇处的城市是徐州。陇海线不经过太原和武汉。故选B。

21. C 【解析】厨余垃圾包括剩菜剩饭、骨头、果皮等。有害垃圾包括废电池、废荧光灯管、废温度计等。可回收物主要包括废纸、塑料、金属、玻璃、布料五大类。其他垃圾包括除上述几类垃圾之外的砖瓦陶瓷、渣土等。因此，硬纸板、玻璃杯、金属、塑料餐盒在垃圾分类中属于可回收物，故选C。

22. B 【解析】高蛋白质的食物，一类是奶、畜肉、禽肉、蛋类、鱼、虾等动物蛋白；另一类是豆类和干果类的植物蛋白。香菇的蛋白质含量与鱼、禽肉类相当，也属于富含蛋白质的食物。玉米中的蛋白质含量较低，富含膳食纤维。故选B。

23. A 【解析】味精是调味料的一种，主要成分为谷氨酸钠。

24. C 【解析】细颗粒物又称$PM_{2.5}$，指环境空气中直径小于等于2.5微米的颗粒物。可吸入颗粒物，通常是指粒径在10微米以下的颗粒物，又称PM_{10}。A项描述错误，排除。细颗粒物能较长时间悬浮于空气中，其在空气中的含量浓度越高，代表空气污染越严重，B、D两项描述错误，排除。细颗粒物直径小，面积大，活性强，C项描述正确。故选C。

25. B 【解析】北宋沈括的《梦溪笔谈》是以笔记体形式写成的科学典籍，在磁学方面研究成果尤为卓著，最早记载了人工磁化的一种简便方法，即“以磁石磨针锋”造指南针。故选B。

26. B 【解析】从组织机构上说，我国的基层政权机关是指乡、镇、民族乡人民代表大会和人民政府以及市（不设区的市）、市辖区人民代表大会和人民政府。因此B项说法错误，ACD三项均说法正确，本题为选非题，故选B。

27. A 【解析】根据我国《专利法》第四十二条的规定，发明专利权的期限为二十年，实用新型专利权的期限为十年，外观设计专利权的期限为十五年，均自申请日起计算。因此，小赵申请的酒瓶外观设计专利的保护期限为自申请之日起15年。

28. C 【解析】我国《民法典》第三百六十九条规定：“居住权不得转让、继承。设立居住权的住宅不得出租，但是当事人另有约定的除外。”因此，根据题干已知信息，王爷爷的子女不可以将房屋出租，C项说法错误。故选C。

29. A 【解析】我国的国体是人民民主专政。

30. C 【解析】根据我国《行政处罚法》第五十一条的规定，违法事实确凿并有法定依据，对公民处以二百元以下、对法人或者其他组织处以三千元以下罚款或者警告的行政处罚的，可以当场作出行政处罚决定。

二、多项选择题

31. ABCD 【解析】《台湾问题与新时代中国统一事业》白皮书指出，中国共产党始终把解决台湾问题、实现祖国完全统一作为矢志不渝的历史任务，团结带领两岸同胞，推动台海形势从紧张对峙走向缓和改善、进而走上和平发展道路，两岸关系不断取得突破性进展。A项正确。白皮书指出，实现祖国完全统一，是中华民族的历史和文化所决定的，也是中华民族伟大复兴的时和势所决定的。B项正确。白皮书指出，“和平统一、一国两制”是我们解决台湾问题的基本方针，也是实现国家统一的最佳方式，体现了海纳百川、有容乃大的中华智慧，既充分考虑台湾现实情况，又有利于统一后台湾长治久安。C项正确。白皮书强调，我们愿继续以最大诚意、尽最大努力争取和平统一。我们不承诺放弃使用武力，保留采取一切必要措施的选项，针对的是外部势力干涉和极少数“台独”分裂分子及其分裂活动，绝非针对台湾同胞，非和平方式将是不得已情况下做出的最后选择。D 项正确。故选 ABCD。

32. ABC 【解析】为人民谋幸福、为民族谋复兴、为世界谋大同，是深刻理解和全面把握习近平新时代中国特色社会主义思想的金钥匙。这一重要论断鲜明体现了习近平新时代中国特色社会主义思想的人民情怀、民族情怀、国家情怀和世界情怀，集中反映了当代中国共产党人的人民立场、民族抱负、世界责任。

33. AD 【解析】真正的哲学能够把握时代的脉搏，是自己时代精神的精华；能正确反映时代的任务和要求，是认识和改造世界的有力工具。AD 两项正确。B 项说法错误，C 项中的"决定"夸大了真正的哲学的作用，均排除。故选 AD。

34. BCD 【解析】对于精神病人的刑事责任能力一般有三种划分：完全无刑事责任能力的精神病人，完全有刑事责任能力的精神病人，限制刑事责任能力的精神病人。根据我国《刑法》第十八条的规定，精神病人在不能辨认或者不能控制自己行为的时候造成危害结果，经法定程序鉴定确认的，不负刑事责任，但是应当责令他的家属或者监护人严加看管和医疗；在必要的时候，由政府强制医疗。间歇性的精神病人在精神正常的时候犯罪，应当负刑事责任。尚未完全丧失辨认或者控制自己行为能力的精神病人犯罪的，应当负刑事责任，但是可以从轻或者减轻处罚。因此，并非所有的精神病人都不负刑事责任，A 项说法错误，符合题意。故选 BCD。

35. ABCD 【解析】我国《民法典》规定："下列财产不得抵押：(一)土地所有权；(二)宅基地、自留地、自留山等集体所有土地的使用权，但是法律规定可以抵押的除外；(三)学校、幼儿园、医疗机构等为公益目的成立的非营利法人的教育设施、医疗卫生设施和其他公益设施；(四)所有权、使用权不明或者有争议的财产；(五)依法被查封、扣押、监管的财产；(六)法律、行政法规规定不得抵押的其他财产。"故选 ABCD。

36. ACD 【解析】我国《行政强制法》第二条规定："本法所称行政强制，包括行政强制措施和行政强制执行。行政强制措施，是指行政机关在行政管理过程中，为制止违法行为、防止证据损毁、避免危害发生、控制危险扩大等情形，依法对公民的人身自由实施暂时性限制，或者对公民、法人或者其他组织的财物实施暂时性控制的行为。行政强制执行，是指行政机关或者行政机关申请人民法院，对不履行行政决定的公民、法人或者其他组织，依法强制履行义务的行为。"该法第九条规定："行政强制措施的种类：(一)限制公民人身自由；(二)查封场所、设施或者财物；(三)扣押财物；(四)冻结存款、汇款；(五)其他行政强制措施。"因此，本题中市场监督管理部门扣押商品及厂房设备，查封厂房的行为属于行政强制措施，A 项错误，B 项正确。该法第十二条规定："行政强制执行的方式：(一)加处罚款或者滞纳金；(二)划拨存款、汇款；(三)拍卖或者依法处理查封、扣押的场所、设施或者财物；(四)排除妨碍、恢复原状；(五)代履行；(六)其他强制执行方式。"因此，市场监督管理部门将扣押的商品进行拍卖的行为属于行政强制执行，CD 项错误。故选 ACD。

37. BC 【解析】经济衰退时期，需要实行扩张性的财政政策和货币政策。降低存款准备金率、降低税率均属于扩张性的政策措施，有利于扩大内需。故选 BC。

38. BD 【解析】太阳系目前已知的八大行星按距日由近到远排序依次是：水星、金星、地球、火星、木星、土星、天王星、海王星。因此，八大行星中距太阳最近的是水星，而不是金星，A 项错误。小行星带是指太阳系内介于火星和木星轨道之间的小行星密集区域，B 项正确。八大行星中，金星的自转方向是自东向西，而天王星是在轨道上横滚的，其他六大行星的自转方向都是自西向东。C 项错误。木星、土星、天王星和海王星都属于巨行星，D 项正确。故选 BD。

39. ACD 【解析】A 项，出自杜甫的《月夜忆舍弟》，意思是：从今夜就进入了白露节气，月亮还是故乡的最明亮。B 项，出自左河水的《立夏》，意思是：(立夏节气)我国南北气温差异较大，大部分地区的植物进入了生长旺季，呈现出树木成荫的景象。C 项，出自苏轼的《减字木兰花·立春》，意思是：乞得春神之力，把桃花染得如同血肉之色一般。D 项，出自左河水的《立冬》，意思是：西北风往而复来，使气候时寒时凉，我国大部分地区的树木开始凋零，明显稀疏了起来，一眼望去树叶颜色半绿半黄。B

项对应错误,ACD 项均对应正确,故选 ACD。

40. AC 【解析】"初唐四杰"是中国唐代初期四位文学家王勃、杨炯、卢照邻、骆宾王的合称,简称"王杨卢骆"。

41. ABD 【解析】戊戌变法是一次资产阶级性质的改良运动,也是我国近代史上第一次思想解放运动。A 项说法错误。新文化运动提出了"民主"与"科学"的口号,B 项说法错误。新文化运动的基本内容是"四提倡、四反对",即提倡民主、反对专制;提倡科学,反对迷信;提倡新道德,反对旧道德;提倡新文学,反对旧文学。C 项说法正确。五四运动,是一次彻底的反帝反封建的爱国运动,是中国新民主主义革命的开端,D 项说法错误。本题是选非题,故选 ABD。

42. BCD 【解析】硫酸不与二氧化硅反应,可以用氢氟酸刻蚀石英制艺术品,A 项表述错误。纯碱的成分是碳酸钠,与水发生反应后可以增强除污效果,提高清洁功效,B 项表述正确。装饰材料中含有的甲醛、苯等有毒物质,不仅会造成污染,还会让人感到不适,C 项表述正确。碘酒是由碘、碘化钾溶解于酒精溶液而制成的,D 项表述正确。故选 BCD。

43. ABD 【解析】东汉时期的蔡伦改进了造纸术,唐高宗时城门小吏可以在纸上抄写告示,A 项正确。白马寺始建于公元 68 年,黄巾起义开始于公元 184 年,百姓去白马寺祈福与所处时代相符,B 项正确。京剧是在清代乾隆年间四大徽班陆续在北京演出之后,与其他地方戏曲逐渐融合、演变、发展而成的。康熙年间早于乾隆年间,此时京剧还未出现,因此小张无法跟爷爷学习京剧,C 项错误。东晋王羲之的《兰亭序》是天下第一行书,许多书法爱好者争相模仿王羲之的行书与其所处时代相符,D 项正确。故选 ABD。

44. BCD 【解析】沸点与气压相关,通常情况下,我们所说的沸点都是在标准大气压下测量得到的。在海拔较高的地区,由于气压较低,沸点也相对低得多。故沸点随着海拔的升高而降低,故选 BCD。

45. BC 【解析】公文的版头部分包括份号、密级和保密期限、紧急程度、发文机关标志、发文字号、签发人等。其中,份号和密级不是所有公文的版头部分必备的格式要素,涉密公文应当标注份号和密级。因此,选项中只有发文机关标志和发文字号是版头部分必备的格式要素。故选 BC。

46. BCD 【解析】《党政机关公文处理工作条例》第十九条规定:"公文起草应当做到:(1)符合党的理论路线方针政策和国家法律法规,完整准确体现发文机关意图,并同现行有关公文相衔接。(2)一切从实际出发,分析问题实事求是,所提政策措施和办法切实可行。(3)内容简洁,主题突出,观点鲜明,结构严谨,表述准确,文字精练。(4)文种正确,格式规范。(5)深入调查研究,充分进行论证,广泛听取意见。(6)公文涉及其他地区或者部门职权范围内的事项,起草单位必须征求相关地区或者部门意见,力求达成一致。(7)机关负责人应当主持、指导重要公文起草工作。"A 项不符合公文起草要求,排除。故选 BCD。

47. BC 【解析】学前教育具有公益性质,要解决"入园难""入园贵"等问题,需要政府加大政策扶持,鼓励、引导社会力量开办普惠性幼儿园,同时还要切实履行组织文化建设的职能,完善幼儿园教师培养体系,加强教师队伍建设,BC 项正确。社会保障制度是在政府的管理之下,通过国民收入的再分配,为保障人民生活而提供物质帮助和服务的制度。我国的社会保障体系包括社会保险、社会福利、社会救助、社会优抚等。健全社会保障制度与题意不符,A 项错误。目前社会上存在部分民办幼儿园过度逐利的问题,但也有合法存在的营利性幼儿园,政府不能因此直接遏制全部逐利行为,而应规范民办幼儿园的发展,遏制过度逐利的行为,D 项错误。故选 BC。

48. ABC 【解析】国家公园由国家确立并主导管理,是我国生态文明制度建设的重要内容。我国首批国家公园包括:三江源国家公园、大熊猫国家公园、东北虎豹国家公园、海南热带雨林国家公园、武夷山国家公园。D 项错误,故选 ABC。

49. BC 【解析】"岁寒三友"是指松、竹、梅。"四君子"是指梅、兰、竹、菊。因此,"岁寒三友"和"四君子"中均包括竹、梅。

50. CD 【解析】巴洛克式建筑的特征是外形自由,追求动态,喜好富丽的装饰和雕刻、强烈的色彩,常用穿插的曲面和椭圆形空间,代表建筑是罗马的圣卡罗教堂和耶稣会教堂。巴黎圣母院和米兰大教堂都是哥特式建筑,AB 项错误。故选 CD。

三、判断题

51. √ 【解析】法律渊源是指法律的来源、发展和表现形式。我国的法律渊源主要有:宪法、法律、法规、规章、自治条例和单行条例、特别行政区法规、国际条约等。

52. × 【解析】我国《宪法》第四十一条规定:“对于公民的申诉、控告或者检举,有关国家机关必须查清事实,负责处理。任何人不得压制和打击报复。”题干中的“任何国家机关”说法错误,应是“有关国家机关”。

53. √ 【解析】在我国,离婚包括登记离婚(协议离婚)与诉讼离婚两种方式。我国《民法典》第一千零七十七条规定:“自婚姻登记机关收到离婚登记申请之日起三十日内,任何一方不愿意离婚的,可以向婚姻登记机关撤回离婚登记申请。前款规定期限届满后三十日内,双方应当亲自到婚姻登记机关申请发给离婚证;未申请的,视为撤回离婚登记申请。”由此可见,目前,我国的离婚冷静期的规定只适用于登记离婚。

54. × 【解析】并非上层建筑适应经济基础的需要就能推动社会的进步和发展。当上层建筑为先进的、适合生产力发展的经济基础服务时,才能促进社会进步。考生应注意上层建筑反作用的性质取决于它所服务的经济基础的性质,归根到底取决于它是否有利于生产力的发展。

55. × 【解析】联系是事物本身所固有的客观现象,不以人的主观意志为转移。人们可以根据固有的联系建立新的具体联系,但不能根据自己的需要建立新的具体联系。

56. × 【解析】我国的社会保障制度包括社会保险、社会福利、社会救助、社会优抚等。其中,社会保险是社会保障制度中最核心的内容;社会救助属于低层次的保障;社会福利是最高层次的保障。

57. √ 【解析】截至2022年8月,中国南极科考站包括长城站、中山站、昆仑站、泰山站以及在建的罗斯海新站。中国设立的第一个南极科考站是中国南极长城站。

58. × 【解析】在PowerPoint中,运用母版功能可以实现为所有幻灯片设置统一的、特有的外观风格。

59. × 【解析】1935年遵义会议的召开,解决了当时最为紧迫的组织问题和军事问题,开始确立以毛泽东为主要代表的马克思主义正确思想路线在中共中央的领导地位。但是,由于时间紧迫,党的思想问题和作风问题还没有来得及解决,以至于王明、博古和李德等人虽然已经不再在中共中央占据主要领导地位,但以王明为代表的主观主义、教条主义还没有从思想上进行认真的清理。

60. √ 【解析】批复是用于答复下级机关请示事项的指示性公文。批复的法定作者是接受请示的机关,批复的接受对象是呈报请示的机关。批复与请示对应,请示是批复的事由,批复是请示的结果。

河南省教师招聘考试公共基础知识预测试卷(十六)

答案速查:

1~5	DCDDD	6~10	AADCC	11~15	CDACC
16~20	DBABD	21~25	BDBCA	26~30	BDBDA
31~35	ACD BCD ABD BCD ACD		36~40	ABC ABD ABCD ACD ACD	
41~45	ABD AB ABC ABC CD		46~50	ACD ACD BCD ABC BD	
51~55	√×√××		56~60	×√×√×	

一、单项选择题

1. D 【解析】实事求是、群众路线、独立自主是贯穿毛泽东思想各个组成部分的基本立场、观点和方法,是毛泽东思想的活的灵魂。故选D。

2. C 【解析】实践证明,改革开放是社会主义社会解放和发展生产力的必由之路,是社会主义现代化建设的强大动力源泉。故选C。

3. D 【解析】科学发展观,第一要义是发展,核心是以人为本,基本要求是全面协调可持续,根本方法是统筹兼顾。某地政府意识到长期的矿山开采行为给人民的生产生活带来了很大的安全隐患后决定作出改善,体现了科学发展观以人为本的核心。故选 D。

4. D 【解析】"干将为利,名闻天下,匠以治木,不如斤斧"出自刘向的《说苑·杂言》,意思是:宝剑干将的锋利闻名天下,木匠用它来砍树木,却赶不上用斧头。这句话体现了矛盾具有特殊性,应具体问题具体分析。A 项,"割鸡焉用牛刀"的意思是:杀鸡怎能用宰牛的刀,这体现了矛盾具有特殊性,应具体问题具体分析。B 项,"药对方,一口汤;不对方,一水缸"的意思是:汤药若能对症,喝下去就见效;若不对症,喝多少也治不了病,比喻解决问题要有针对性,体现了矛盾具有特殊性,应具体问题具体分析。C 项,"象牙再好,总不能镶在口里"用把象牙镶在口里的不适配性,反映了矛盾具有特殊性,应具体问题具体分析。D 项,"月圆则缺,器满则倾"比喻事物发展到极点后开始衰退,体现的是质量互变规律,强调了适度原则,与题干体现的哲理不同。故选 D。

5. D 【解析】实践决定认识,认识来源于实践,实践是检验认识真理性的唯一标准。A 项中的鸭子从游的实践中得出"水暖"的认识。B 项比喻不经历艰险,就不能取得成功,也指需通过实践取得真知。C 项指人们对鱼和鸟的习性的了解来源于深入其生长环境的实践。因此,ABC 三项均体现了客观实践决定认识。D 项体现的是一种谦虚、上进的学习态度,没有涉及客观实践与认识的辩证关系。本题为选非题,故选 D。

6. A 【解析】归纳是从个别到一般,演绎则是从一般到个别。故选 A。

7. A 【解析】习近平总书记强调,我们党领导人民进行革命、建设、改革的历史进程反复证明了一个道理:政治上的主动是最有利的主动,政治上的被动是最危险的被动。

8. D 【解析】党的十九大报告指出,我国经济已由高速增长阶段转向高质量发展阶段,必须坚持质量第一、效益优先,以供给侧结构性改革为主线,推动经济发展质量变革、效率变革、动力变革。因此,AC 两项表述错误。认识新常态,适应新常态,引领新常态,是当前和今后一个时期我国经济发展的大逻辑,B 项表述错误。我国经济正在向形态更高级、分工更优化、结构更合理阶段演进,D 项表述正确。故选 D。

9. C 【解析】寡头垄断市场的主要特征包括:在一个行业中,只有很少几个企业进行生产,且厂商之间具有相互依存性;它们所生产的产品有一定的差别或者完全无差别;它们对价格有较大程度的控制;进入这一行业比较困难。故选 C。

10. C 【解析】土地出让金是指政府土地管理部门将土地使用权出让给土地使用者,按规定向受让人收取的土地出让的全部价款。增加土地出让金收入,不会增加地方政府债务风险,A 项错误。鼓励民间资本进入融资平台,可以缓解产业发展资金难的问题,不会增加地方政府债务风险,B 项错误。信贷展期是贷款到期不能归还,经批准办理延长归还时间的手续。金融机构给予地方政府信贷展期,可能会造成地方政府逾期贷款,导致大量债务堆积,有可能增加地方政府债务风险,C 项正确。发行国债属于扩张性财政政策,有利于刺激经济发展。因此适度增发国债,用于扶持地方公共项目支出,不会增加地方政府债务风险,D 项错误。故选 C。

11. C 【解析】居民转移性收入是指国家、单位、社会团体对居民家庭的各种经常性转移支付和居民家庭间的经常性收入转移。居民转移性收入主要由养老金或离退休金、社会救济和补助、政策性生活补贴等部分组成。故选 C。

12. D 【解析】规范性公文正本的特殊形式主要有:试行本、暂行本、修订本。副本是公文正本的复制本,供存查用,不属于规范性公文正本的特殊形式,D 项错误,故选 D。

13. A 【解析】主送机关是公文的主要受理机关,编排于标题下空一行位置,居左顶格写,后加全角冒号。公报、公告、通告等一般不写主送机关。在报刊、电台公布的命令(令)、决定、决议、会议纪要等,也不写主送机关。

14. C 【解析】宪法具有最高的法律效力,一切法律、行政法规、地方性法规、自治条例和单行条例、规章都不得同宪法相抵触。法律的效力高于行政法规、地方性法规、规章。行政法规的效力高于地方性法规、规章。故选 C。

15. C 【解析】决定战争与和平问题(是战是和)的是全国人大;全国人大及其常委会均有宣布战争状态的决定权;国家主席仅有宣布权。故选 C。

16. D 【解析】我国《宪法》规定,国务院有权批准省、自治区、直辖市的区域划分,批准自治州、县、自治县、市的建置和区域划分。故选D。

17. B 【解析】我国《民法典》第三百一十七条规定:"权利人领取遗失物时,应当向拾得人或者有关部门支付保管遗失物等支出的必要费用。权利人悬赏寻找遗失物的,领取遗失物时应当按照承诺履行义务。拾得人侵占遗失物的,无权请求保管遗失物等支出的费用,也无权请求权利人按照承诺履行义务。"本题中,刘某应该按照悬赏的承诺给王某酬金。但是,王某在索要悬赏报酬被拒且交涉无果的情况下始终未归还遗失物,涉嫌侵占,因此无权要求刘某按照悬赏支付1000元报酬。我国《民法典》第三百一十六条规定,拾得人在遗失物送交有关部门前,有关部门在遗失物被领取前,应当妥善保管遗失物。因故意或者重大过失致使遗失物毁损、灭失的,应当承担民事责任。王某因照料不善,导致小狗病死,属于重大过失,应承担赔偿责任。B项正确。故选B。

18. A 【解析】我国《民法典》第一百七十九条规定:"承担民事责任的方式主要有:(一)停止侵害;(二)排除妨碍;(三)消除危险;(四)返还财产;(五)恢复原状;(六)修理、重作、更换;(七)继续履行;(八)赔偿损失;(九)支付违约金;(十)消除影响、恢复名誉;(十一)赔礼道歉。法律规定惩罚性赔偿的,依照其规定。本条规定的承担民事责任的方式,可以单独适用,也可以合并适用。"查封扣押、冻结财产不属于民事责任承担方式,A项符合题意,故选A。

19. B 【解析】如果书本放得离眼太近,或采光、照明条件不好,久而久之会使睫状体收缩,悬韧带放松,晶状体前后凸度增大,造成假性近视的现象。故选B。

20. D 【解析】基因工程又称基因拼接技术和DNA重组技术,是指以分子遗传学为理论基础,以分子生物学和微生物学的现代方法为手段,将不同来源的基因按预先的设计,在体外构建杂种DNA分子,然后导入活细胞,以改变生物原有的遗传特性、获得新品种、生产新产品的遗传技术。基因工程的发展需要以DNA双螺旋结构的发现为基础,符合题意。故选D。

21. B 【解析】中国空间站"T"构型的组合体包含了天和核心舱、问天实验舱和梦天实验舱。

22. D 【解析】钛合金的特点主要有:强度高、耐蚀性好、耐热性高、重量轻等。D项不属于钛合金的特点。

23. B 【解析】在计算机中存储一个汉字占用两个字节,存储一个英文字符占用一个字节,比值为2:1。故选B。

24. C 【解析】A项,正旦俗称"青衣",因所扮演的角色常穿青色褶子而得名,主要扮演端庄稳重的青中年妇女;B项,彩旦又称丑旦,常扮演滑稽风趣或奸刁的女子;C项,花旦多扮演性格活泼爽朗、天真烂漫、轻盈伶俐的少女;D项,刀马旦大多扮演擅长武艺的青壮年妇女。故选C。

25. A 【解析】三省六部制始于隋朝,确立于唐朝,是中国古代封建社会一套组织严密的中央官制。三省指的是:中书省、门下省、尚书省。尚书省是最高行政机构,下设有六个部门,即吏部、户部、礼部、兵部、刑部和工部。其中,吏部掌管全国官吏的任免、考察、升降、调动等事务;户部掌管天下土地、户籍、赋税、财政收支等;礼部掌管国家的典章制度、祭祀、学校、科举、接待外宾等事务;兵部掌管武将选用、兵籍、军械、军令等;刑部掌管法律、刑狱等事务;工部掌管山泽、屯田、工匠、水利、交通、各项工程等。故选A。

26. B 【解析】抗战胜利以后,国民党统治集团悍然发动了反革命内战。为了推翻蒋介石的反动政权,建立新民主主义的新中国,中国共产党领导建立了包括工人、农民、城市小资产阶级、民族资产阶级、各民主党派、开明绅士、其他爱国分子、少数民族同胞和海外侨胞在内的广泛的人民民主统一战线。人民民主统一战线的建立,在推翻蒋介石国民党反动政权的斗争中,起到了重要的作用。

27. D 【解析】《史记》是西汉史学家司马迁撰写的中国历史上第一部纪传体通史,记载了上至上古传说中的黄帝时代,下至汉武帝元狩元年间的历史。A项,诗句出自唐代杜甫的《蜀相》,描写的是诸葛亮为了伐魏,六出祁山北伐中原的故事。B项,词句出自宋代岳飞的《满江红》,描写的是岳飞带兵北伐抗击金兵,收复中原的故事。C项,诗句出自唐代王翰的《凉州词》,描写的是唐代边塞军中宴乐畅饮生活的一个场景,抒发了守边将士忠勇爱国,视死如归的英雄气概。ABC 三项中的诗句所反映的内容的发生时间晚于《史记》所记载的年代,因此,在《史记》中不能找到踪迹,排除。D 项,出自唐代王昌龄的《出塞》,意思是说:倘若卫青和飞将军李广而今健在,绝不会让胡人的骑兵跨越阴山。卫青和李广都是西汉抗匈名将。D 项可在《史记》中找到踪迹。故选 D。

28. B 【解析】丘陵为世界五大陆地基本地形之一,是指地球表面形态起伏和缓,绝对高度在 500 米以内,相对高度不超过 200 米,由各种岩类组成的坡面组合体。

29. D 【解析】组织是对工作任务进行安排以达成工作目标的过程。组织工作的主要目的如下:将任务划分为由各个职位和部门完成的工作;将工作职责分派给各个职位;协调组织的多项任务;将若干职位组合为部门;设定个人、群体及部门之间的关系;建立起正式的职权线;分配及调度组织的资源。故选 D。

30. A 【解析】《新时代爱国主义教育实施纲要》提出,坚持把实现中华民族伟大复兴的中国梦作为鲜明主题。故选 A。

二、多项选择题

31. ACD 【解析】根据我国《民法典》的规定,夫妻在婚姻关系存续期间所得的下列财产,为夫妻的共同财产,归夫妻共同所有:(1)工资、奖金、劳务报酬;(2)生产、经营、投资的收益;(3)知识产权的收益;(4)继承或者受赠的财产,但是本法第一千零六十三条第三项规定的除外;(5)其他应当归共同所有的财产。下列财产为夫妻一方的个人财产:(1)一方的婚前财产;(2)一方因受到人身损害获得的赔偿或者补偿;(3)遗嘱或者赠与合同中确定只归一方的财产;(4)一方专用的生活用品;(5)其他应当归一方的财产。可知,B 项中的残疾人生活补助费属于一方的财产,ACD 三项属于夫妻共同财产,故选 ACD。

32. BCD 【解析】罪刑法定原则的具体要求是:(1)禁止溯及既往。罪刑法定原则禁止不利于行为人的溯及既往,但允许有利于行为人的溯及既往。(2)排斥习惯法。刑事司法应当以成文法为准,排斥习惯法。(3)禁止类推解释。(4)刑罚法规的适当,包含刑法明确性、禁止不确定刑和禁止处罚不当罚的行为。A 项正确,B 项错误。根据我国《立法法》第八条的规定,罪刑法定原则中的“法”只能制定法律,不包括国家最高行政机关制定的法,C 项错误。刑法分则对具体犯罪特征的描述叫作罪状。罪状分为简单罪状、叙明罪状、空白罪状和引证罪状等。简单罪状是指仅简单描述犯罪特征而不作更多解释的罪状。这是因为这些犯罪的特征为众人所熟知而无须具体描述,并不违反罪刑法定原则,D 项错误。本题为选非题,故选 BCD。

33. ABD 【解析】紧急避险的成立条件为:(1)为了保护国家、公共利益、本人或者他人的合法权益免受危险;(2)客观上具有正在发生的真实危险;(3)迫不得已而采取的行为;(4)不能超过必要的限度而造成不应有的危害。故 C 项属于紧急避险。根据我国《刑法》第二十一条的规定,关于避免本人危险的规定,不适用于职务上、业务上负有特定责任的人。A、B、D 三项均是职务上负有特定责任的情况,不属于紧急避险,故选 ABD。

34. BCD 【解析】我国《刑法》第三十条规定:“公司、企业、事业单位、机关、团体实施的危害社会的行为,法律规定为单位犯罪的,应当负刑事责任。”A 项说法错误。该法第三十一条规定:“单位犯罪的,对单位判处罚金,并对其直接负责的主管人员和其他直接责任人员判处刑罚。”B 项说法正确。单位犯罪是公司、企业、事业单位、机关、团体为本单位谋取非法利益,经单位集体研究决定或者由有关负责人员决定实施的危害社会的行为。因此,单位犯罪的实质特征是为了单位的利益,C 项说法正确。《最高人民法院关于审理单位犯罪案件具体应用法律有关问题的解释》第一条规定:“刑法第三十条规定的‘公司、企业、事业单位’,既包括国有、集体所有的公司、企业、事业单位,也包括依法设立的合资经营、合作经营企业和具有法人资格的独资、私营等公司、企业、事业单位。”因此,没有法人资格的私营企业犯罪的,不以单位犯罪论处,以个人犯罪论处,D 项说法正确。故选 BCD。

35. ACD 【解析】我国《国家赔偿法》第九条第二款规定,赔偿请求人要求赔偿,应当先向赔偿义务机关提出,也可以在申请复议或者提起行政诉讼时一并提出。故选 ACD。

36. ABC 【解析】A 项,毛泽东在八七会议上提出了著名的“枪杆子里出政权”的论断。B 项,毛泽东在《〈共产党人〉发刊词》中提出新民主主义革命"三大法宝"是统一战线、武装斗争、党的建设。C 项,1946 年,毛泽东在和美国记者的谈话中提出了“一切反动派都是纸老虎”的著名论断。D 项,“改革是中国发展生产力的必由之路”是邓小平在 1985 年发表的对改革性质的判断。故选 ABC。

37. ABD 【解析】普罗泰戈拉、惠能、陆象山的观点都将人的主观精神夸大为唯一的存在,当成了本原的东西,符合主观唯心主义的观点。朱熹将“理”看作事物的本原,属于客观唯心主义的观点,排除。故选 ABD。

38. ABCD 【解析】公共责任的表现形式包括:政治责任、法律责任、行政责任、道德责任。

39. ACD 【解析】支持价格又称价格支持或最低限价,它是指政府为了支持某一行业的生产而规定的一个高于均衡价格的最低限价。支持价格广泛应用于农业,因为农产品,特别是粮食、棉花等重要产品,其社会需求量相对比较稳定,但其产量往往受气候等自然条件的影响较大。为了社会的稳定,一国政府往往要采取一些有力的措施,确保每年的农产品供给略大于需求。支持价格的目的是保护生产者的利益或支持某一产业的发展。支持价格有利于稳定农业生产。但是,支持价格也会产生负面作用,比如,增加政府的财政支出等。B 项错误,ACD 项正确。故选 ACD。

40. ACD 【解析】公共产品具有非排他性、非竞争性和非(低)盈利性。故选 ACD。

41. ABD 【解析】苏轼的主要功绩在于使词摆脱对音乐的依附,而成为一种新型的独立抒情工具,从而在题材、意境、手法等方面开创了新的面貌。C 项说法错误,排除。ABD 项均说法正确,当选。

42. AB 【解析】每个月的第一天叫朔,初三叫朏,月中叫望(小月十五日,大月十六日),望的后面一天叫既望,每月的最后一天叫晦。AB 项正确,CD 项错误,故选 AB。

43. ABC 【解析】“万家忧乐”取自范仲淹《岳阳楼记》中的“先天下之忧而忧,后天下之乐而乐”,A 项正确。文天祥曾任右丞相兼枢密使,是南宋末年政治家、文学家、抗元名臣、民族英雄,B 项正确。C 项是郭沫若对于蒲松龄的评价,蒲松龄著有清初文言短篇小说集《聊斋志异》,通过谈狐说鬼的方式,对当时的社会进行了批判,当选。D 项,上联是《琵琶行》诗意的浓缩,下联写白居易离开九江时,当地人民对他的深厚感情,D 项错误。故选 ABC。

44. ABC 【解析】卧薪尝胆的主人公是越王勾践,D 项错误。故选 ABC。

45. CD 【解析】长江流经的省区有:青海省、西藏自治区、四川省、云南省、重庆市、湖北省、湖南省、江西省、安徽省、江苏省和上海市,最后由上海市的崇明区流入东海。黄河流经的省区有:青海省、四川省、甘肃省、宁夏回族自治区、内蒙古自治区、陕西省、山西省、河南省、山东省,最后在山东省东营市黄河入海口注入渤海。二者共同流经的省份是:青海省和四川省。故选 CD。

46. ACD 【解析】显微镜目镜放大虚像,目镜越长,离虚像越近,离观察的物体越远,放大倍数越低;而物镜放大实像,物镜越长,离观察的物体越近,放大倍数越高。A 项说法错误。显微镜成倒立的像,“倒立”不是相反,而是旋转 180 度后得到的像,即上下相反、左右相反。B 项说法正确。提高物镜折射率能够获得更好的分辨率,C 项说法错误。反光镜的凹面聚光力强,适于光线较弱时使用,在光线较强时,宜用平面镜。D 项说法错误。故选 ACD。

47. ACD 【解析】很多冰箱的冷凝器管路在冰箱两侧,两侧的保护膜会阻碍冰箱散热从而影响冰箱的制冷效果,因此必须撕去。A 项说法错误。空调属于大功率电器,所以使用时对电压有着较高的要求,与其他家电共享插座可能会影响其他家电的使用,因此家用空调应使用单独的专用插座。B 项说法正确。现在的智能手机基本上都是锂离子电池,锂电池没有记忆效应,所以在充电前并不需要先释放完剩余电量。C 项说法错误。利乐枕包装的牛奶不能直接放在微波炉中加热,因为封闭的复合包装内有铝膜,在微波炉中加热会造成袋子热胀甚至爆裂。D 项说法错误。故选 ACD。

48. BCD 【解析】消毒剂是指可在体外杀灭病原微生物,预防和控制感染性疾病的制剂。肥皂是脂肪酸金属盐的总称,有去污作用,不属于消毒剂,A 项错误。乙醇,俗称酒精,常用于皮肤和医疗器械的消毒,B 项正确。漂白粉,又称氯石灰,常用于饮水和排泄物的消毒,有漂白的作用,杀菌能力很强,C 项正确。生石灰又叫氧化钙,遇水会产生具有强碱性的氢氧化钙,具有消毒效果,成本低廉,D 项正确。故选 BCD。

49. ABC 【解析】《南泥湾》创作于 1943 年,歌曲的创作背景来源于陕甘宁抗日民主根据地南泥湾所发生的生产故事。抗日战争时期,八路军在南泥湾开展了大规模生产活动,目的在于克服经济困难,实现生产自给,坚持持久抗战。后来南泥湾变成了“陕北江南”,成为了大生产运动的模范。D 项“晋察冀抗日民族根据地”说法错误。故选 ABC。

50. BD 【解析】《事业单位人事管理条例》第二十一条规定,考核分为平时考核、年度考核和聘期考核。年度考核的结果可以分为优秀、合格、基本合格和不合格等档次,聘期考核的结果可以分为合格和不合格等档次。故选 BD。

三、判断题

51. √ 【解析】2022 年 5 月中共中央办公厅、国务院办公厅印发的《关于推进以县城为重要载体的城镇化建设的意见》指出,县城是我国城镇体系的重要组成部分,是城乡融合发展的关键支撑,对促进新型城镇化建设、构建新型工农城乡关系具有重要意义。

52. × 【解析】《中国共产党章程》规定:“中国共产党在社会主义初级阶段的基本路线是:领导和团结全国各族人民,以经济建设为中心,坚持四项基本原则,坚持改革开放,自力更生,艰苦创业,为把我国建设成为富强民主文明和谐美丽的社会主义现代化强国而奋斗。”党的十九大将“美丽”纳入了基本路线,而且将“现代化国家”提升为“现代化强国”,扩展了党的基本路线的内涵。

53. √ 【解析】真正的哲学正确地反映了时代的任务和要求,牢牢地把握住了时代的脉搏,正确地总结和概括了时代的实践经验和认识成果。任何真正的哲学都是自己时代精神的精华。

54. × 【解析】我国《民法典》第二百七十四条规定:“建筑区划内的道路,属于业主共有,但是属于城镇公共道路的除外。建筑区划内的绿地,属于业主共有,但是属于城镇公共绿地或者明示属于个人的除外。建筑区划内的其他公共场所、公用设施和物业服务用房,属于业主共有。”

55. × 【解析】行政许可是指行政机关根据公民、法人或者其他组织的申请,经依法审查,准予其从事特定活动的行为。行政确认是指行政主体依法对行政相对人的法律地位、法律关系或有关法律事实进行甄别,给予确定、认定、证明(或证伪)并予以宣告的具体行政行为。行政许可与行政确认的责任性不同。当事人没有获得行政许可,就意味着没有被行政主体赋予开展某项活动的资格和能力,当事人如果从事了该行为必定构成违法。而行政确认则不同。结婚登记属于行政确认行为,而非行政许可行为。

56. × 【解析】我国《治安管理处罚法》第十二条规定:“已满十四周岁不满十八周岁的人违反治安管理的,从轻或者减轻处罚;不满十四周岁的人违反治安管理的,不予处罚,但是应当责令其监护人严加管教。”

57. √ 【解析】根据我国《党政机关公文处理工作条例》的规定,公文中有发文机关署名的,应当加盖发文机关印章,并与署名机关相符。有特定发文机关标志的普发性公文和电报可以不加盖印章。

58. × 【解析】“家慈”“拙荆”都是谦辞。“家慈”的意思是“自己的母亲”。“拙荆”的意思是“自己的妻子”。

59. √ 【解析】在 Excel 中,筛选条件之间是“和”的关系,筛选结果要同时满足所有条件。因此,利用条件“数学 > 70”与“总分 > 350”对成绩数据表进行筛选后,显示的结果是所有数学 > 70 并且总分 > 350 的记录。

60. × 【解析】吴哥窟位于柬埔寨,是世界上最早的高棉式建筑。

河南省教师招聘考试

公共基础知识预测试卷

河南省教师招聘考试公共基础知识预测试卷（十一）

河南省教师招聘考试公共基础知识预测试卷（十二）

河南省教师招聘考试公共基础知识预测试卷（十三）

河南省教师招聘考试公共基础知识预测试卷（十四）

河南省教师招聘考试公共基础知识预测试卷（十五）

河南省教师招聘考试公共基础知识预测试卷（十六）

（本预测试卷由山香教师招聘考试命题研究中心精心编写）

河南省教师招聘考试预测试卷(十一)

公共基础知识

(时间:90 分钟　满分:100 分)

本套试卷共 49 小题,包括单项选择题(20 小题),多项选择题(10 小题),判断题(10 小题),简述题(5 小题),综合分析题(3 小题),综合写作题(1 小题)。

一、单项选择题(每小题的选项中只有一项最符合题意,错选、多选或未选均不得分。本题共 20 小题,每小题 0.5 分,共 10 分)

1. 在庆祝中国共产党成立 100 周年大会上,习近平总书记提出了“坚持把马克思主义基本原理同________相结合、同________相结合”的重大理论观点。这是当代中国和 21 世纪马克思主义理论的又一重大创新。(　　)

A. 中国具体实际　时代发展潮流　　B. 中国具体实际　中华优秀传统文化

C. 中国改革实践　党的群众路线　　D. 时代发展潮流　中华优秀传统文化

2.《中共中央关于党的百年奋斗重大成就和历史经验的决议》用四句话概括总结了党是如何带领中国人民创造四个伟大成就的。下列对应正确的是(　　)

A. 浴血奋战、百折不挠—新民主主义革命的伟大成就

B. 解放思想、锐意进取—社会主义革命和建设的伟大成就

C. 自信自强、守正创新—改革开放和社会主义现代化建设的伟大成就

D. 自力更生、发愤图强—新时代中国特色社会主义的伟大成就

3. 下列对我国“十四五”时期经济社会发展主要目标表述错误的是(　　)

A. 经济发展取得新成效和改革开放迈出新步伐

B. 创新驱动取得新优势和国内市场形成发展新格局

C. 社会文明程度得到新提高和生态文明建设实现新进步

D. 民生福祉达到新水平和国家治理效能得到新提升

4. 我国《民法典》将公序良俗与法律并列,可见公序良俗原则的重要地位。关于“公序良俗”的理解,下列选项中说法错误的是(　　)

A. 公序良俗包括公序和良俗,公序即公共秩序,良俗即善良风俗

B. 公序良俗原则的本质在于限制私权的行使,维护个人与社会共同体的和谐

C. 公序良俗原则的本质在于即使民法规范、公共政策不能周全的私生活领域也不能依习惯进行处置

D. 公序良俗原则的本质在于体现民法规范与传统伦理在价值取向上的一致性,即所谓的法以德为本

5. 某国实行适度宽松的货币政策,降低存款利率不利于(　　)

A. 增加储蓄存款　　B. 刺激消费

C. 扩大内需　　D. 拉动经济增长

6. 习近平总书记在庆祝中国共产主义青年团成立 100 周年大会上指出,对共青团来说,建设什么样的青年组织、怎样建设青年组织是事关根本的重大问题。"常制不可以待变化,一途不可以应无方,刻船不可以索遗剑。"共青团只有勇于自我革命,才能跟上时代前进、青年发展、实践创新的步伐。这里的用典出自(　　)

A.《礼记》　　B.《孟子》　　C.《道德经》　　D.《抱朴子》

7. 表示失业与通货膨胀之间关系的曲线是(　　)

A. 库兹涅茨曲线　　B. 洛伦斯曲线

C. 拉弗曲线　　D. 菲利普斯曲线

8. 在中国特色社会主义新时代,只有坚持以习近平新时代中国特色社会主义思想为指导,才能统一思想、集中智慧、凝聚力量,才能培养担当中华民族伟大复兴大任的新时代新人。这表明,建设中国特色社会主义必须(　　)

A. 坚持党的政治领导　　B. 坚持党的思想领导

C. 坚持党的组织领导　　D. 坚持党的全面领导

9. 社会主义职业道德的最高层次的要求是(　　)

A. 爱岗敬业　　B. 办事公道　　C. 热情服务　　D. 奉献社会

10. 知道某条约将缔结后,晚清重臣张之洞哀叹:"然北无旅顺,南无台湾,中华海面,全为所扼,此后虽有水师,何从施展?"该条约是(　　)

A.《南京条约》　　B.《辛丑条约》　　C.《马关条约》　　D.《巴黎和约》

11. "养兵千日,用在一时"是指使用人才应遵循(　　)的原则。

A. 合理流动,适才适用　　B. 合理搭配,整体效能

C. 重视培养,用养结合　　D. 量才用人,职能相称

12. 在 Excel 工作表中,A3、B3 单元格中的数据分别是 20、30,公式" = A3&B3"的计算结果是(　　)

A. 50　　B. 2030　　C. 600　　D. 30

13. 党的十九届四中全会首次提出"重视发挥第三次分配作用,发展慈善等社会公益事业"。以下属于第三次分配的是(　　)

A. 政府向困难家庭发放低保　　B. 企业员工获取加班劳动报酬

C. 中国红十字会出资救助患病儿童　　D. 银行为家庭困难学生办理助学贷款

14. 河南省人民政府办公厅 2022 年所发出的、排序编号为 3 号的公文的发文字号的正确写法

是(　　)

A. 豫政办发〔2022〕第3号　　B. 豫政办发〔2022〕03号

C. 豫政办发[2022]第3号　　D. 豫政办发〔2022〕3号

15. 甲在A市出差期间,借用当地好友乙的车自驾游。甲开车走神,撞伤了骑电动车的丙,丙花去医药费六千元。根据《民法典》的相关规定,对丙的损失应当承担赔偿责任的是(　　)

A. 甲　　B. 乙

C. 甲和乙承担连带赔偿责任　　D. 甲承担主要责任,乙承担次要责任

16. 按照"一国两制"的原则,特别行政区的设立及其所实行的制度由(　　)以法律来规定。

A. 特别行政区立法委　　B. 国家最高法律机关

C. 全国人民代表大会　　D. 国务院法制办公室

17. 经济学中的"弹性"是指一个变量相对于另一个变量发生的一定比例的改变的属性,如:当一种物品的需求量,对价格变动的反应程度很大,则说明这种物品的需求量是富有弹性的。下列关于弹性的表述正确的是(　　)

A. 一种商品的替代品越多,相近程度越高,则该商品的需求价格弹性就越大

B. 当一种商品的需求量变动的程度小于价格变动程度时,说明该商品富有弹性

C. 一般来说,生活必需品的需求价格弹性较大,非必需品的需求价格弹性较小

D. 一般来说,物品的需求考察时间越长,则需求价格弹性就越小

18. 面对严峻的人口形势,我国人口政策逐渐从限制生育向鼓励生育调整。这一调整的哲学依据是(　　)

A. 矛盾的特殊性要求计生政策要具体问题具体分析

B. 矛盾的两面性要求我们一方面要限制生育,一方面要鼓励生育

C. 社会意识由社会存在决定并促进社会存在的发展

D. 量变是质变的必要准备,我们要重视量的积累

19. 下列日期与节日或纪念日对应正确的是(　　)

A. 9月15日—中国人民抗日战争胜利纪念日　　B. 12月13日—烈士纪念日

C. 4月13日—全民国家安全教育日　　D. 12月4日—国家宪法日

20. 生产生活离不开化学,下列有关化学的说法不正确的是(　　)

A. 不需要通过化学反应就能从海水中获得淡水

B. 开发和推广新的绿色清洁能源是实现低碳生活的途径之一

C. 寻找高效催化剂,利用太阳能分解水是较理想的制取氢气的方法

D. 高纯硅是工业上制造光导纤维的主要原料

二、多项选择题(每小题的选项中至少有两个选项符合题意,少选、多选或错选均不得分。本题共10小题,每小题1分,共10分)

21. 2022年7月,中央军委主席习近平签署命令,授予(　　)等同志"八一勋章"。

A. 杜富国　　B. 钱七虎　　C. 程开甲　　D. 聂海胜

22.《中华人民共和国国民经济和社会发展第十四个五年规划和2035年远景目标纲要》明确指出，增强消费对经济发展的基础性作用，应当(　　)

A. 提升传统消费　　B. 培育新型消费

C. 适当增加公共消费　　D. 增加农村消费

23. 2022年7月24日，搭载问天实验舱的长征五号B遥三运载火箭，在我国文昌航天发射场准时点火发射，约495秒后，问天实验舱与火箭成功分离并进入预定轨道，发射取得圆满成功。以下有关问天实验舱发射任务的说法正确的有(　　)

A. 问天实验舱可作为天和核心舱的备份，对空间站进行管理

B. 航天员在问天实验舱与天和核心舱组合体交会对接后可直接进入问天实验舱

C. 问天实验舱中的工作舱是我国目前最大的载人密封航天器舱体

D. 天和核心舱作为主控舱段，问天实验舱是从属地位

24. 下列关于小道消息的说法错误的有(　　)

A. 小道消息都是有影响力的，它主要起消极作用，必须禁止

B. 组织成员中，男性和女性对于传播小道消息有不同的爱好，女性很容易成为联络员

C. 小道消息有助于改善人际关系，形成感情融洽、相互关心、彼此信任、协调一致的群体气氛和组织情境

D. 小道消息具有过滤和反馈双重机制，领导应该对它进行分析并预测其流向

25. 下列历史事件按时间先后排序，不正确的有(　　)

A. 齐桓公称霸—商鞅变法—秦统一天下

B. 司马迁修《史记》—文景之治—王莽篡权

C. 玄武门之变—黄巢起义—安史之乱

D. 杯酒释兵权—岳飞抗金—王安石变法

26. “氓之蚩蚩，抱布贸丝”是《诗经 · 卫风 · 氓》中的名句，关于“抱布贸丝”的理解正确的有(　　)

A. 是一种物物交换的方式　　B. 是一种商品流通方式

C. 这种交换常常是不等价的　　D. 这里的“布”和“丝”都是商品

27. 心脏骤停时，4~6分钟内是“黄金急救时间”，使用自动体外除颤器(AED)是提高抢救成功率的有效措施之一。关于AED的使用，下列说法正确的有(　　)

A. AED是可被非专业人员使用的医疗设备

B. AED能够自动判断是否需要对患者予以电击

C. 患者胸部如有汗水，需要擦干后才能使用AED

D. 在AED分析心率的过程中，应同时对患者进行心肺复苏

28. “两新一重”建设(即新型基础设施建设，新型城镇化建设，交通、水利等重大工程建设)是我国当前扩大内需的重要抓手，也是促进国内经济大循环的重要选择。下列符合“两新一重”建设畅通国内经济循环路径的是(　　)

A. 加强“两新一重”建设→优化营商环境→吸引外商投资→促进国际收支基本平衡

B. 加大新型基础设施研发投入→推动技术创新→产业结构优化升级→提升产业链完整性

C. 加强重大工程建设→扩大国债发行规模→实施稳健的货币政策→促进资源的合理配置

D. 加强新型城镇化建设→提升公共设施服务能力→扩大流动人口就业→释放新的需求

29. 下列享有选举权的人有(　　)

A. 刘某,16 岁,中国公民,学习成绩优异的高三学生

B. 王某,31 岁,中国公民,现因打架斗殴被拘留

C. 张某,28 岁,中国公民,患有间歇性神经病

D. 齐某,54 岁,外籍华人,有突出贡献

30. 禁止在主送的同时抄送给下级机关的文件有(　　)

A. 主送给上级机关的请求批准的请示　　B. 主送给平级机关的商洽性函件

C. 主送给有关下级机关的政策性批复　　D. 主送给上级机关的请求指示的请示

三、判断题(下列说法中,正确的在相应的括号内填"√",错误的在相应的括号内填"×"。本题共 10 小题,每小题 0.5 分,共 5 分)

31. 全面建设社会主义现代化国家是中国特色社会主义发展的内在逻辑。(　　)

32. 中国共产党人领导人民干革命、搞建设、抓改革,从来都是为了解决中国的现实问题。(　　)

33. 邓小平是马克思主义发展史上第一个正面提出并系统论述社会主义本质的无产阶级革命家。(　　)

34. 根据我国《宪法》的规定,国务院有权制定和发布教育法律。(　　)

35. 错误的社会意识之所以错误,主要是由于它脱离多数人的觉悟程度,不能被多数人接受。(　　)

36. 企业、农村、机关、学校、科研院所、街道社区、社会组织、人民解放军连队和其他基层单位,凡是有正式党员二人以上的,都应当成立党的基层组织。(　　)

37. "治病不如防病,防病不如讲卫生。"根据这一说法,最适合的控制方式是反馈控制。(　　)

38. 1936 年 10 月,中国工农红军第一、二、四方面军胜利会师于陕北保安地区。(　　)

39. 公文的主要受理机关,可以使用机关全称或规范化简称。(　　)

40. 要实现输入法之间的切换,需要同时按下 Ctrl + F4。(　　)

四、简述题(本题共 5 小题,每小题 4 分,共 20 分)

41. 如何理解习近平新时代中国特色社会主义思想是当代中国马克思主义、21 世纪马克思主义?

42. 运用管理学理论,论述组织的管理层次与管理幅度的关系。

43. 如何理解只有构建人类命运共同体才是人间正道？

44. 如何理解和把握伟大抗疫精神？

45. 试述建设生态文明可运用哪些唯物史观原理作指导。

五、综合分析题(本题共 3 小题,共 25 分)

资料 1

中国当代相当一部分艺术家都在自己的创作中把“中国元素”和“中国符号”作为自己破茧而出的支撑点,这从艺术家黎明(化名)借助行为、装置、水墨实验、油画、综合材料等不同的艺术材质和媒介、运用不同的语言表达方式的艺术创作中,可以直观反映出来。“中国精神”已经构成黎明创作心理环境的地理地貌和现实图景。在黎明早期的油画作品中,长城形象的运用既突出了中国元素、中国符号的意味,又在深层次中隐含着艺术家对纵深历史时空的挖掘以及与历史进行对话的强烈要求。他的装置作品《为长城延伸一万里》的展示,一路从北京大学、长城司马台,穿越昔日的罗马帝国,牢牢楔入欧洲文明发源地的希腊奥林匹斯山。其中蕴含的中国精神凸显了百年中国现代化进程中裹挟的极度不安的民族自尊与殖民语境中的主体性精神,这正是黎明表现大国意识的一个前提。

正是在这一点上,黎明不同于其他习用中国元素、中国符号的艺术家,他的巨幅综合材料系列作品也许最能反映他的艺术精神和中国精神的共振。布面、牛皮卡纸、水墨、长城风化的泥土、油墨、丙烯、工业胶粘剂等,在黎明的作品中构成时空、地理、人文三位一体的对话关系。在这类作品中,黎明表现出对于中国精神和本土语言的强烈自信,挖掘的是中国传统文化在科技理性主义以摧枯拉朽之势洗劫世界的当下,如何以中国精神的文化想象,展开大国意识的责任抱负。

黎明的作品不拘泥于艺术的园囿,包蕴的是良知、人性和无尽的情怀,在黎明的行为水墨实验作品《捉影》系列中,我们可以从艺术家用中药为长城疗伤的创意中,感受艺术家良知的源头来自中国传统博大精深的文化精神,也从而看出黎明将自身放置在作为一个中国文化现代人的担当上。正是源于这一责任意识,他一路实施着"捉影"的系列创作。而"捉影"本身的动机,在黎明策划执行的一系列展览的命名中,已经给出了现实的答案,比如"与传统打一照面""水墨主义""水墨社会"等,其中的水墨精神就是东方文化精神。

黎明还采用现代化机械制造冰砖,以冰雕的技法塑造基督教堂。无论他塑造的教堂多么壮观、华美,在城市的建筑丛林中依然那么渺小、微不足道。而上帝在哪里?是不是在教堂?这不是艺术家讨论的问题。在这一装置作品中,我们感受到的是艺术家对西方在圣经宗教信仰上的文明的质疑,和对自身文化立场的反省。同样地,《亚当与夏娃》描绘了人类走出伊甸园后的无所归依,将人性投射到现实语境中,表达了物欲横流、人性异化的浮躁焦虑心理,也指证了西方存在主义以人为中心的无端无助。毫无疑问,其捕捉到的影子背后是中国精神的内核——天人合一的境域。

资料2

有教育专家撰文指出:"教育走得太快,'灵魂'跟不上了。"该文择要如下:

教育的问题出在哪里?教育的核心问题不是出在我们的术、不是出在我们学生的能力、不是出在改革、不是出在技术层面,而是我们的教育缺乏灵魂的东西。中国的教育技术层面已经走得太快了,"灵魂"跟不上了。

柏拉图说过一句话:"教育非他,乃心灵的转向。"印度哲学家克里希那穆提写了一本书叫《教育就是解放心灵》。按柏拉图的语境来说,心灵究竟应该转向哪里?我认为是转向爱、转向善、转向智慧。

适合的就是最好的教育,每一个学生成才的途径和方式都没有确定的指向。

教育的新常态就是要摒弃浮躁、功利,回归到教育规律,慢慢地、静静地、悄悄地做,不浮躁、不显摆,一定会有我们想要的结果。那个时候我们的孩子不管是分数、才能,还是能力都很好,他们的灵魂也很丰满。

亚里士多德曾说过:"教育必须基于三个原则:中庸、可能和适当。"

"中庸",用孔子的话说就是"去其两端,取其中而用之",总之不偏左不移右、不偏下不偏上,守中为上。做教育不要太过头了,也不要不够。什么叫过头?在技术层面上不断地改,改得我们老师都不知道怎么上课了,领导也不知道怎么布置工作了。学校教育成了这样子就是过了头,忘记了还有教育规律,还有教育自身内在的东西。

"可能",是指我们要知道孩子的未来具有一切可能性,现在他所学的,甚至他的才能、他的分数,都不能代表他今后能做什么、会做什么。但是他现在又必须要分数,所以他必须要勤奋学习。我个人认为这些都不能丢,这样才能够确保未来的可能性存在。

"适当",指教育的方式方法要符合规律,要适合孩子。不要看到邻居家的孩子琴棋书画什么都学,也要把自己的孩子送去学。这样思考问题就错了,不适合他的学了没用,一定要让孩子学他内心喜欢的东西。

蒙田说:“教育不是为了适应外界,而是为了自己内心的丰富。”古希腊哲学家西塞罗说:“教育的目的是让学生摆脱现实的奴役,而非适应现实。”如果一味去适应外界社会,结果就把社会最乱的东西学会了,主流价值却全部忘了。

46. 某美术馆正在策划艺术家黎明的作品展,请试着总结黎明的作品都有哪些特点。(7 分)

47. “中国的教育技术层面已经走得太快了,‘灵魂’跟不上了。”请根据给定资料,指出这句话的含义。(8 分)

48. 你认为推动“灵魂”跟上“中国的教育技术层面”可采取哪些有效措施?(10 分)

六、综合写作题(本题共 1 小题,共 30 分)

49. “不学礼,无以立”出自《论语》,意思是:一个人不学“礼”,不懂礼貌,不讲礼仪,就不懂得怎样做人、处世。或者说,一个人不懂得基本的规矩,就难以在家庭和社会中立身行事。而如果对“礼”与“立”做更宽泛的理解,那么是否“学礼”,是否懂得规矩,还事关公民意识的自觉、民族素质的提高、民族文化精神的弘扬乃至中华民族的复兴大业。

请以“不学礼,无以立”为中心话题,联系社会现实,自拟题目,写一篇文章。(要求:自选角度,见解深刻;思路清晰,语言流畅;总字数 800 ~ 1000 字。)(30 分)

河南省教师招聘考试预测试卷(十二)

公共基础知识

(时间:90 分钟　满分:100 分)

本套试卷共 60 小题,包括单项选择题(30 小题),多项选择题(20 小题),判断题(10 小题)。

一、单项选择题(每小题的选项中只有一项最符合题意,错选、多选或未选均不得分。本题共 30 小题,每小题 1.5 分,共 45 分)

1. 2022 年,教育部正式印发《义务教育课程方案(2022 年版)》,将(　　)从原来的综合实践活动课程中完全独立出来。

A. 活动　　B. 劳动　　C. 美术　　D. 品德

2. 根据《中华人民共和国国民经济和社会发展第十四个五年规划和 2035 年远景目标纲要》的内容,到 2035 年,我国人均国内生产总值将达到(　　),城乡区域发展差距和居民生活水平差距将显著缩小。

A. 中等发达国家水平　　B. 发达国家收入标准

C. 中等收入国家标准　　D. 发达地区人均水平

3. 关于“双碳”,下列说法不正确的是(　　)

A. 在碳达峰、碳中和目标下,我国能源结构亟待调整

B. 实现碳达峰、碳中和是一场广泛而深刻的经济社会系统性变革

C. 在经济增长的同时实现碳排放量的减少,需大幅提高能源效率

D. 2060 年以后,中国的工业、交通、能源等将不再向环境排碳

4. 毛泽东思想关于党的建设理论中,为保持自身的创造力、凝聚力和战斗力,始终放在党的建设首位的是(　　)

A. 加强党的政治建设　　B. 加强党的思想建设

C. 加强党的作风建设　　D. 加强党的组织建设

5. 社会主义初级阶段是指(　　)

A. 发展中国家进入社会主义都要经历的起始阶段

B. 发达国家进入社会主义都要经历的起始阶段

C. 任何国家进入社会主义都要经历的起始阶段

D. 我国在生产力落后、商品经济不发达的条件下建设社会主义所要经历的特定阶段

6. 十九大报告中提出乡村振兴战略，把解决好“三农”问题摆在了全党工作的重中之重。要坚持农业农村优先发展，按照(　　)、生态宜居、乡风文明、治理有效、生活富裕的总要求，建立健全城乡融合发展体制机制和政策体系，加快推进农业农村现代化。

A. 生产发展　　B. 生态良好　　C. 产业兴旺　　D. 产业兴盛

7. 培养担当民族复兴大任的时代新人，坚持以社会主义核心价值观为引领，将国家、社会、个人层面的价值要求贯穿到道德建设各个方面。下列属于公民个人层面的价值准则的是(　　)

A. 民主　　B. 自由　　C. 平等　　D. 爱国

8. “道之大原出于天，天不变，道亦不变。”体现的哲学思想是(　　)

A. 朴素唯物主义　　B. 形而上学唯物主义

C. 辩证唯物主义　　D. 客观唯心主义

9. 通信从2G发展到3G、4G，再到大家耳熟能详的5G，给人们带来了越来越好的网络体验。这表明(　　)

A. 发展的实质是事物的前进和上升　　B. 事物的运动都是相对的

C. 事物发展是前进性与曲折性的统一　　D. 量变是质变的必然结果

10. 习近平总书记指出，世界上伟大的哲学社会科学成果都是在回答和解决人与社会面临的重大问题中创造出来的。这说明(　　)

A. 社会意识具有相对独立性　　B. 社会意识具有绝对独立性

C. 社会意识是社会存在的反映　　D. 社会意识的性质决定社会存在的性质

11. 某市受新型冠状病毒肺炎影响，医疗物资紧缺，国家紧急调动医疗物资予以援助。这里的“医疗物资”(　　)

A. 是商品，因为它是劳动产品　　B. 是商品，因为它是供人们消费的

C. 不是商品，因为它没有用于交换　　D. 不是商品，因为它不具有使用价值和价值

12. 经济学中的蛛网模型解释了某些生产周期较长的商品的产量和价格波动的情况。该模型认为，造成商品的产量和价格波动的主要原因是：生产者总是根据上一期的价格来决定下一期的产量，这常常会导致实际的产量过剩或不足。这反映出(　　)

A. 市场调节具有自发性　　B. 市场调节具有滞后性

C. 市场调节的资源配置效率通常不高　　D. 市场规律在生产周期较长的商品领域不灵

13. (　　)用于显示居民贫富差距，防止居民贫富差距过大。

A. 基尼系数　　B. 恩格尔系数

C. 幸福指数　　D. 居民消费价格指数

14. 我国现行的宪法为1982年宪法，迄今为止共历经了(　　)次修订。

A. 三　　B. 四　　C. 五　　D. 六

15. 下列选项中，不属于我国刑罚体系中的主刑的是(　　)

A. 管制　　B. 拘留　　C. 有期徒刑　　D. 死刑

16. 下列民事法律行为中，属于效力待定的是(　　)

A. 甲公司和乙公司恶意串通签订合同，损害丙公司合法权益

B. 7 岁的小李将父母收藏的珍贵邮票赠与好友小王

C. 杜某在受他人胁迫的情况下对自己汽车的处分行为

D. 12 岁的小王用自己积攒的压岁钱购买了一台智能手机

17. 小王是歌手李洁轮的歌迷。李洁轮自出道以来发行了 2 张专辑，小王购买了专辑，同时，还复制了一套，放在车中欣赏。小王的行为属于(　　)

A. 侵犯著作权　　B. 著作权的法定许可使用

C. 著作权的合理使用　　D. 著作权的强制许可使用

18. 根据我国《公务员法》的相关规定，下列表述正确的是(　　)

A. 被依法列为失信联合惩戒对象的人员不得录用为公务员

B. 公务员定期考核的结果分为优秀、称职和不称职

C. 公务员领导职务实行委任制和聘任制

D. 受过行政处罚的人员不得录用为公务员

19. 根据我国《民事诉讼法》的规定，不属于证据种类的是(　　)

A. 书证　　B. 视听资料　　C. 证人证言　　D. 律师代理意见

20. 坚持教育的社会公益性，建立公共教育管理与服务体系，保证公民接受义务教育权利的公平，是政府履行(　　)的要求。

A. 政治职能　　B. 社会公共服务职能

C. 经济职能　　D. 金融职能

21. 秦岭—淮河一线是我国地理上一条重要的分界线。下列有关秦岭—淮河分界线的说法中正确的是(　　)

A. 是我国温带常绿阔叶林与温带落叶阔叶林的分界线

B. 是我国 1 月 10℃等温线

C. 是我国 1200mm 年等降水量线

D. 是我国暖温带和亚热带的分界线

22. 中国古代奠定曹操统一中国北方的基础，以少胜多的典型战役是(　　)

A. 赤壁之战　　B. 官渡之战　　C. 淝水之战　　D. 长平之战

23. 习近平总书记在庆祝中国人民解放军建军 90 周年大会上的讲话中指出，党对军队绝对领导的根本原则和制度，奠基于(　　)

A. 南昌起义　　B. 三湾改编　　C. 秋收起义　　D. 古田会议

24.《左传》又名《左氏春秋》，是中国第一部叙事详备的(　　)史书、历史散文，记载了春秋时期的史实，富有文学性。

A. 编年体　　B. 国别体　　C. 断代体　　D. 纪传体

25. 下列文学常识说法正确的是(　　)

A. 鲁迅，原名周树人，作品有短篇小说集《呐喊》，散文诗集《野草》，散文集《朝花夕拾》

B. 老舍，原名舒庆春，字舍予，著有短篇小说《骆驼祥子》《寒夜》

C. 茅盾，原名沈德鸿，字雁冰，著有长篇小说《平凡的世界》

D. 路遥，原名王卫国，著有长篇小说《子夜》，短篇小说《林家铺子》

26. 我国著名书法家王羲之被称为"书圣"，其代表作《兰亭序》的书体是(　　)

A. 隶书　　B. 楷书　　C. 行书　　D. 草书

27. "群峰倒影山浮水，无山无水不入神"呈现的光学现象是(　　)

A. 光的直线传播　　B. 光的反射

C. 光的折射　　D. 光的色散

28. (　　)是我国完全自主设计建造的首艘弹射型航空母舰，也是我国第三艘航空母舰，采用平直通长飞行甲板，配置电磁弹射和阻拦装置，满载排水量8万余吨。

A. 辽宁舰　　B. 山东舰　　C. 福建舰　　D. 郑州舰

29. 计算机病毒破坏的主要对象是(　　)

A. CPU　　B. 磁盘驱动器

C. 程序和数据　　D. 光盘

30. 用于向国内外宣布重大事项或法定事项时所使用的法定公文文种是(　　)

A. 布告　　B. 通告　　C. 公告　　D. 通知

二、多项选择题(每小题的选项中至少有两个选项符合题意，少选、多选或错选均不得分。本题共20小题，每小题2分，共40分)

31. 2022年7月13日，习近平来到新疆生产建设兵团八师石河子市，参观新疆兵团军垦博物馆。习近平强调，新疆生产建设兵团为推动新疆发展、增进民族团结、维护社会稳定、巩固国家边防作出了不可磨灭的贡献。兵团人铸就的(　　)的兵团精神，是中国共产党人精神谱系的重要组成部分，要用好这些宝贵财富。

A. 热爱祖国　　B. 无私奉献　　C. 艰苦创业　　D. 开拓进取

32. 党的十九届六中全会审议通过的《中共中央关于党的百年奋斗重大成就和历史经验的决议》总结了党的十八大以来的原创性思想、变革性实践、突破性进展和标志性成果，历史性地指出了"两个确立"的决定性意义。"两个确立"指的是(　　)

A. 确立习近平同志党中央的核心、全党的核心地位

B. 确立习近平新时代中国特色社会主义思想的指导地位

C. 确立新时代党和国家事业发展道路

D. 确立中华民族伟大复兴历史任务

33. 世界每时每刻都在发生变化，中国也每时每刻都在发生变化，我们必须在理论上跟上时代，不断认识规律，不断推进理论创新、实践创新、制度创新、文化创新以及其他各方面创新。之所以要注重创新是因为(   )

A. 事物是不断变化发展的

B. 认识具有反复性、无限性和上升性

C. 实践是认识的来源和动力

D. 发展是前进性和曲折性的统一

34. 关于人生价值，下列说法正确的有(   )

A. 人生价值包括自我价值和社会价值

B. 劳动以及对社会和他人作出的贡献，是社会评价一个人的人生价值的普遍标准

C. 实现人生价值要志存高远，创造尽可能多的物质财富

D. 每个人的能力有高低之分，实现人生价值要从个体自身条件出发

35. 以下哪些属于可以申请行政复议的情形(   )

A. 国防、外交等国家行为

B. 认为行政机关侵犯合法的经营自主权的

C. 不服行政机关作出的行政处分或其他人事处理决定的

D. 对行政机关作出的限制人身自由或者查封、扣押、冻结财产等行政强制措施决定不服的

36. 根据我国《消费者权益保护法》的规定，消费者享有下列哪些权利(   )

A. 知情权

B. 自主选择权

C. 公平交易权

D. 任意撤销权

37. 以下关于商品需求量的说法正确的是(   )

A. 一般情况下，商品价格升高，则该商品需求量减少

B. 消费者收入水平提高，对正常商品的需求量增加

C. 商品的价格升高，则它的替代品需求量减少

D. 商品的价格升高，它的互补品需求量随之减少

38. 下列行业中，属于垄断竞争市场的有(   )

A. 餐饮业

B. 食品零售业

C. 电力行业

D. 钢铁行业

39. 对于组织管理者而言，具备技术、人际、概念方面的管理技能是十分重要的。下列属于管理者概念技能所包含的能力的有(   )

A. 能够把一个组织看成是一个整体的能力

B. 能够识别在某一领域的决策会对其他领域产生何种影响的能力

C. 能够提出新想法和新思想的能力

D. 能够进行抽象思维的能力

40. 下列作品与第二次世界大战有关的有(　　)

A.《辛德勒的名单》　B.《珍珠港》

C.《拯救大兵瑞恩》　D.《战争与和平》

41. 唐朝是我国诗歌文化发展的黄金时代,诗坛人才辈出,佳作流传,各具特色,蔚为壮观。很多著名诗人都有别称,下列别称和诗人对应正确的是(　　)

A. 诗仙—李白　B. 诗圣—杜甫

C. 诗鬼—贺知章　D. 诗狂—李贺

42. 下列京剧角色中,属于男性的有(　　)

A. 老生　B. 青衣　C. 武净　D. 刀马旦

43. 健康码能够灵活变换颜色,反映持有人的健康状况,这需要多方面的技术支持,包括(　　)

A. 医生远程诊断技术　B. 定位技术

C. 量子计算技术　D. 大数据技术

44. 下列诗词中,主要涉及化学变化的有(　　)

A. 无边落木萧萧下,不尽长江滚滚来　B. 炉火照天地,红星乱紫烟

C. 折戟沉沙铁未销,自将磨洗认前朝　D. 忽如一夜春风来,千树万树梨花开

45. 在日常生活中,下列做法符合安全用电原则的是(　　)

A. 用湿布擦拭正在使用的电器　B. 及时更换绝缘部分有损坏的家用电器

C. 在发现有人触电时要及时切断电源　D. 在电线上晾晒衣物

46. 下列世界之最中,位于亚洲的有(　　)

A. 世界最高峰　B. 世界陆地最低点

C. 世界最大的沙漠　D. 世界最大的半岛

47. 从公文格式看,发文字号的组成部分包括(　　)

A. 发文机关代字　B. 年份

C. 发文顺序号　D. 月份

48. 公文拟制的一般步骤有(　　)

A. 起草　B. 审核　C. 签发　D. 登记

49. 关于爱国主义,下列说法正确的有(　　)

A. 只有做到爱国的情感、思想和行为一致的人,才是真正的爱国者

B. 当代中国,爱国主义的本质就是坚持爱国和爱党、爱社会主义高度统一

C. 在对外交往中，爱国主义表现为“非我族类，其心必异”，要坚持内外有别

D. 与身边的各民族同胞相互尊重、和谐相处是爱国主义的体现

50. 事业单位的岗位类别有(　　)

A. 管理岗位　　　　B. 干部岗位

C. 专业技术岗位　　　　D. 工勤技能岗位

三、判断题(下列说法中，正确的在相应的括号内填“√”，错误的在相应的括号内填“×”。本题共 10 小题，每小题 1.5 分，共 15 分)

51. 社会主义法律得以实现的主要方式是法律监督机关的有效监督。(　　)

52. 患有医学上认为不应当结婚的疾病，禁止结婚。(　　)

53. 犯罪未遂是指在犯罪过程中自动放弃犯罪或者自动有效地防止犯罪结果发生的行为。(　　)

54. 如地震时在室内，应躲在室内结构结实的物体下和易形成三角形空间的地方。(　　)

55. 运动是物质的存在方式，这是对运动的主观唯物主义理解。(　　)

56. 抗生素能杀死细菌，但不能杀死病毒。(　　)

57. 古代所说的“三更”指的是二十一点到二十三点。(　　)

58. 中国第 56 项世界遗产位于福建。(　　)

59. 降低利率、降低存款准备金率均属于紧缩性货币政策。(　　)

60. 联合行文时，作者应是同一系统的机关。(　　)

河南省教师招聘考试预测试卷(十三)

公共基础知识

(时间:90 分钟　满分:100 分)

本套试卷共 60 小题,包括单项选择题(30 小题),多项选择题(20 小题),判断题(10 小题)。

一、单项选择题(每小题的选项中只有一项最符合题意,错选、多选或未选均不得分。本题共 30 小题,每小题 1.5 分,共 45 分)

1. 2022 年,教育部等八部门印发《新时代基础教育强师计划》。该计划明确,到 2025 年,建成一批国家师范教育基地,形成一批可复制可推广的教师队伍建设改革经验,培养一批(　　)层次中小学教师和教育领军人才。完善部属师范大学示范、地方师范院校为主体的农村教师培养支持服务体系,为中西部欠发达地区定向培养一批优秀中小学教师。

A. 专科　　B. 本科　　C. 硕士　　D. 博士

2. 纵观人类载人航天历程,女航天员的作用不可替代。2022 年 6 月 21 日,中共中央、国务院、中央军委给王亚平颁发"二级航天功勋奖章"。下列关于航天员王亚平的说法错误的是(　　)

A. 我国首位太空教师　　B. 我国首位太空漫步的女航天员

C. 我国第二个进驻中国空间站的女航天员　　D. 我国首位两次飞天的女航天员

3. (　　)被认为是开天辟地、敢为人先的首创精神,坚定理想、百折不挠的奋斗精神,立党为公、忠诚为民的奉献精神,是中国革命精神之源。

A. 伟大建党精神　　B. 红船精神

C. 井冈山精神　　D. 延安精神

4. "实事求是"出自《汉书·河间献王传》。毛泽东在一篇文章中赋予"实事求是"新的含义,"实事"就是客观存在着的一切事物,"求"就是我们去研究,"是"就是客观事物的内在联系,即规律性。毛泽东的这篇文章是(　　)

A.《矛盾论》　　B.《反对本本主义》

C.《实践论》　　D.《改造我们的学习》

5. 邓小平同志对党的思想路线的贡献在于(　　)

A. 提出实事求是　　B. 强调解放思想

C. 提出理论联系实际

D. 提出实践是检验真理的唯一标准

6. 十九大报告指出，中国共产党一经成立，就把实现(　　)作为党的最高理想和最终目标，义无反顾肩负起实现中华民族伟大复兴的历史使命，团结带领人民进行了艰苦卓绝的斗争，谱写了气吞山河的壮丽史诗。

A. 共产主义

B. 中华民族伟大复兴

C. 大同社会

D. 世界和平

7. 习近平新时代中国特色社会主义思想的基本方略不包括(　　)

A. 坚持以人民为中心

B. 坚持全面依法治国

C. 坚持全面从严治党

D. 坚持“四个自信”

8. 教育部下发通知，要求切实减轻中小学生过重课外负担，严肃查处超标超前培训行为。从哲学上看，这一规定是基于(　　)

A. 发挥主观能动性就能利用规律

B. 人能根据规律作用的条件改造规律

C. 规律具有普遍性和客观性

D. 人可以改变规律

9. “地球不是我们从父辈那里继承来的，而是我们从自己后代那里借来的。”从哲学上看，这句话启示我们(　　)

A. 要尊重规律，按客观规律办事

B. 要重视量变，积极促成质变

C. 坚持矛盾的普遍性和特殊性的统一

D. 要用联系和发展的观点看问题

10. 德国哲学家阿多诺研究了艺术的本质及其审美特性。他认为：“艺术是对尚未存在的东西的把握，现代艺术追求的是那种尚不存在的东西，所以，艺术是对现实世界的疏离和否定。”根据表述，可以看出他可能会认同的观点是(　　)

A. 通过自身否定，实现“自己运动”

B. 否定的辩证法就是“崩溃的逻辑”

C. “真正的、自然的、历史的和辩证的否定”是在“更高阶段上”重新达到原来的出发点的否定

D. 结果包含它的开端，而开端的过程以新的规定性丰富了结果

11. 按照制定和实施法的主体的不同，可以把法划分为(　　)

A. 根本法和普通法

B. 一般法和特别法

C. 国内法和国际法

D. 实体法和程序法

12. 全国人民代表大会是最高国家权力机关，下列不属于全国人民代表大会职权的是(　　)

A. 选举中华人民共和国主席和副主席

B. 依照法律规定决定省、自治区、直辖市的范围内部分地区进入紧急状态

C. 审查和批准国民经济和社会发展计划和计划执行情况的报告

D. 制定和修改刑事、民事、国家机构的和其他的基本法律

13. 疫情防控期间,李某上公交车时拒绝戴口罩,还说:“戴不戴口罩是我的自由,你们管不着!”他不配合公交车司机,甚至辱骂司机。据此理解正确的是(　　)

A. 只要不损害公众利益,自由权利可以任意行使

B. 公民李某有言论自由,任何人不得侵犯

C. 公民李某行使权利不得损害国家的、社会的、集体的利益和其他公民的合法的自由和权利

D. 公民李某的合法权利受法律保护

14. 小天很有音乐天赋,在他 9 岁时,父亲好友肖某赠与他一把价值 2 万元的名贵小提琴。根据《民法典》的相关规定,下列选项中对小天行为能力和受赠效力的判断正确的是(　　)

A. 小天属于无民事行为能力人

B. 赠与行为经小天父母追认才能有效

C. 受赠行为无效,因与小天的年龄智力不相当

D. 受赠行为因纯获利而有效

15. 实施行政处罚,纠正违法行为,应当坚持(　　)相结合,教育公民、法人或者其他组织自觉守法。

A. 处罚和教训　　B. 处罚与批评

C. 处罚与教育　　D. 处罚与纠错

16. 我国《刑法》规定:“凡在中华人民共和国领域内犯罪的,除法律有特别规定的以外,都适用本法。”对此理解正确的是(　　)

A. 民族自治地方应该全部适用我国刑法

B. 犯罪行为和结果均在我国境内的,才适用我国刑法

C. 在我国船舶或者航空器内犯罪的不适用该条规定

D. 享有外交特权和豁免权的外国人的刑事责任不适用我国刑法

17. 下列选项中,属于我国《刑法》规定的妨害社会管理秩序罪的是(　　)

A. 甲以暴力方法实行入室抢劫

B. 乙暴力袭击正在依法执行职务的人民警察

C. 丙将代为保管的他人财物非法占为己有,数额较大且拒不退还

D. 丁通过转移财产的方法逃避支付劳动者的劳动报酬,数额较大,经政府有关部门责令支付仍不支付

18. 公文区别于其他信息记录的特点是(　　)

A. 能够传播知识　　B. 具备查考价值

C. 属于书面文字材料　　D. 具有法定权威

19. 请示和报告既有相同之处,又有区别。它们的相同之处是(　　)

A. 都属于上行文　　B. 都尽量一文多事

C. 都用相同的结语　　D. 内容都篇幅较长

20. 下列公文语言应用恰当的是(　　)

A. 责成阿里、腾讯、百度等主要应用商店对 SDK 违规收集用户个人信息问题进行排查

B. 以上请示如无不妥,着即批转各有关单位认真遵照执行

C. 我们排除了种种不利因素,东方贸易商厦终于在第一季度建成

D. 经 7 月台风天气的影响,我单位办公楼遭受重大损失,现请示领导拨款约 6 万元左右用于修缮办公楼

21.《尚书·武成》记载:"惇信明义,崇德报功,垂拱而天下治。"这体现了(　　)的领导方式的特点。

A. 激励式　　B. 民主式　　C. 集权式　　D. 放任式

22. 下列不能成为外部行政监督主体的是(　　)

A. 人民群众　　B. 党组织　　C. 政府机关　　D. 社会团体

23. 投入某种物质商品生产过程中的劳动量不变,如果社会劳动生产率提高,在单位劳动时间内生产的商品数量和单位商品的价值量的变化表现为(　　)

A. 商品数量增加,单位商品的价值量不变

B. 商品数量不变,单位商品的价值量增大

C. 商品数量增加,单位商品的价值量减少

D. 商品数量减少,单位商品的价值量增大

24. 通货膨胀是指在货币流通条件下,因货币发行量超过了流通中实际需要的货币量,使得现实购买力大于产出供给,导致货币贬值,进而引起的一段时间内物价持续而普遍上涨的现象。通货膨胀的衡量指标不包括(　　)

A. 消费者物价指数　　B. 生产者价格指数

C. 商品价格指数　　D. 国民生产总值价格折算指数

25. 下列属于按劳分配收入的是(　　)

A. 民营企业的职工小王的工资收入

B. 个体劳动者小李的劳动所得

C. 股份制企业职工小刘的奖金收入

D. 国有企业职工小张的工资收入

26. 在 Word 中，不能实现“全选”功能的操作是(　　)

A. 按下快捷键“Ctrl + A”

B. 按下键盘上的功能键 F5

C. 在“编辑”菜单中，单击“全选”按钮

D. 将光标移至文档左边空白区域，鼠标连击三次

27. 我国航天员在空间站内驻留时间不断增加，进行体育锻炼已成为航天员需要完成的一项重要工作。下列运动中最适宜的是(　　)

A. 举重　　B. 跳高　　C. 立定跳远　　D. 拉弹簧拉力器

28. 诗句“指点江山，激扬文字，粪土当年万户侯”抒写了革命青年对国家命运的感慨和以天下为己任，蔑视反动统治者，改造旧中国的豪情壮志。该诗句出自毛泽东的作品(　　)

A.《沁园春·雪》　　B.《采桑子·重阳》

C.《满江红·和郭沫若同志》　　D.《沁园春·长沙》

29. 南京，一座历史悠久的文化名城，以下诗歌中描写南京的有(　　)

①南朝四百八十寺，多少楼台烟雨中　②终古高云簇此城，秋风吹散马蹄声

③烟笼寒水月笼沙，夜泊秦淮近酒家　④吴宫花草埋幽径，晋代衣冠成古丘

A. ①②③　　B. ①②④　　C. ①③④　　D. ②③④

30. 中国喀斯特地貌分布广、面积大。以下不属于喀斯特地貌的是(　　)

A. 昆明石林　　B. 武陵源黄龙洞　　C. 鄱阳湖口石钟山　　D. 武夷山

二、多项选择题(每小题的选项中至少有两个选项符合题意，少选、多选或错选均不得分。本题共 20 小题，每小题 2 分，共 40 分)

31. 关于习近平新时代中国特色社会主义思想，下列说法正确的有(　　)

A. 具有实践性、时代性、创造性的鲜明品格

B. 是武装全党头脑、指导全党实践、推动全党工作的科学理论

C. 是推动新时代党和国家事业不断向前发展的科学指南

D. 是从新时代中国特色社会主义全部实践中产生的理论结晶

32. 下列与“自古逢秋悲寂寥，我言秋日胜春朝”蕴含相同哲理的有(　　)

A. 横看成岭侧成峰，远近高低各不同　　B. 天若有情天亦老，人间正道是沧桑

C. 试玉要烧三日满，辨材须待七年期　　D. 仁者见仁，智者见智

33. 下列不属于自然人的人格权的有(　　)

A. 姓名权　　B. 名誉权　　C. 亲属权　　D. 名称权

34. 根据我国《劳动合同法》的规定，用人单位在下列哪些情况下可以约定由劳动者承担违约

金(　　)

A. 用人单位与劳动者签订了竞业限制条款

B. 用人单位与劳动者约定损坏单位财物支付违约金

C. 用人单位与劳动者约定劳动合同期限,劳动者提前辞职

D. 单位为劳动者提供培训费用,对其进行专业技术培训并约定服务期限

35. 以下适宜用通知行文的有(　　)

A. 某县政府准备在2022年为老百姓办八件实事

B. 某市交管局拟对裕华路实施交通管制

C. 某市政府印发城镇居民基本医疗保险实施细则

D. 某县政府决定,县直机关实行秋季作息时间

36. 下列关于公文的清退与销毁的说法中,正确的有(　　)

A. 不具备归档和保存价值的公文,可以直接销毁

B. 销毁涉密公文必须严格按照有关规定履行审批登记手续

C. 个人可以私自销毁涉密公文

D. 工作人员离职时,所在机关应督促其将暂存、借用的公文按照规定移交、清退

37. 下列选项中,(　　)属于《事业单位人事管理条例》中规定的处分种类。

A. 警告　　B. 记大过　　C. 开除　　D. 撤职

38. 历史的走向往往因为一些关键事件的发生而出现重大转折,下列事件可以称为中国共产党历史转折点的有(　　)

A. 八七会议　　B. 中共一大

C. 十一届三中全会　　D. 遵义会议

39. 关于我国古代的年龄称谓,下列表述中正确的有(　　)

A. 襁褓:一周岁　　B. 孩提:十二三岁

C. 不惑之年:四十岁　　D. 耄耋之年:八九十岁

40. 下列京剧脸谱的颜色与代表人物对应正确的有(　　)

A. 红色—张飞　　B. 白色—曹操

C. 蓝色—窦尔敦　　D. 黑色—包公

41. 河南省三面环山,主要有(　　)从北、西、南三面环抱。

A. 太行山　　B. 大别山　　C. 伏牛山　　D. 桐柏山

42. 进入公共场所,应注意观察(　　)位置,以便发生火灾时能够紧急逃生。

A. 电梯　　B. 安全出口　　C. 疏散楼梯　　D. 进出口

43. 下列选项中属于碳水化合物的是(　　)

A. 二氧化碳　　B. 蛋白质　　C. 蔗糖　　D. 谷物

44. 关于成语中的科学现象,下列说法正确的有(　　)

A. “浮光掠影”是光的反射现象

B. “并驾齐驱”说明两者是相对静止的

C. “余音绕梁”体现了声音的传播和反射

D. “以卵击石”中的卵相对于石头来说是受力物体

45. 新能源又称非常规能源,是指传统能源之外的正在研究、有待推广、有望在新技术基础上加以开发利用的可再生资源。下列属于新能源的有(　　)

A. 太阳能　　B. 氢能　　C. 海洋能　　D. 天然气

46. 关于下列常见的科技名词,说法正确的有(　　)

A. 电子病历是云计算与医疗领域结合的产物

B. 射频识别技术是实现物联网的关键技术之一

C. AR 意为增强现实技术,用户所见皆为虚拟场景

D. 5G 移动网络与 4G 移动网络都是数字蜂窝网络

47. 下列关于社会主义基本经济制度的表述正确的是(　　)

A. 社会主义基本经济制度包括“公有制为主体、多种所有制经济共同发展,按劳分配为主体、多种分配方式并存,社会主义市场经济体制等”

B. 坚持社会主义基本经济制度要充分发挥市场在资源配置中的决定性作用

C. 我国的社会主义经济制度的基础是生产资料的社会主义公有制

D. 毫不动摇鼓励、支持、引导公有制经济发展,毫不动摇巩固和发展非公有制经济

48. 下列属于沉没成本的有(　　)

A. 棋错一着,满盘皆输　　B. 覆水难收

C. 不要为打翻的牛奶哭泣　　D. 鱼与熊掌不可兼得

49. 下列公共政策执行偏差与其特点或典型表现对应正确的有(　　)

A. 象征式政策执行—阳奉阴违　　B. 选择式政策执行—挂羊头卖狗肉

C. 附加式政策执行—土政策　　D. 替代式政策执行—断章取义,为我所用

50. 专业优势在有德者身上,能够高人一等地造福社会;专业优势在无良者手中,则成了“谋财害命”的捷径。下列对这一观点理解正确的有(　　)

A. 思想道德修养比科学文化修养更重要

B. 思想道德修养制约科学文化知识作用的发挥

C. 思想道德修养与科学文化修养是互相促进的

D. 文化知识水平的高低取决于思想道德水平

三、判断题(下列说法中,正确的在相应的括号内填"√",错误的在相应的括号内填"×"。本题共 10 小题,每小题 1.5 分,共 15 分)

51. 党的十九届六中全会通过的《中共中央关于党的百年奋斗重大成就和历史经验的决议》,用"八个明确"进一步对习近平新时代中国特色社会主义思想的核心内容作了系统概括。（ ）

52. 在马克思主义哲学产生之前,人类思维领域没有的哲学问题是唯物主义和唯心主义的对立。（ ）

53. 人民群众的生活和实践,是一切精神财富形成和发展的源泉。（ ）

54. 根据我国《民事诉讼法》的规定,不公开审理的案件,其判决也不公开宣判。（ ）

55. 两人中一方故意、另一方过失,也可以构成共同犯罪。（ ）

56. 张仲景是唐代人,著有《伤寒杂病论》。（ ）

57. "春花秋月何时了,往事知多少"出自我国女词人李清照的《虞美人》。（ ）

58. 五四运动是中国旧民主主义革命和新民主主义革命的分水岭。（ ）

59. "南下斯须隔帝乡,北行一步掩南方。悠悠烟景两边意,蜀客秦人各断肠。"这首诗所描写的山脉属于南北走向。（ ）

60. 买东西"货比三家"是攀比心理主导下的消费。（ ）

河南省教师招聘考试预测试卷(十四)

公共基础知识

(时间:90分钟　满分:100分)

本套试卷共60小题,包括单项选择题(30小题),多项选择题(20小题),判断题(10小题)。

一、单项选择题(每小题的选项中只有一项最符合题意,错选、多选或未选均不得分。本题共30小题,每小题1.5分,共45分)

1. 关于马克思主义中国化的几次飞跃,说法正确的是(　　)

①毛泽东思想是马克思主义中国化的第一次历史性飞跃

②关于真理标准问题的讨论是马克思主义中国化新的飞跃

③中国特色社会主义理论体系,实现了马克思主义中国化新的飞跃

④习近平新时代中国特色社会主义思想,实现了马克思主义中国化新的飞跃

A. ①②③　　B. ①②④

C. ②③④　　D. ①③④

2. “十四五”期间,经济社会发展必须遵循的原则包括:坚持党的全面领导和(　　)

①坚持以人民为中心　②坚持新发展理念　③坚持深化改革开放

④坚持系统观念　⑤坚持发展市场经济

A. ①②③④　B. ①②③⑤　C. ①②④⑤　D. ②③④⑤

3. 敢于斗争、敢于胜利是中国共产党人鲜明的政治品格和政治优势,毛泽东第一次提出“从斗争中创造新局面”这一重要论述的著作是(　　)

A.《论持久战》　　B.《反对本本主义》

C.《星星之火,可以燎原》　　D.《关于纠正党内的错误思想》

4. 下列说法中,最能体现矛盾同一性的是(　　)

A. 自相矛盾　B. 鱼与熊掌　C. 水滴石穿　D. 居安思危

5. 实现社会主义从空想到科学的历史性飞跃的是(　　)

A. 柏拉图　B. 列宁　C. 马克思和恩格斯　D. 邓小平

6. 近一段时间以来,“韭菜与小麦不分,把小马驹叫大狗”“不识稼穑”“不辨菽麦”的现象在孩子们

中间愈来愈普遍。加强劳动教育迫在眉睫,这是因为(　　)

A. 实践具有社会历史性

B. 意识是对物质的正确反映

C. 意识具有直接现实性

D. 社会实践是认识的基础

7. 在新发展理念中,坚持(　　)发展是中国特色社会主义的本质要求。

A. 创造　　B. 统筹　　C. 绿色　　D. 共享

8. 2022 年 4 月 25 日,习近平总书记在中国人民大学考察调研时强调,(　　)始终是教育的根本问题。要坚持党的领导,坚持马克思主义指导地位,坚持为党和人民事业服务,落实立德树人根本任务,传承红色基因。

A. “培养社会主义建设者和接班人”

B. “为学生树立正确的人生观”

C. “学什么、怎样学、为什么学”

D. “为谁培养人、培养什么人、怎样培养人”

9. 习近平总书记赋予“三牛”精神鲜明的时代内涵,“三牛”精神传承着中华民族生生不息、长盛不衰的强大基因,揭示了中国共产党和中国人民自强不息、砥砺奋进的精神密码,这既是对过去中国人民不畏艰险、锐意进取的深刻总结,也是对未来中国人民攻坚克难、开拓前行的深情寄望。此处的“三牛”不包括(　　)

A. 老水牛

B. 拓荒牛

C. 老黄牛

D. 孺子牛

10. 执政党和法的关系是政治和法治的关系的集中反映,下列关于执政党的政策与社会主义法的关系表达正确的是(　　)

A. 执政党的政策是社会主义法的全部内容

B. 执政党的政策是社会主义法的核心内容

C. 执政党的政策是社会主义法实现的途径

D. 执政党的政策是社会主义法实现的工具

11. 我国民族自治区与特别行政区的共同特点主要表现在(　　)

A. 都实行一种特殊的政治制度,享有特殊的政策

B. 都是根据民族分布的复杂性和经济发展的不平衡性设计的

C. 都在中国共产党领导下走社会主义道路

D. 都是我国的地方行政区域,享有自治权

12. 有民事行为能力的公民在被宣告死亡期间实施的民事法律行为(　　)

A. 无效

B. 有效

C. 有的有效,有的无效

D. 在撤销死亡宣告后才有效

13. 知名艺人甲在录制综艺节目时突发疾病去世。某演出公司策划演唱会时,在海报醒目位置使

用该艺人的姓名吸引粉丝买票，造成不良影响，该艺人的近亲属胡某认为演出公司侵犯了其亲属的姓名权，将演出公司诉至法院要求赔偿。关于本案，以下说法不正确的是(　　)

A. 自然人的姓名权随自然人死亡而消灭

B. 死者的部分人格权仍受到法律保护

C. 死者的姓名受到侵害的，其配偶、子女、父母可以主张权利

D. 死者的姓名受到侵害的，其近亲属可以主张权利

14. 下列行为中，属于正当防卫的是(　　)

A. 李某发现丁某与自己的妻子通奸，遂当场将丁某打成重伤

B. 精神病人赵某拿刀捅向张某，被张某一脚踢飞，致其死亡

C. 王某知道付某意图杀害自己，在付某从商店购买匕首返回途中，先下手将付某杀害

D. 钱某携巨款赶路，唐某紧跟其身后，钱某以为唐某图谋不轨，遂将唐某打伤。后查明，唐某因家中孩子生病，急于回家照顾

15. 某民政局局长利用职务之便，擅自将上级拨发的救灾款项以个人名义给下属的某国有投资公司使用，给救灾工作带来了重大的损失。该局长的行为构成(　　)

A. 挪用特定款物罪　　B. 贪污罪

C. 挪用公款罪　　D. 职务侵占罪

16. 以下请求中适用诉讼时效的是(　　)

A. 年迈的李父向儿子主张支付赡养费

B. 张某请求法院撤销与某公司的销售合同

C. 李某请求确认其 8 岁的儿子购买游戏机的合同无效

D. 家住二楼的赵某请求一楼的邻居搬走堵在楼梯口的杂物

17. 老李是一位菜农，以种菜为生。老李的蔬菜成熟后，拉到市场上卖了 5000 元。老李拿着这 5000 元购买了一台空调。老李种菜、卖菜、买空调所对应的经济环节分别是(　　)

A. 生产—交换—消费　　B. 生产—交换—交换

C. 生产—分配—消费　　D. 生产—分配—交换

18. 国家宏观调控的主要手段有行政手段、经济手段和法律手段。以下宏观调控手段不同于其他几项的是(　　)

A. 国家将小规模纳税人增值税起征点从销售额 10 万元提高到 15 万元

B. 国家为保持投资热度，扩大了地方专项债规模

C. 为缓解春节市场的猪肉紧张，国家相关部门先后 16 次投放中央储备冻猪肉

D. 中国人民银行决定将存款准备金率下调 0.5 个百分点

19. 假设一个经济体正在经历着通货膨胀，这一状况有利于(　　)

A. 债权人　　B. 债务人　　C. 退休人员　　D. 储蓄者

20. 公共危机管理活动中的"3C"活动不包括(　　)

A. 指挥　　B. 协调　　C. 控制　　D. 沟通

21. 在《党政机关公文处理工作条例》规定的15种公文中，可以向下级机关行文的有(　　)

A. 通知、通告、报告　　B. 决议、决定、函

C. 公告、纪要、请示　　D. 通报、决定、批复

22. 发文字号的位置应在(　　)

A. 主体，标题与主送机关之间，居中

B. 版尾，抄送机关与印发机关之间，居中

C. 眉首，红色分隔线以上，右侧

D. 眉首，红色分隔线以上、发文机关标志以下，居中

23. 下列传统节日按照一年中的先后顺序排列，正确的一项是(　　)

①今夜月明人尽望，不知秋思落谁家。

②遥知兄弟登高处，遍插茱萸少一人。

③国亡身殒今何有，只留离骚在世间。

④爆竹声中一岁除，春风送暖入屠苏。

A. ④③②①　　B. ④③①②　　C. ③④①②　　D. ③②④①

24. 辛弃疾和李清照都是宋代杰出的词人，后人将他们合称为"济南二安"。下列名句不是出自二人作品的是(　　)

A. 生当作人杰，死亦为鬼雄

B. 我见青山多妩媚，料青山见我应如是

C. 枝上柳绵吹又少，天涯何处无芳草

D. 众里寻他千百度，蓦然回首，那人却在，灯火阑珊处

25. 下列有关中国革命圣地的说法正确的是(　　)

A. 延安——延安精神的本质是顾全大局、严守纪律、紧密团结

B. 遵义——遵义会议确立了毛泽东思想为党的指导思想

C. 井冈山——党在抗战时期创建的第一个农村革命根据地

D. 西柏坡——中国共产党在此召开了具有历史意义的七届二中全会

26. 关于我国海军舰队及基地，下列说法错误的是(　　)

A. 浙江宁波是东海舰队的驻地

B.“山东号”航空母舰隶属于南海舰队

C. 南海舰队司令部驻地在海南省三亚市

D. 北海舰队海上防区包括黄海海域和渤海湾

27. 冬天常常可以看见室内的窗户上有冰晶,属于(　　)

A. 汽化　　B. 液化　　C. 升华　　D. 凝华

28. 在蜻蜓翅膀末端的前缘,有一块加厚而发暗的色素斑,生物学上称之为“翅痣”,其作用是(　　)

A. 吸收太阳光能,为不间断的飞行提供源源不断的动力

B. 调整翅膀的振动,减弱飞行过程中翅膀上的有害振动

C. 像人的眼睛一样,通过吸收红外线来获取外界信息

D. 发出超声波,通过吸收反射波辨别方位,给飞行导航

29. 地球绕太阳旋转叫作公转,在公转的一年中,太阳直射点总是规律地在南北回归线之间来回移动。以下说法不正确的是(　　)

A. 南北回归线上,太阳每年直射两次

B. 南北回归线之间的地区,太阳每年直射两次

C. 南北回归线之外的地区,太阳不会直射

D. 太阳光直射赤道时,北半球的节气为春分或秋分

30. 中国四大名楼不在长江以南的是(　　)

A. 岳阳楼　　B. 鹳雀楼　　C. 滕王阁　　D. 黄鹤楼

二、多项选择题(每小题的选项中至少有两个选项符合题意,少选、多选或错选均不得分。本题共 20 小题,每小题 2 分,共 40 分)

31. 习近平总书记指出,(　　)代表着中华民族独特的精神标识。

A. 中华优秀传统文化　　B. 在党和人民伟大斗争中孕育的革命文化

C. 社会主义先进文化　　D. 民族精神和时代精神

32. 在抗击新冠肺炎疫情一线的医务人员中,有近一半是“90 后”“00 后”。长辈们说:“哪里有什么白衣天使,不过是一群孩子换了一身衣服。”世上没有从天而降的英雄,只有挺身而出的凡人。关于个人在历史上的作用,以下说法中正确的有(　　)

A. 任何历史人物的出现都体现了必然性和偶然性的统一

B. 历史人物的作用取决于他们的行动是否符合规律性

C. 历史人物不能改变历史发展的基本方向

D. 历史人物在社会发展进程中只能起到推动作用

33. 下列关于真理问题的说法正确的有(　　)

A. 真理是对客观事物本质和规律的正确认识

B. 真理是绝对性和相对性的统一

C. 真理是一元性和多元性的统一

D. 真理是标志主观与客观相符合的哲学范畴

34. 对自首和立功的人进行处罚,正确的做法有(　　)

A. 对于自首的犯罪分子,不可以从轻或减轻处罚

B. 对于犯罪较轻的自首分子,可以免除处罚

C. 对于有立功表现的犯罪分子,可以从轻或者减轻处罚

D. 有重大立功表现的,可以减轻或者免除处罚

35. 根据我国现行法律的规定,下列既可以由国家所有,又可以由集体所有的有(　　)

A. 矿藏和水流　　B. 森林和山岭

C. 农村和城市郊区的土地　　D. 城市的土地

36. 小明于16岁生日当天与同学偷偷溜出校外庆生,不幸遭遇车祸死亡。对小明死亡的责任认定,下列选项中不正确的是(　　)

A. 肇事车主与学校共同承担连带责任

B. 学校即使承担责任,也只承担补充责任

C. 学校对学生有安全保障义务,无法证明自己无过错时,应对小明的死亡承担责任

D. 学校对学生有安全保障义务,不论学校是否有过错,都应对小明的死亡承担责任

37. 政府的管理运行职能包括(　　)

A. 计划职能　　B. 组织职能　　C. 领导职能　　D. 控制职能

38. 公文写作中,请示的正文部分应包括(　　)

A. 请示原因　　B. 请示事项　　C. 请示结语　　D. 请示时间

39. 关于公文格式,下列说法正确的有(　　)

A. 公文如有附注,居左空二字加圆括号编排在成文日期下一行

B. 当公文排版后所剩空白处不能容下印章或签发人签名章、成文日期时,可以采取调整行距、字距的措施解决

C. 附件应当另面编排,并在版记之前,与公文正文一起装订。"附件"二字及附件顺序号用3号黑体字顶格编排在版心左上角第一行

D. 如附件与正文不能一起装订,应当在附件左上角第一行顶格编排公文的发文字号并在其后标注"附件"二字及附件顺序号

40. 下列属于不变资本的有(　　)

A. 生产工具　　B. 原材料　　C. 工人　　D. 厂房

41. 以下措施中,有利于治理通货膨胀的有(　　)

A. 实行宽松的货币政策　　B. 增加商品的有效供给、调整经济结构

C. 实行适度从紧的财政政策　　D. 实行宽松的财政政策

42. 关于天文学常识,以下说法正确的有(　　)

A. 太阳耀斑发生在光球层　　B. 彗星有"离子尾"和"尘埃尾"

C. 金星上火山活动极频繁　　D. 太阳风可使地球北极出现北极光

43. 下列关于《三国演义》的说法,正确的有(　　)

A. 作者为元末明初小说家施耐庵　　B. 中国第一部长篇章回体历史演义小说

C. "三分事实,七分虚构"　　D. 历史演义小说的经典之作

44. 下列选项中,参加了中共一大的有(　　)

A. 陈独秀　　B. 董必武　　C. 何叔衡　　D. 李达

45. 下列不属于墨家思想的有(　　)

A. 兼爱　　B. 致良知　　C. 道法自然　　D. 非攻

46. "三元及第"指的是科举考试中在(　　)里均为第一名。

A. 乡试　　B. 会试　　C. 殿试　　D. 院试

47. 著名物理学家霍金的作品有(　　)

A.《相对论》　　B.《时间简史》

C.《果壳中的宇宙》　　D.《自然哲学的数学原理》

48. 王某潜入某工厂仓库盗窃,将仓库货物(价值 2 万元)扔到墙外,准备一会儿翻墙出去再捡。偶尔经过此处的刘某发现该货物无人看管,遂将其拿走,据为己有。25 分钟后,王某来到院墙外,发现货物已无踪影。对王某、刘某的行为的定性,下列哪些选项是不正确的(　　)

A. 王某成立盗窃罪(未遂),刘某成立盗窃罪(既遂)

B. 王某和刘某成立盗窃罪共犯(既遂)

C. 王某成立盗窃罪(既遂),刘某成立侵占罪

D. 王某成立盗窃罪(未遂),刘某成立侵占罪

49. A 影视公司提供资金,宋某组织薛某和董某以抗疫英雄钟某为原型创作纪实文学《战疫》。在创作中,薛某写提纲,董某写初稿,钟某提供了生活素材,宋某提供了一些咨询意见。下列选项中说法错误的是(　　)

A. 钟某提供了生活素材,应为作者

B. A 公司提供了用作物质基础的资金,应为作者

C. 未经薛某同意,董某无权发表该小说

D. 宋某作为组织者并提供了咨询意见,应为作者

50. 下列设备中,利用电磁波工作的有(　　)

A. 手机　　B. B 超　　C. 微波炉　　D. 电视遥控器

三、判断题(下列说法中,正确的在相应的括号内填"√",错误的在相应的括号内填"×"。本题共 10 小题,每小题 1.5 分,共 15 分)

51. 在公共场合,故意以涂划、践踏方式侮辱中华人民共和国国旗、国徽的,处两年以下有期徒刑、拘役、管制或者剥夺政治权利。(　　)

52. 遗嘱人先后立有数份遗嘱,内容相抵触的,以公证遗嘱为准。(　　)

53. 投影仪利用了凹透镜可以成正立、放大实像的原理。(　　)

54. 2022 年 1 月 1 日,《区域全面经济伙伴关系协定》(RCEP)正式生效,标志着全球人口最多、经贸规模最大、最具发展潜力的自由贸易区正式落地。加拿大不属于其成员国。(　　)

55. 割裂感性认识和理性认识的辩证统一关系,会犯经验主义的错误,但可以避免教条主义的错误。(　　)

56. 码头一般建在河流凹岸,水因受离心力作用,会冲击凸岸的泥沙。(　　)

57. 香烟中引起吸烟成瘾的主要物质是烟焦油。(　　)

58. "处暑"与"秋分"之间的节气是"白露"。(　　)

59. "东山高卧时起来,欲济苍生未应晚"中的"东山高卧"指的是贬谪。(　　)

60. 社会主义道德建设的核心是社会主义核心价值观。(　　)

河南省教师招聘考试预测试卷(十五)

公共基础知识

(时间:90 分钟　满分:100 分)

本套试卷共 60 小题,包括单项选择题(30 小题),多项选择题(20 小题),判断题(10 小题)。

一、单项选择题(每小题的选项中只有一项最符合题意,错选、多选或未选均不得分。本题共 30 小题,每小题 1.5 分,共 45 分)

1. 习近平总书记在文章《努力成为世界主要科学中心和创新高地》中提到,创新从来都是九死一生,但我们必须有“(　　)”的豪情。我国广大科技工作者要有强烈的创新信心和决心,既不妄自菲薄,也不妄自尊大,勇于攻坚克难、追求卓越、赢得胜利,积极抢占科技竞争和未来发展制高点。

A. 亦余心之所善兮,虽九死其犹未悔

B. 得人之要,必广其途以储之

C. 大鹏之动,非一羽之轻也;骐骥之速,非一足之力也

D. 明者因时而变,知者随事而制

2.《中国的粮食安全》白皮书指出,中国依靠自身力量端牢自己的饭碗,实现了由“吃不饱”到“吃得饱”,并且“吃得好”的历史性转变。这归根结底取决于(　　)

A. 转变农业发展方式　　B. 提高耕地产出效率

C. 促进农民收入增加　　D. 稳定粮食种植面积

3. 国家发改委印发的《“十四五”循环经济发展规划》提到,到 2025 年,我国覆盖全社会的(　　)基本建成。主要资源产出率比 2020 年提高约 20%,单位 GDP 能源消耗、用水量比 2020 年分别降低 13.5%、16% 左右。

A. 资源循环利用体系　　B. 可再生能源消耗体系

C. 资源循环体系　　D. 可再生能源循环利用体系

4. 我国到 2035 年要基本实现(　　)的远景目标。

A. 建成社会主义现代化强国　　B. 中华民族伟大复兴的中国梦

C. 全面建成小康社会　　D. 社会主义现代化

5. 古希腊哲学家赫拉克利特认为“人不能两次踏进同一条河流”；其弟子克拉底鲁认为“人一次也不能踏进同一条河流”。这两种观点：(　　)

A. 前者是辩证法，后者是相对主义的诡辩论

B. 前者是唯物主义，后者是机械的形而上学

C. 二者在本质上是相同的，只是强调的方面不同

D. 二者都是合理的，后者是对前者的完善和发展

6. 习近平主席在庆祝中国共产主义青年团成立100周年大会上的讲话中指出，新时代好青年应确立的最高价值标准是(　　)

A. 有理想、敢担当、能吃苦、肯奋斗　　B. 有抱负、敢作为、能吃苦、肯拼搏

C. 有理想、敢担当、能吃苦、肯拼搏　　D. 有抱负、敢作为、能吃苦、肯奋斗

7. 我们通常讲，要坚持原则、坚守底线。下列对“底线”的哲学理解中，正确的是(　　)

A. 事物质变的临界点　　B. 事物量变的最终点

C. 矛盾的主要方面　　D. 矛盾的次要方面

8. 习近平总书记指出，科技创新、(　　)是实现创新发展的两翼，要把两者放在同等重要的位置。

A. 科学素质　　B. 科学精神　　C. 科学普及　　D. 科技人才

9. 关于商品的价值、使用价值、交换价值，下列说法中错误的是(　　)

A. 商品是价值和使用价值的矛盾统一体

B. 使用价值是交换价值的物质承担者

C. 决定商品交换比例的，是商品的使用价值

D. 价值是凝结在商品中无差别的人类劳动

10. 关于数字人民币，下列说法不正确的是(　　)

A. 数字人民币的职能优于纸币的职能

B. 央行推行数字货币可以降低全球美元货币体系的不利影响

C. 央行推行数字货币可以推进人民币国际化

D. 央行推出数字货币是保护人民币主权地位的重要举措

11. 在生产过程中，劳动力所创造的新价值是(　　)

A. 商品价值　　B. 劳动力自身的价值

C. 剩余价值　　D. 劳动力价值和剩余价值之和

12. 下列措施中有利于扩大进口的是(　　)

A. 提高外汇汇率　　B. 降低进口关税税率

C. 提高出口关税税率　　D. 提高存款准备金率

13. 下列公文的标题不正确的是(　　)

A.《××建设局工作会议纪要》

B.《××政府关于表彰2020年先进工作者的通知》

C.《××公司关于××违规违章的通报决定》

D.《中华人民共和国住房和城乡建设部公告》

14. 当问题重大,急需直接上级和更高层次的上级机关同时了解公文内容时,可采用(　　)

A. 越级行文　　B. 多级行文

C. 逐级行文　　D. 直达行文

15. 学生王某替社会人员参加自考考试,为了警示他人、教育本人,学校准备对其进行处理。最恰当的文种是(　　)

A. 决定　　B. 公告　　C. 通报　　D. 意见

16. 中共二大首次明确提出的是(　　)

A. 反帝反封建的民主革命纲领　　B. 第一次国共合作

C. 建立抗日民族统一战线　　D. 农村包围城市的路线方针

17. "幼聪敏,博览经史,工草隶,善属文。年十八,本州举进士,授羽骑尉"体现的选官制度是(　　)

A. 察举制　　B. 科举制

C. 九品中正制　　D. 三省六部制

18. 中国象棋用具简单,趣味性强,流行广泛,有着悠久的历史。其棋盘共有(　　)个交叉点。

A. 70　　B. 80　　C. 90　　D. 100

19. 下列表述中没有使用干支纪年的是(　　)

A. 永和九年,岁在癸丑,暮春之初,会于会稽山阴之兰亭

B. 夏四月辛巳,败秦师于殽

C. 淳熙丙申至日,予过维扬

D. 死事之惨,以辛亥三月二十九日围攻两广督署之役为最

20. 近年来,我国高铁建设突飞猛进,从"四纵四横"到"八纵八横"。其中,陇海线和京广线交汇处的城市是(　　)

A. 徐州　　B. 郑州　　C. 太原　　D. 武汉

21. 硬纸板、玻璃杯、金属、塑料餐盒在垃圾分类中属于(　　)

A. 厨余垃圾　　B 有害垃圾　　C. 可回收物　　D. 其他垃圾

22. 体力劳动者的特点是消耗量多，需氧量高，体内物质代谢旺盛，因此多吃些富含蛋白质的食物对体力劳动者来说是十分重要的。下列选项中，不属于富含蛋白质的食物的是(　　)

A. 牛奶　　B. 玉米　　C. 豆腐　　D. 香菇

23. 生活中常用的调味料——味精的主要成分是(　　)

A. 谷氨酸钠　　B. 山梨酸钠　　C. 黄原胶　　D. 肌苷酸二钠

24. 空气污染会损害人体健康，影响作物生长，破坏生态平衡。计入空气质量评价的主要污染物为可吸入颗粒物、细颗粒物、二氧化硫、二氧化氮、臭氧和一氧化碳等。以下对细颗粒物的描述正确的是(　　)

A. 细颗粒物又称 PM_{10}　　B. 在空气中悬浮时间短

C. 直径小，面积大，活性强　　D. 在空气中的浓度越低，代表空气污染越严重

25. 在我国古代以笔记体形式写成的科学典籍中，有一本最早记载了人工磁化的一种简便方法，即"以磁石磨针锋"造指南针。这本典籍是(　　)

A.《齐民要术》　　B.《梦溪笔谈》　　C.《天工开物》　　D.《徐霞客游记》

26. 新冠肺炎疫情发生以来，战斗在抗疫最前线的广大社区(村)工作人员在平凡的岗位上，为保一方平安作出了不平凡的贡献。他们的奉献，值得大家点赞。下列关于村民自治和居民自治的认识，不正确的是(　　)

A. 村委会和居委会是我国基层群众性自治组织

B. 村委会和居委会是我国的基层政权机关

C. 村民自治和居民自治是人民当家作主的有效途径

D. 村民自治和居民自治是社会主义民主最为广泛而深刻的实践

27. 美术系的毕业生小赵申请了一项酒瓶的外观设计专利，根据我国法律，该项专利权的保护期限为(　　)

A. 自申请之日起 15 年　　B. 自申请之日起 20 年

C. 自获得授权之日起 15 年　　D. 自获得授权之日起 10 年

28. 王爷爷久病卧床，一直是保姆张阿姨在照顾，因此王爷爷在去世前立下遗嘱，在自己过世后，张阿姨仍然可以居住在他的房子里，即享有居住权，但房屋产权归自己的子女所有。下列说法有误的一项是(　　)

A. 遗嘱中应当写明居住权期限　　B. 张阿姨的子女无权继承此项居住权

C. 王爷爷的子女作为房主可以将房屋出租　　D. 张阿姨不可以将居住权转让给他人

29. 人民民主专政是我国的(　　)

A. 国体　　B. 纲领　　C. 政体　　D. 根基

30. 根据我国《行政处罚法》的规定，违法事实确凿并有法定依据，对公民处以________以下、对法人或者其他组织处以________以下罚款或者警告的行政处罚的，可以当场作出行政处罚决定。(　　)

A. 五十元；一千元　　B. 五十元；三千元

C. 二百元；三千元　　D. 二百元；一千元

二、多项选择题(每小题的选项中至少有两个选项符合题意，少选、多选或错选均不得分。本题共 20 小题，每小题 2 分，共 40 分)

31. 2022 年 8 月，国务院台湾事务办公室、国务院新闻办公室发表《台湾问题与新时代中国统一事业》白皮书。下列相关说法正确的有(　　)

A. 中国共产党始终把解决台湾问题、实现祖国完全统一作为矢志不渝的历史任务

B. 实现祖国完全统一，是中华民族的历史和文化所决定的，也是中华民族伟大复兴的时和势所决定的

C. “和平统一、一国两制”是我们解决台湾问题的基本方针，也是实现国家统一的最佳方式

D. 我们不承诺放弃使用武力，保留采取一切必要措施的选项

32.《习近平新时代中国特色社会主义思想学习纲要》指出，(　　)是深刻理解和全面把握习近平新时代中国特色社会主义思想的金钥匙。

A. 为人民谋幸福　　B. 为民族谋复兴

C. 为世界谋大同　　D. 为国家谋富强

33. 在马克思看来，作为认识和改造世界的独特方式，真正的哲学必然要以自己的方式“浸进同时代人的灵魂”，在与时代的现实交互中变为文明之精粹。这说明真正的哲学(　　)

A. 把握了时代的脉搏，是自己时代精神的精华

B. 是最新的哲学成果，是支配时代发展的物质力量

C. 是对社会生活的总结和升华，可以决定社会的前进方向

D. 正确反映了时代的任务和要求，是认识和改造世界的有力工具

34. 在便利店打工的大学生小王下夜班时，突遇路口一男子准备强行将某女子推入车内，女子虽用力挣扎但难以逃脱。小王认为该女子有危险遂冲上前去，将该男子打成轻伤。该女子见家人被打，遂开始殴打小王，小王不明就里措手不及，被该女子抓住脸，构成轻伤。事后查明该女子系间歇性精神病患者，男子为其家人，当晚正准备将发病出走的女子带回家看管。关于该女子的行为，以下说法正确的有(　　)

A. 因为该女子为精神病人，所以不负刑事责任

B. 如果该女子在精神正常时犯罪，应负刑事责任

C. 尚未完全丧失辨认自己行为能力的精神病人犯罪，应当负刑事责任

D. 该女子在不能辨认自己行为时犯罪且经法定程序鉴定确认的，不负刑事责任

35. 依据我国法律的规定，下列哪些财产不得抵押（　　）

A. 土地所有权　　B. 宅基地的使用权

C. 公益学校的教育设施　　D. 依法被查封的财产

36. 某市市场监督管理部门以未取得生产许可证为由，扣押孙某工厂所生产的商品及厂房设备，并查封厂房，要求孙某缴纳罚款 3 万元。因孙某拒不缴纳罚款，该部门将扣押的商品进行了拍卖以抵缴罚款。以下说法中错误的有（　　）

A. 扣押商品及厂房设备的行为属于行政强制执行

B. 查封厂房的行为属于行政强制措施

C. 拍卖商品的行为属于行政强制措施

D. 拍卖商品的行为属于行政处罚

37. 在经济衰退时期，有利于扩大内需的政策措施有（　　）

A. 提高税率　　B. 降低存款准备金率

C. 降低税率　　D. 缩减财政支出

38. 关于太阳系八大行星的叙述，下列说法正确的是（　　）

A. 八大行星中距太阳最近的是金星

B. 火星和木星的轨道之间存在小行星带

C. 八大行星具有同向性，所以自转方向都是自西向东

D. 天王星和海王星同属巨行星

39. 下列诗句与节气对应正确的有（　　）

A. 露从今夜白，月是故乡明—白露　　B. 南国似暑北国春，绿秀江淮万木荫—清明

C. 便丐春工，染得桃红似肉红—立春　　D. 北风往复几寒凉，疏木摇空半绿黄—立冬

40. 下列选项中属于“初唐四杰”的是（　　）

A. 王勃　　B. 孟浩然　　C. 杨炯　　D. 李贽

41. 孙中山曾说，新文化运动是一种“革心”的运动。以下有关新文化运动的说法，错误的有（　　）

A. 我国近代史上第一次思想解放运动　　B. 提出了“自强”与“求富”的口号

C. 提倡民主和科学，反对专制和迷信　　D. 新民主主义革命开始的标志

42. 化学与日常生活密切相关，下列说法中正确的有（　　）

A. 浓硫酸可刻蚀石英制艺术品　　B. 纯碱可以用来清洁污垢

C. 装饰材料释放的甲醛会造成污染　　D. 碘酒由碘、碘化钾溶解于酒精溶液而制成

43. 下列事件与所处时代相符的有(　　)

A. 唐高宗时,城门小吏在纸上抄写告示

B. 黄巾起义发生前,百姓去白马寺祈福

C. 生于康熙年间的小张跟爷爷学习京剧,靠卖艺为生

D. 东晋王羲之的行书兴盛一时,许多书法爱好者争相模仿

44. 下列关于海拔的说法正确的有(　　)

A. 沸点随海拔的升高而升高

B. 温度随海拔的升高而降低

C. 荷兰是世界上海拔最低的国家

D. 珠穆朗玛峰在世界上海拔最高

45. 下列属于公文版头部分必备的格式要素的有(　　)

A. 秘密等级

B. 发文机关标志

C. 发文字号

D. 份号

46. 下列符合公文起草要求的有(　　)

A. 语言要活泼、形象生动

B. 一切从实际出发

C. 符合党的理论路线方针政策

D. 深入调查研究,充分进行论证

47. 目前,学前教育仍是整个教育系统的短板,“入园难”“入园贵”依然是困扰老百姓的烦心事之一。所以,各级政府需要在学前教育规划、投入、教师队伍建设、监管等方面落实责任,牢牢把握公益普惠基本方向,坚持公办民办并举。这就需要政府(　　)

A. 健全社会保障制度,完善学前教育公共服务体系

B. 加大政策扶持,引导社会力量开办普惠性幼儿园

C. 履行组织文化建设的职能,完善幼儿园教师培养体系

D. 严格依法监管,遏制民办幼儿园的市场逐利行为

48. 习近平主席在《生物多样性公约》第十五次缔约方大会领导人峰会上指出,为加强生物多样性保护,中国正加快构建以国家公园为主体的自然保护地体系。我国首批国家公园有(　　)

A. 三江源国家公园

B. 大熊猫国家公园

C. 东北虎豹国家公园

D. 丹霞山国家公园

49. “岁寒三友”和“四君子”是中国古代器物、衣物和建筑上常用的装饰题材。“岁寒三友”和“四君子”中均包括(　　)

A. 松　　B. 竹　　C. 梅　　D. 兰

50. 下列属于巴洛克式建筑的有(　　)

A. 巴黎圣母院

B. 米兰大教堂

C. 罗马圣卡罗教堂

D. 罗马耶稣会教堂

三、判断题(判断下列各小题的正误,并在题后的括号内打“√”或“×”。本题共10小题,每小题1.5分,共15分)

51. 我国的法律渊源主要有:宪法、法律、法规、规章、自治条例和单行条例、特别行政区法规、国际条约等。（ ）

52. 任何国家机关在接到公民提出的申诉、控告或者检举后,都必须查清事实,负责处理。（ ）

53. 目前,我国的离婚冷静期的规定只适用于登记离婚。（ ）

54. 上层建筑适应经济基础的需要就能推动社会的进步和发展。（ ）

55. 港珠澳大桥的贯通,说明人们有时可以根据需要建立新的具体联系。（ ）

56. 我国的社会保障制度包括社会保险、社会福利、社会救济、社会优抚等。其中,社会福利是社会保障制度中最核心的内容。（ ）

57. 中国设立的第一个南极科考站是中国南极长城站。（ ）

58. 在 PowerPoint 中,为所有幻灯片设置统一的、特有的外观风格,应运用自动版式。（ ）

59. 遵义会议确立了以毛泽东为主要代表的马克思主义的正确路线在党中央的领导地位,并对给党的事业造成了严重危害的主观主义、教条主义进行了及时认真的清理。（ ）

60. 批复与请示对应,有请示才有批复。（ ）

河南省教师招聘考试预测试卷(十六)

公共基础知识

(时间:90 分钟　满分:100 分)

本套试卷共 60 小题,包括单项选择题(30 小题),多项选择题(20 小题),判断题(10 小题)。

一、单项选择题(每小题的选项中只有一项最符合题意,错选、多选或未选均不得分。本题共 30 小题,每小题 1.5 分,共 45 分)

1. 1981 年党的十一届六中全会通过的《关于建国以来党的若干历史问题的决议》提到,毛泽东思想的活的灵魂有三个基本方面。这里的"三个基本方面"不包括(　　)

A. 实事求是　　B. 群众路线　　C. 独立自主　　D. 为人民服务

2. 改革开放与社会主义现代化的关系是(　　)

A. 改革开放决定了社会主义现代化的方向

B. 社会主义现代化是改革开放的前提

C. 改革开放是社会主义现代化建设的动力

D. 改革开放是社会主义现代化的目的

3. 某地政府意识到长期的矿山开采使得当地坡体存在多处不稳定危岩体,给人民的生产生活带来了很大的安全隐患,决定综合整治矿山地质环境问题,同时创新企业经营模式。这体现了科学发展观的(　　)的核心。

A. 发展　　B. 统筹兼顾　　C. 全面协调可持续　　D. 以人为本

4. 下列选项与句子"干将为利,名闻天下,匠以治木,不如斤斧"所体现的哲理不相同的是(　　)

A. 割鸡焉用牛刀　　B. 药对方,一口汤;不对方,一水缸

C. 象牙再好,总不能镶在口里　　D. 月圆则缺,器满则倾

5. 下列选项中,不能体现客观实践决定认识的是(　　)

A. 春江水暖鸭先知　　B. 不入虎穴,焉得虎子

C. 近水知鱼性,近山识鸟音　　D. 学习的敌人是自己的满足

6. "从个别到一般,从一般到个别"的思维方法是(　　)

A. 归纳与演绎　　B. 分析与综合

C. 抽象到具体　　D. 实践到认识

7. 习近平总书记强调,我们党领导人民进行革命、建设、改革的历史进程反复证明了一个道理:________是最有利的主动,________是最危险的被动。(   )

A. 政治上的主动;政治上的被动　　B. 政治上的主动;思想上的被动

C. 思想上的主动;组织上的被动　　D. 思想上的主动;思想上的被动

8. 下列有关高质量发展的表述正确的是(   )

A. 高质量发展必须坚持质量优先,效益第一

B. 开创新常态、适应新常态是我国经济发展的大逻辑

C. 高质量发展必须推动质量变革、速度变革、动力变革

D. 我国经济向形态更高级、分工更优化、结构更合理阶段演进

9. 寡头垄断市场的特征是(   )

A. 厂商数量多　　B. 进入相对容易

C. 厂商之间相互依存　　D. 短期像完全垄断,长期像完全竞争

10. 截至 2021 年 12 月末,全国地方政府债务余额 30.47 万亿元,控制在全国人大批准的限额(33.28 万亿元)之内。这是地方政府债务规模首次突破 30 万亿元,与 2016 年的约 15 万亿元相对照,六年间债务规模翻倍。目前地方政府债务风险总体安全可控。下列措施中最有可能增加地方政府债务风险的是(   )

A. 增加土地出让金收入　　B. 鼓励民间资本进入融资平台

C. 金融机构给予地方政府信贷展期　　D. 适度增发国债,用于扶持地方公共项目支出

11. 下列居民收入中,属于居民转移性收入的是(   )

A. 工资、奖金、津贴　　B. 出租房屋的租金

C. 政策性生活补贴　　D. 经营餐馆收入

12. 下列不属于规范性公文正本的特殊形式的是(   )

A. 试行本　　B. 暂行本　　C. 修订本　　D. 副本

13. 下列公文中可以不写主送机关的是(   )

①公告②批复③决议④公报⑤函

A. ①③④　　B. ①③⑤　　C. ②④⑤　　D. ③④⑤

14. 关于规范性法律文件的效力等级,下列说法中错误的是(   )

A. 宪法的法律效力至高无上　　B. 法律的效力高于行政法规

C. 地方性规章的效力高于行政法规　　D. 行政法规的效力高于地方性规章

15. 根据我国《宪法》的规定,决定战争状态的宣布的是(   )

A. 全国人民代表大会　　B. 全国人民代表大会常务委员会

C. 全国人大及其常委会　　D. 国家主席

16. 郑州市下辖县的新设、撤销或合并，应当由(　　)批准。

A. 郑州市人民政府　　B. 河南省人民政府

C. 河南省人民代表大会　　D. 国务院

17. 刘某的爱犬丢失，刘某为找回爱犬张贴了悬赏1000元的寻狗启事。王某捡到了刘某的狗。后经人指证狗为王某捡到，刘某要求王某返还，王某索要1000元报酬，刘某不同意，双方数次交涉无果。后因王某照料不善，导致小狗病死。下列选项中正确的是(　　)

A. 王某应承担赔偿责任，但有权要求刘某支付1000元

B. 王某应承担赔偿责任，无权要求刘某支付1000元

C. 王某不应承担赔偿责任，也无权要求刘某支付1000元

D. 王某不应承担赔偿责任，有权要求刘某支付1000元

18. 下列不属于民事责任承担方式的是(　　)

A. 查封扣押、冻结财产　　B. 返还财产、赔偿损失

C. 停止侵害、排除妨碍　　D. 消除影响、恢复名誉

19. 青少年眼球中的晶状体弹性大，睫状体的调节能力强。但是，如果看书写字的姿势不正确，书本放得离眼太近，或采光、照明条件不好，久而久之会造成假性近视。关于假性近视，下列说法正确的是(　　)

A. 睫状体舒张，晶体的凸度增大　　B. 睫状体收缩，晶体的凸度增大

C. 睫状体舒张，晶体的凸度减小　　D. 睫状体收缩，晶体的凸度减小

20. DNA双螺旋结构的发现，极大地促进了人们对遗传的研究和理解。下列哪项技术的发展需以该发现为基础(　　)

A. 用多倍体育种技术培育无籽西瓜　　B. 利用组织培养方法培育无病毒马铃薯

C. 利用杂交技术培育抗倒伏水稻　　D. 通过基因工程培育抗虫棉植株

21. 中国空间站的基本构型包括核心舱和两个实验舱，采用“(　　)”构型的组合体，额定成员3人，乘员轮换期间短期可达6人。

A. U　　B. T　　C. Δ　　D. L

22. 下列不属于钛合金的特点的是(　　)

A. 强度高　　B. 重量轻

C. 耐腐蚀　　D. 有磁性

23. 一个汉字和一个英文字符在计算机中存储所占的字节数的比值是(　　)

A. 4∶1　　B. 2∶1　　C. 1∶1　　D. 1∶2

24. 京剧中的旦角是京剧中扮演各种不同年龄、性格、身份的女性的一类角色的总称。其中，天真

烂漫、活泼开朗的是(　　)

A. 正旦　　B. 彩旦　　C. 花旦　　D. 刀马旦

25. 三省六部制是中国古代封建社会一套组织严密的中央官制,其中(　　)掌管全国官吏的任命、考核、升降、调动等事务。

A. 吏部　　B. 户部　　C. 工部　　D. 刑部

26. 在抗日战争胜利后,重庆谈判失败。为了打败蒋介石,建立新中国,中国共产党建立了(　　),为新中国的建立奠定了坚实的政治基础。最终党领导人民推翻了国民党的统治,建立了新中国。

A. 国共统一战线　　B. 人民民主统一战线

C. 抗日民族统一战线　　D. 爱国统一战线

27. 下列描写战争的诗句中,其反映的内容可以在《史记》中找到踪迹的是(　　)

A. 出师未捷身先死,长使英雄泪满襟　　B. 三十功名尘与土,八千里路云和月

C. 醉卧沙场君莫笑,古来征战几人回　　D. 但使龙城飞将在,不教胡马度阴山

28. 世界五大陆地基本地形中,绝对高度在 500 米以内,相对高度不超过 200 米的是(　　)。它是由各种岩类组成的坡面组合体,起伏不大,坡度较缓,地面崎岖不平。

A. 盆地　　B. 丘陵　　C. 平原　　D. 高原

29. 下列选项中不属于组织工作的主要目的的是(　　)

A. 将工作职责分派给各个职位　　B. 协调组织的多项任务

C. 设定个人、群体及部门之间的关系　　D. 激励员工工作积极性

30.《新时代爱国主义教育实施纲要》提出,坚持把(　　)作为鲜明主题。

A. 实现中华民族伟大复兴的中国梦　　B. 爱国、爱党、爱社会主义

C. 维护祖国统一和民族团结　　D. 为人民服务

二、多项选择题(每小题的选项中至少有两个选项符合题意,少选、多选或错选均不得分。本题共 20 小题,每小题 2 分,共 40 分)

31. 下列在夫妻关系存续期间所得的财产中,属于夫妻共同财产的是(　　)

A. 一方写书所得的稿费　　B. 一方被车撞后所得的残疾人生活补助费

C. 一方单独经营杂货店所得收益　　D. 一方利用同事内幕信息所得的炒股收益

32. 关于罪刑法定原则,下列说法中错误的有(　　)

A. 罪刑法定原则禁止不利于行为人的溯及既往,但允许有利于行为人的溯及既往

B. 罪刑法定原则的思想基础之一是民主主义,而习惯最能反映民意。所以,将习惯作为刑法的渊源并不违反罪刑法定原则

C. 罪刑法定原则中的“法”不仅包括国家立法机关制定的法,还包括国家最高行政机关制定的法

D. 刑法分则的部分条文对犯罪的状况不作具体描述,只是表述该罪的罪名。这种立法体例违反了罪刑法定原则

33. 为了使国家、公共利益、本人或者他人的人身、财产和其他权利免受正在发生的危险,不得已采取的紧急避险行为,造成损害的,不负刑事责任。以下情况不属于紧急避险的有(　　)

A. 消防队员为避免自己烧伤而拒不参加救火

B. 医生因害怕被传染而拒绝给传染病患者治疗

C. 大巴司机为避免与失控汽车相撞,将满载乘客的大巴开到路边,造成一辆摩托车严重损坏

D. 警察为自己免受枪击而逃离案发现场

34. 关于单位犯罪,下列说法中正确的有(　　)

A. 单位应当对刑法规定的所有犯罪负刑事责任

B. 对单位犯罪一般实行“双罚”

C. 单位犯罪的实质特征是为了单位的利益

D. 没有法人资格的私营企业犯罪的,以个人犯罪论处

35. 公民在请求国家赔偿时,可以(　　)

A. 直接向赔偿义务机关提出　　B. 直接向基层法院提出赔偿诉讼

C. 在行政诉讼中一并提出　　D. 在行政复议中一并提出

36. 下列属于毛泽东思想的有(　　)

A. 枪杆子里出政权　　B. 统一战线,武装斗争,党的建设是三大法宝

C. 一切反动派都是纸老虎　　D. 改革是中国发展生产力的必由之路

37. 主观唯心主义,是一种将人的主观精神夸大为唯一的存在、当成本原的东西,认为客观事物乃至整个世界都依赖于主观精神的唯心主义哲学形式。根据上述定义,下列属于主观唯心主义观点的有(　　)

A. 普罗泰戈拉主张“人是万物的尺度”

B. 时有风吹幡动,一僧曰风动,一僧曰幡动。惠能进曰:“非风动,非幡动,仁者心动。”

C. 朱熹曰:“理生万物,理在事先”

D. 陆象山说:“宇宙便是吾心,吾心即是宇宙”

38. 公共责任的表现形式包括(　　)

A. 政治责任　　B. 法律责任

C. 行政责任　　D. 道德责任

39. 下列关于支持价格的说法正确的有(　　)

A. 支持价格一般适用于农业

B. 支持价格是最高限价政策

C. 支持价格可能会使财政负担增加

D. 支持价格是为了保护生产者的利益

40. 社会公共产品的特征有(　　)

A. 非排他性

B. 高盈利性

C. 非竞争性

D. 低盈利性

41. 下列有关名著和文化常识的表述中,正确的选项有(　　)

A. 鲁迅《朝花夕拾》描述往事,既有温情与童趣,又夹杂着犀利的批判

B. 吴敬梓《儒林外史》主要写明清时期读书人及官绅的活动和精神面貌

C. 苏东坡的主要功绩是使词依附于音乐,成为一种新型的独立抒情工具

D. 律诗是近体诗的一种,每句五个字或七个字,简称"五律"或"七律"

42. 月相纪日法是根据月亮的缺、圆、晦、明等变化规律纪日的方法。下列说法正确的有(　　)

A. 每个月的第一天叫朔

B. 初三叫朏

C. 小月十五日和大月十六日叫晦

D. 每月的最后一天叫望

43. 下列对联与其所写人物对应正确的有(　　)

A. 四面湖山归眼底,万家忧乐到心头—范仲淹

B. 宰相状元余事之,文章义节两兼之—文天祥

C. 写鬼写妖高人一等,刺贪刺虐入木三分—蒲松龄

D. 枫叶四弦秋,怅触天涯迁谪恨;浔阳千尺水,勾留江上别离情—杜甫

44. 下列成语故事与其主人公的对应关系正确的有(　　)

A. 指鹿为马—赵高

B. 凿壁偷光—匡衡

C. 程门立雪—杨时

D. 卧薪尝胆—夫差

45. 中国有许多源远流长的大江大河。下列属于长江和黄河共同流经的省区的有(　　)

A. 西藏自治区

B. 云南省

C. 青海省

D. 四川省

46. 下列关于光学显微镜的说法,错误的有(　　)

A. 目镜越长,放大倍数越高

B. 观察"好"字,看到的图案是"好"

C. 降低物镜折射率能够获得更好的分辨率

D. 在光线较强时应使用反光镜的凹面

47. 关于电器的使用,下列说法错误的有(　　)

A. 新冰箱侧面的保护膜应尽量保留

B. 家用空调应使用单独的专用插座

C. 手机在充电前先释放完剩余电量

D. 用微波炉加热利乐枕包装的牛奶

48. 下列属于消毒剂的是(　　)

A. 肥皂　　B. 酒精　　C. 漂白粉　　D. 生石灰

49. 关于我国著名民歌,下列说法正确的有(　　)

A.《浏阳河》源自湖南花鼓戏的唱段

B.《阿里山的姑娘》采用了高山族山歌的曲式

C.《走西口》唱出了近代山西人外出谋生的艰辛

D.《南泥湾》来源于晋察冀抗日民族根据地的生产故事

50. 根据《事业单位人事管理条例》的规定,事业单位聘期考核的结果主要包括(　　)等档次。

A. 优秀　　B. 合格　　C. 基本合格　　D. 不合格

三、判断题(判断下列各小题的正误,并在题后的括号内打"√"或"×"。本题共 10 小题,每小题 1.5 分,共 15 分)

51. 县城是城镇化建设的重要载体,是城乡融合发展的关键支撑。(　　)

52. 中国共产党在社会主义初级阶段的基本路线是:领导和团结全国各族人民,以经济建设为中心,坚持四项基本原则,坚持改革开放,自力更生,艰苦创业,为把我国建设成为富强民主文明和谐的社会主义现代化国家而奋斗。(　　)

53. 任何真正的哲学都是自己时代精神的精华。(　　)

54. 根据我国《民法典》的规定,建筑区划内的一切道路和绿地属于业主共有。(　　)

55. 结婚登记属于行政许可行为。(　　)

56. 已满十二周岁不满十八周岁的人违反治安管理的,从轻或者减轻处罚;不满十二周岁的人违反治安管理的,不予处罚,但是应当责令其监护人严加管教。(　　)

57. 公文中有发文机关署名的,应当加盖发文机关印章,并与署名机关相符。有特定发文机关标志的普发性公文和电报可以不加盖印章。(　　)

58. "家慈""拙荆"都是谦辞,意思都是"自己的妻子"。(　　)

59. 在 Excel 中,用条件"数学 >70"与"总分 >350"对成绩数据表进行筛选,结果是所有数学 >70 并且总分 >350 的记录。(　　)

60. 吴哥窟是泰国的著名建筑群。(　　)

图书反馈

重磅！真题重奖征集！

「凡提供当年度考试真题者，根据真题完整度，可获得0~500元现金奖励。」

具体请联系QQ:1831595423

（温馨提示：所提供真题须是当年度考试真题，且真实有效。最终解释权归山香教育所有）

亲爱的考生：

感谢您对山香教育的信任和支持，您的建议是我们前进的动力！为进一步提高图书质量，我们特向全国各地的考生开展有奖反馈活动。

❶ **凡通过研发部QQ提供山香图书错题反馈者，均能获得价值99元的山香网课《高频考点》（基础版）大礼包1份。**

❷ **凡通过图书反馈链接提供山香图书意见反馈者，可获得价值299元的山香网课《高频考点》（豪华版）超级大礼包1份。**

¥99
大礼包

¥299
超级大礼包

图书反馈链接

联系方式：400-600-3363　　研发部QQ：1831595423

招教网
招考资讯抢先知晓

山香官网
一站式考编服务平台

山香网校
线上学习方便快捷

图书订正链接
全面勘误及时更新